U0485732

谨以本书纪念甘肃发现旧石器100周年

本书出版得到

国家重点文物保护专项补助经费

资助

本书相关研究工作得到

中国科学院战略性先导科技专项（B 类）"关键地史时期生物与环境演变过程及其机制"中"中国更新世人类演化与适应生存的考古学研究"（项目编号XDB26000000）和国家自然科学基金"旧石器时代晚期黄土高原西部的古人类活动与生存适应"（项目编号41272032）项目

资助

甘肃省旧石器时代考古研究（一）

甘肃徐家城旧石器时代遗址 2009年发掘与研究

甘肃省文物考古研究所
中国科学院古脊椎动物与古人类研究所 编

李 锋 陈福友 王 山 等 著

科学出版社
北 京

内 容 简 介

徐家城遗址是甘肃省为数不多的经系统发掘的旧石器时代遗址之一,出土了丰富的石制品和动物化石。遗址共有四个文化层,距今约5万～2万年,其中主要文化层4B层年代距今4.3万～4.1万年。本书是遗址2009年发掘的阶段性研究报告,全面报道了遗址的地质、地貌,地层、年代和环境,古人类生活面,石制品和动物化石的信息;同时应用原料分析、打制实验、技术分析、原料最小单元、拼合分析等方法对遗址的原料采集和利用策略、石制品技术、形成过程和技术组织等方面进行了探讨,为陇西黄土高原晚更新世古人类的技术演化和适应研究提供了材料。

本书可供从事考古学、第四纪地质学等领域研究的专家、学者和高校相关专业师生参考、阅读。

图书在版编目(CIP)数据

甘肃徐家城旧石器时代遗址2009年发掘与研究 / 甘肃省文物考古研究所,中国科学院古脊椎动物与古人类研究所编;李锋等著. —北京:科学出版社,2020.11

(甘肃省旧石器时代考古研究. 一)
ISBN 978-7-03-066794-6

Ⅰ.①甘… Ⅱ.①甘… ②中… ③李… Ⅲ.①旧石器时代文化-文化遗址-发掘报告-庄浪县 Ⅳ.①K878.05

中国版本图书馆CIP数据核字(2020)第220971号

责任编辑:樊　鑫 / 责任校对:邹慧卿
责任印制:张　伟 / 封面设计:美光设计

科 学 出 版 社 出版
北京东黄城根北街16号
邮政编码:100717
http://www.sciencep.com

北京捷迅佳彩印刷有限公司 印刷
科学出版社发行　各地新华书店经销

*

2020年11月第 一 版　　开本:787×1092　1/16
2020年11月第一次印刷　　印张:11 1/4　插页:12
字数:267 000

定价:168.00元
(如有印装质量问题,我社负责调换)

Excavation and Research Conducted in 2009 at the Xujiacheng Paleolithic Site in Gansu

Gansu Provincial Institute of
Cultural Relics and Archaeology

Institute of Vertebrate Paleontology and Paleoanthropology,
Chinese Academy of Sciences

Li Feng Chen Fuyou Wang Shan *et al*

Science Press

Beijing

序

　　李锋等撰写的《甘肃徐家城旧石器时代遗址2009年发掘与研究》一书即将付梓。我应作者之邀写几句评价与勉励的话。

　　这是一部有关甘肃地区旧石器时代遗址发掘与研究的著作。甘肃是我国旧石器时代考古学的发源地。1920年夏，法国古生物学家、博物学家桑志华先生在甘肃庆阳地区做古生物与考古调查、发掘时，先后从辛家沟和赵家岔两地的黄土地层中发现三件打制石制品，并做了详细的地貌、地层描述与记录。这是在中国、东亚首次从更新世地层中发现旧石器时代文化遗存，揭开了我国旧石器时代考古学乃至整个中国田野考古的序幕。在这一重大事件发生百年之际，这本书的出版对于做出开创性贡献的先贤前辈无疑是最好的纪念和告慰。

　　这是一部从具体遗址拓展到更广阔时空的考古研究著作。甘肃的旧石器时代考古起步早但后续发展不尽如人意。20世纪后半叶，该地区有多处旧石器时代遗存的线索被文物考古工作者发现，但对特定遗址和区域的深入发掘与研究缺失。21世纪初，一批美国学者与兰州大学合作对陇西黄土高原的水洛河和清水河流域进行考察，发现了一些新地点，对少量遗址进行了试掘和研究，引入了西方的田野考古理念、方法和人类生存适应的研究视角及狩猎-采集理论阐释模型。2009年开始，我和时任甘肃省文物考古研究所所长的王辉先生、时任兰州大学副校长的陈发虎先生共同发起更为系统的区域科考，并选定庄浪徐家城、张家川杨上、张家川石峡口、秦安大地湾等遗址做系统发掘。徐家城是其中的一处重要遗址，从该遗址马兰黄土地层中发掘出至少距今4.3万～4.1万年的文化遗存。这部书是对该遗址的发掘报告，但研究的视野超出了遗址本身，涉及陇西黄土高原发现和发掘的诸多地点，组成一个相对完整、具有较高分辨率的距今5万～1万年的旧石器时代文化的时代框架和发展演变序列，并据此讨论了中国旧石器时代中期文化的存无和区域文化发展的不平衡性、特定区域与人群的适应性等重要问题，从而使该书的内容具备了更广更深的意义。

　　这是一部"麻雀虽小五脏俱全"的学术著作。该书的核心是对徐家城遗址出土石制品的研究。为了分析形成这批文化遗存的环境和埋藏信息，该书辟出专门章节介绍了遗址的地质、地貌，地层情况，分析了古人类生存的年代和环境背景。在石制品分析方面，作者们力图透物见人，提取古人类活动空间、石制品制作与使用和对动物资源利用的信息，开展石制品原料分析、打制实验、技术分析、原料最小单元分析、拼合分析等专项研究，对遗址占据者的原料采备和利用策略、石器制作技术与功能、文化遗存形成过程、技术组织策略等方面做剖析，为探讨该地区乃至更广泛的区域晚更新世人类的技术演化和适应生存方式提供了重要信息和启示，从而为从事考古学、第四纪地质学、古环境学等领域的学人提供了有益的参考和借鉴。

  这是一部凝结着青年学子学识与思考、散发着作者们青春气息的学术著作。该书是在其主要作者李锋的硕士学位论文的基础上扩充、改写完成的。在我指导李锋做田野发掘、材料整理和论文写作时，就感觉到这位后生的勤奋、善思、敏锐和强烈的进取心。"马不扬鞭自奋蹄"，李锋很好地诠释了这个短语。他善于捕捉研究领域最新的学术进展和发展态势，善于总结和提出有深度和前沿性的学术问题，善于寻找、组织适合的材料和有效的方法对这些问题攻坚克难，提出自己的观点并取得创新成果。他从徐家城一路走来，再没有徘徊和停歇，成为研究所最年轻的研究员之一，将中国考古学会设立的"金爵奖"、"金鼎奖"双双收入囊中。他学术成长的历程和成功的秘诀，或许在这部书中可以略见端倪。

  当然，这部书并非尽善尽美，尚有很多稚嫩和有待改进、提高的地方。相信李锋等回眸过往会看到已有工作与成果的不足，会在未来日臻成熟，日臻深刻，日臻完善。唯此，我们的学科才能不断发展，学术的道路才会愈加宽广和辉煌。

2020年11月23日于北京

目 录

第一章 概述 (1)

第一节 甘肃旧石器时代考古发现简史 (1)
第二节 区域地质、地貌 (3)
第三节 清水河、水洛河流域旧石器调查 (5)
一、调查区域与野外调查方法 (5)
二、主要收获 (7)
三、小结 (14)

第二章 徐家城遗址简况 (16)

第一节 地貌 (16)
第二节 发现与发掘 (16)
一、发掘方法 (18)
二、主要收获及发掘中存在的问题 (21)

第三章 地层、年代与环境 (22)

第一节 地层与文化层划分 (22)
第二节 年代 (24)
第三节 粒度、磁化率与孢粉分析 (26)
一、粒度与磁化率分析 (26)
二、孢粉分析 (30)
第四节 小结与讨论 (32)

第四章 考古材料 (34)

第一节 古人类活动面 (34)
第二节 石制品 (36)
一、石制品分类与观测说明 (36)
二、石制品分层描述 (39)

三、石制品碎屑 …………………………………………………………（71）

　第三节　动物化石 ………………………………………………………………（73）

　　一、概述 ……………………………………………………………………（73）

　　二、典型化石简述 …………………………………………………………（74）

　　三、动物考古学简析 ………………………………………………………（76）

　　四、小结 ……………………………………………………………………（78）

　第四节　讨论与小结 ……………………………………………………………（79）

第五章　石制品原料开发与利用方略 ………………………………………（81）

　第一节　原料开发方略分析 ……………………………………………………（82）

　　一、产地及古人类活动范围 ………………………………………………（82）

　　二、选择倾向性 ……………………………………………………………（84）

　　三、原料开发方略 …………………………………………………………（87）

　第二节　原料利用方略分析 ……………………………………………………（88）

　　一、选择倾向性 ……………………………………………………………（88）

　　二、原料消耗程度 …………………………………………………………（90）

　　三、原料利用方略 …………………………………………………………（93）

　第三节　小结与讨论 ……………………………………………………………（93）

　　一、小结 ……………………………………………………………………（93）

　　二、讨论 ……………………………………………………………………（94）

第六章　石器技术分析 …………………………………………………………（96）

　第一节　术语说明与研究方法 …………………………………………………（96）

　第二节　脉石英原料模拟打制实验 ……………………………………………（97）

　　一、实验原则与目的 ………………………………………………………（98）

　　二、实验材料与设计 ………………………………………………………（98）

　　三、实验过程与结果 ………………………………………………………（99）

　　四、盲测 …………………………………………………………………（103）

　第三节　石制品技术分析 ………………………………………………………（108）

　　一、剥片技术分析 …………………………………………………………（108）

　　二、修理技术分析 …………………………………………………………（113）

　第四节　小结与讨论 ……………………………………………………………（117）

第七章 原料最小单元与拼合分析 (119)

第一节 原料最小单元分析 (119)
一、方法介绍 (119)
二、遗址原料最小单元划分 (121)
三、原料最小单位内石制品的空间分布 (123)

第二节 拼合分析 (124)
一、方法介绍 (126)
二、拼合结果 (127)
三、拼合产品的空间分布 (128)

第三节 遗址形成过程、石器技术组织 (130)
一、遗址形成过程 (130)
二、遗址剥片及石器加工技术 (131)
三、遗址内考古材料分布和移动所反映的技术组织 (132)

第四节 最小原料单位与拼合分析的有效性和局限性 (134)

第八章 石器工业对比 (136)

第一节 石制品组合区域对比 (136)
一、与长尾沟1号地点比较 (137)
二、与苏苗塬头地点比较 (137)
三、与石峡口1号地点比较 (138)
四、与大地湾旧石器文化层比较 (139)
五、与刘家岔遗址比较 (139)

第二节 讨论 (140)

第九章 结语 (142)

第一节 遗址的环境与年代 (142)

第二节 石制品特点及其反映的人类行为 (142)
一、原料采集和利用 (143)
二、石制品技术 (143)
三、技术组织与流动性 (143)

第三节 石制品技术区域演化位置 (144)

参考文献……………………………………………………………（146）

Abstract ……………………………………………………………（156）

后记……………………………………………………………………（159）

插图目录

图1-1　葫芦河流域及其支流旧石器考古调查路线及新发现旧石器地点分布图 …（6）
图2-1　徐家城遗址地理位置图 ……………………………………………（17）
图2-2　徐家城遗址地貌示意图 ……………………………………………（18）
图2-3　徐家城遗址布方图 …………………………………………………（19）
图2-4　徐家城遗址发掘记录表 ……………………………………………（20）
图3-1　徐家城遗址柱状地层示意图 ………………………………………（23）
图3-2　徐家城遗址考古遗物剖面分布（南北向）…………………………（24）
图3-3　^{14}C测年样品在剖面上的位置示意图 ……………………………（25）
图3-4　徐家城遗址质量磁化率（χlf）、频率磁化率（χfd）和粒度参数
　　　　随深度的变化 ………………………………………………………（28）
图3-5　徐家城遗址第3~7层各样品粒度分布曲线和累积曲线对比 ………（29）
图3-6　徐家城遗址孢粉组合 ………………………………………………（31）
图4-1　第4C层遗物平、剖面分布 …………………………………………（35）
图4-2　第4B层砾石平、剖面分布 …………………………………………（35）
图4-3　第4B层砾石及部分石制品产状分布 ………………………………（36）
图4-4　第5层完整石片长宽分布 …………………………………………（41）
图4-5　第5层完整石片重量分布 …………………………………………（41）
图4-6　第5层完整石片石片角和台面外角分布 …………………………（43）
图4-7　第5层断块、碎块/片长度频率分布 ………………………………（44）
图4-8　第4C层搬入石材长宽分布 …………………………………………（45）
图4-9　第4C层石核尺寸分布 ………………………………………………（45）
图4-10　第4C层完整石片长宽分布 ………………………………………（48）
图4-11　第4C层完整石片重量分布 ………………………………………（48）
图4-12　第4C层完整石片石片角和台面外角分布 ………………………（49）
图4-13　第4C层断块、碎块/片长度频率分布 ……………………………（50）
图4-14　第4B层搬入石材长宽分布 ………………………………………（53）
图4-15　第4B层锤击石核尺寸分布 ………………………………………（54）

图4-16	第4B层完整石片长宽指数（长/宽）频率分布	（55）
图4-17	第4B层完整石片长宽分布	（56）
图4-18	第4B层完整石片、裂片石片角和台面外角分布	（57）
图4-19	第4B层断块、碎块/片长度分布	（58）
图4-20	第4B层石锤、石砧尺寸分布	（61）
图4-21	第4A层搬入石材长宽分布	（63）
图4-22	第4A层石核尺寸分布	（64）
图4-23	第4A层完整石片长宽分布	（65）
图4-24	第4A层完整石片、裂片石片角和台面外角分布	（66）
图4-25	第4A层断块、碎块/片长度分布	（67）
图4-26	徐家城遗址各层石制品类型比例	（68）
图4-27	徐家城遗址各层石制品主要原料比例	（69）
图4-28	徐家城遗址各层石核比例	（69）
图4-29	徐家城遗址各层石片类型比例	（70）
图4-30	徐家城遗址各层石器类型比例	（70）
图4-31	第4B层L10碎屑分布密度图	（73）
图5-1	第4C、4B层与二级阶地砾石层主要原料比例分布	（85）
图5-2	第4C层不同石制品类型原料比例	（89）
图5-3	第4B层不同石制品类型原料比例	（89）
图5-4	第4B层不同类型石器原料比例	（90）
图5-5	第4B、4C层石核最大长分布	（91）
图5-6	第4C和4B层石核利用程度	（92）
图5-7	石料供给量、质量与石器特点关系	（94）
图6-1	硬锤锤击剥片实验石片类型分布	（100）
图6-2	硬锤锤击剥片实验完整石片长宽分布	（101）
图6-3	硬锤锤击剥片实验断块、碎块/片长度和重量分布	（101）
图6-4	砸击工艺和水洛工艺示意图	（111）
图6-5	剥片序列组合方式示意图	（112）
图6-6	第4B层石核剥片面组合方式	（112）
图6-7	第4C层砍砸器和第4B层似薄刃斧技术分析图	（114）
图6-8	第4B层工具毛坯类型比例	（115）
图7-1	徐家城遗址原料最小单元内石制品类型和数量	（122）
图7-2	徐家城遗址原料最小单元内石制品的剖面分布	（123）

图7-3　徐家城遗址原料最小单元内石制品的平面分布 …………………（125）

图7-4　徐家城遗址拼合组平面分布 ………………………………………（129）

图7-5　徐家城遗址拼合组剖面分布 ………………………………………（130）

插表目录

表1-1	2009年调查和复查旧石器地点一览	（7）
表3-1	徐家城遗址^{14}C年代数据表	（26）
表4-1	徐家城遗址石制品分层数量和比例统计	（39）
表4-2	第5层石制品类型数量与百分比	（40）
表4-3	第4C层石制品类型数量与百分比	（46）
表4-4	第4B层石制品各类型数量和比例	（51）
表4-5	第4A层石制品类型数量与百分比	（62）
表4-6	徐家城遗址文化层出土碎屑数量和重量抽样统计	（72）
表4-7	徐家城遗址各文化层出土编号化石的数量	（74）
表4-8	徐家城遗址动物骨骼所反映的动物相对体型大小	（77）
表4-9	徐家城遗址长骨骨干破碎状况	（78）
表5-1	锤击剥片实验产品砾石面分布	（83）
表5-2	第4C、4B层剥片产品砾石面统计	（83）
表5-3	第4C、4B层完整砾石与二级阶地砾石层最大长对比	（84）
表5-4	徐家城遗址脉石英和花岗岩石制品数量、重量	（86）
表6-1	锤击剥片实验石核选材基本属性统计	（99）
表6-2	实验石锤属性表	（102）
表6-3	脉石英锤击剥片策略分析结果	（103）
表6-4	脉石英锤击实验剥片策略盲测结果	（108）
表6-5	完整石片及以完整石片为毛坯石器的尺寸平均值 t 检验	（116）
表7-1	原料最小单元内的拼合情况	（122）
表7-2	原料最小单元内石制品间各个方向的最大垂直距离	（124）
表7-3	徐家城遗址拼合组平面距离	（128）
表7-4	徐家城遗址拼合组垂直距离	（130）

图版目录

图版一　　徐家城遗址远景与近景
图版二　　徐家城遗址调查与发掘人员
图版三　　徐家城遗址发掘流程
图版四　　徐家城遗址L5遗物分布
图版五　　徐家城遗址L7遗物分布
图版六　　徐家城遗址L9遗物分布
图版七　　徐家城遗址L10遗物分布
图版八　　徐家城遗址L11遗物分布
图版九　　徐家城遗址L12遗物分布
图版一〇　徐家城遗址L13遗物分布
图版一一　徐家城遗址地层
图版一二　徐家城遗址第4B层L10砾石平面分布
图版一三　徐家城遗址第4B层L10砾石与遗物平面分布
图版一四　徐家城遗址第4C层出土的石核与石片
图版一五　徐家城遗址第4C层出土的石器
图版一六　徐家城遗址第4B层出土的石核
图版一七　徐家城遗址第4B层出土的石片
图版一八　徐家城遗址第4B层出土的刮削器和锯齿刃器
图版一九　徐家城遗址第4B层出土的尖状器和石锥
图版二〇　徐家城遗址第4B层出土的似薄刃斧、砍砸器和磨石残段
图版二一　徐家城遗址第4B层出土的动物化石
图版二二　徐家城遗址水洛石核（2009XJC6087）与实验制品（E15-1~E15-7）对比
图版二三　徐家城遗址第5组原料最小单元的石制品
图版二四　徐家城遗址拼合石制品举例

第一章 概　　述

2009年始，甘肃省文物考古研究所、中国科学院古脊椎动物与古人类研究所、兰州大学在陇西盆地的葫芦河及其支流清水河、水洛河流域进行了系统的调查和发掘，发现了数十处旧石器时代遗址，并对其中的多处重要遗址进行了系统发掘。位于平凉市庄浪县的徐家城旧石器时代遗址便是本次工作的重要遗址之一。本书主要报道徐家城旧石器遗址2009年发掘的主要收获和初步的研究结果。

第一节　甘肃旧石器时代考古发现简史

甘肃省是中国最早发现有明确层位旧石器遗存的地区，1920年法国神甫桑志华等在甘肃庆阳辛家沟和赵家岔的黄土地层中发现旧石器，揭开了中国旧石器时代考古学的序幕（谢骏义和许俊臣，1978；黄为龙，1979；张多勇等，2012）。新中国成立后，在配合大规模基本生产建设工作中，中国科学院地质研究所、华北地理研究所、古脊椎动物与古人类研究所，西北大学地理系，甘肃省博物馆，庆阳地区博物馆，平凉地区博物馆和甘肃省文物考古研究所等单位在省内做了大量的地质和考古调查，先后发现了多处旧石器时代文化地点（王辉，2003；黄蕴平，2004）。20世纪60~70年代，旧石器时代考古工作主要集中在陇东的庆阳、平凉地区，陆续发现了巨家塬、楼房子、姜家湾、寺沟口、刘家岔、黑土梁、郝白东沟、牛角沟、合志沟、桃山嘴、南峪沟等遗址（甘肃省博物馆，1982；甘肃省博物馆和庆阳地区博物馆，1983；李海军和吴秀杰，2007；谢骏义，1991、1997；谢骏义和张鲁章，1977；谢骏义和伍德煦，1980；谢骏义等，1987；谢骏义和陈善勤，2004；刘玉林，1976；刘玉林等，1984；张映文和谢骏义，1981）。其中牛角沟发现了晚期智人化石，楼房子、刘家岔等遗址经过了一定规模的试掘，出土了丰富的石制品和动物化石。

20世纪80~90年代，随着甘肃省专业考古队伍的充实和扩大，以及与中央科研单位和高校的通力合作，甘肃省田野考古工作蓬勃开展起来。旧石器地点主要于20世纪80年代发现，分布范围从陇东黄土高原扩展到甘肃省的中、西部，刘玉林于甘肃泾川大岭上发现打制石器，通过对该地点黄土—古土壤序列的地层对比，认为年代可早至中更新世（刘玉林，1987）。谢骏义、丁广学、刘玉林等学者在庄浪县发现了双堡子、赵家滑沟沟口和长尾沟等遗址，随后发现东乡王家、肃北霍勒扎得盖等旧石器地点和天水鸳鸯镇骨头沟人类化石地点等（谢骏义，1991、1997；谢骏义等，1987、2001；谢骏义和伍德煦，1980；谢骏义和张鲁章，1977；谢焱等，2004）。

2004年，谢骏义和陈善勤（2004）记述了1993年秦安大地湾遗址F901保护厅柱基下17m深处发现的一件用来砸击石片的石锤，推测其为旧石器时代的遗物；2004、2006年甘肃省考古研究所与兰州大学等合作对大地湾遗址进行发掘，在距今60000～5000年的地层堆积序列内发现了人类活动的遗存，将大地湾遗址古人类生活的年代推前至晚更新世（Barton等，2008；张东菊等，2010）。

2002、2004、2007年美国加州大学戴维斯分校与兰州大学合作对陇西黄土高原的水洛河和清水河流域进行考察，复查了以往发现的一些地点，同时新发现了庄浪5号地点，张家川、花沟、黑老鸹梁、鱼尾沟等地点群（Barton等，2008）。其中的庄浪5号地点又称苏苗塬头地点，2002、2004年研究者对此地点进行了试掘，其后发表了遗址年代、环境和石制品的研究成果（Barton等，2007；张东菊等，2011）。这些新的发现丰富了甘肃省中部旧石器时代考古学材料，研究者据此讨论了调查区内晚更新世不同时段古人类对不同地貌单元的利用策略，认为现代人出现后，古人类开始了对多样的地貌单元进行利用，反映了行为适应能力的增强。据此，摩根（Christopher Morgon）等学者提出了环境影响下现代人在陇西黄土高原的迁移、扩散模型（Morgon等，2011）。

2009年前，甘肃省发现的旧石器地点多为旧石器时代晚期，可能属于旧石器时代早期的只有泾川大岭上。也有学者认为该地区存在"旧石器时代中期"遗址。盖培和黄万波等（1982）在《陕西长武发现的旧石器时代中期文化遗物》一文中，将巨家塬、楼房子、赵家岔与山西的后圪塔峰、河南的孟村、陕西的窑头沟等，一起统归为"泾渭文化"，认为这是一种与以丁村文化为代表的"汾河文化"同时并行发展的，但文化性质差别很大的旧石器时代中期文化，并且进一步认为"水洞沟文化"可能导源于"泾渭文化"。刘玉林等学者曾提出反对意见（刘玉林等，1984；张行，1992）。

2009年始，甘肃省文物考古研究所、中国科学院古脊椎动物与古人类研究所、兰州大学、北京师范大学等单位在甘肃进行了多项旧石器考古调查和发掘工作，发掘了庄浪徐家城、张家川杨上、张家川石峡口、秦安大地湾、环县楼房子等旧石器时代遗址，发现了大量的石制品、动物化石和少量人类化石，时代跨度从中更新世晚期到全新世早期，石制品类型包括简单石核石片石制品组合，也存在细石叶石制品组合（甘肃省文物考古研究所等，2019；任进成等，2017）。

2019年5月，国际著名杂志《自然》（Nature）在线刊登了兰州大学、甘肃省文物考古研究所等国际团队对20世纪80年代采集自甘南藏族自治州白石崖1号洞的古人类下颌骨的研究成果（Chen等，2019），引起了国际学术界瞩目。古蛋白分析研究表明，该化石是目前除俄罗斯阿尔泰山地区丹尼索瓦洞以外发现的首例丹尼索瓦人化石（建议命名为夏河丹尼索瓦人，简称夏河人），也是目前青藏高原的最早人类活动证据（距今不晚于16万年）。该研究首次为丹尼索瓦人研究提供了丰富的体质形态学信息，使重建丹尼索瓦人体质形象及与东亚丰富的但缺乏古DNA信息的中晚更新世人类化石进行体质形态对比成为可能，为进一步探讨丹尼索瓦人的体质形态特征及其在东亚地区的分布、青藏高原早期人类活动历史及其对高海拔环境适应等问题提供了关键证据[①]。

截至目前，甘肃省已发现中、晚更新世的古人类和旧石器遗址50余处，通过一系列的发掘和研究，基本建立起了甘肃地区尤其是黄土高原西部中更新世晚期到晚更新世以来（距今20万～1万年前）的旧石器时代考古年代框架，为探讨该地区石器技术的演变、人类行为的发展历程、人类适应行为演化与环境变化的关系等提供了关键材料。古人类化石新的研究，为讨论古人类在青藏高原边缘区域的生存时代、适应能力、扩散等提供了珍贵资料。

第二节　区域地质、地貌

位于六盘山以西的陇西盆地形成于第三纪，第三纪中期陇山运动之后，由于六盘山持续上升，盆地相对地发生下沉作用，盆地内得以容纳新的堆积物，形成了分布极广且厚达1000m以上的甘肃系红色层，此时盆地基本形成。第四纪初期盆地内形成了许多内陆河系，即有安宁系砂砾岩堆积，第四纪中期该区广大范围受到剥蚀，只在个别区段沉积了极薄的相当于陕北盆地的老黄土（以往所说的红色土，即现在所分的离石黄土和午城黄土）。晚第四纪该区气候变干，盆地以及盆地内的山岭被巨厚的黄土所淹没，以至于其后地壳不断发生定向运动，河流增多，将巨厚的黄土分割成许多丘陵，并产生多级的黄土台地。另外由于新构造运动的影响，使得黄土中又发生了许多

[①] 2020年10月，张东菊等在国际期刊Science上发文，报道了提取自白石崖洞洞穴堆积中的丹尼索瓦人DNA研究成果（Science，2020-10-30）。

坍塌、滑坡和阶地堆积（中国科学院黄河中游水土保持综合考察队和中国科学院地质研究所，1962）。

遗址所在地区属于六盘山以西的梁峁区，这个梁峁区与陇西盆地的范围大体相当，其范围东界为六盘山，南界秦岭，西以洮河为界，北以黄河为界（苏联义等，1958）。本区地貌类型主要为黄土梁、峁，梁、峁相对高度可达200米以上。黄土梁峁区的谷地较为宽展，河流阶地发育。本区域主要河流有渭河、葫芦河、清水河和水洛河，整个流域北高南低，东高西低。

据《西北地区区域地层表-甘肃省分册》（甘肃省地层表编写组，1980），水洛河流域处于祁连地层区（Ⅴ）—北祁连山-北秦岭地层分区（V2）—靖远-西吉地层小区（Ⅴ）。本小区第四纪地层描述如下：

全新统

洪积层：分布于靖远县黄家湾山南坡、松山南麓、皋兰县宋家梁山等山麓地带，构成山前洪积平原。由砾石、碎石及砂质黏土组成，厚度不详。

冲积层：分布于黄河、庄浪河、祖厉河、葫芦河等河谷地区，主要构成Ⅰ、Ⅱ级阶地及河漫滩堆积。

上更新统

风积层-马兰组（Q3m）：广布与小区东部（甘肃省内部分）塬梁区。为灰黄、浅褐黄色黄土堆积，颗粒均匀，结构松散，多孔隙，无层理，厚度一般5~70m，最大厚度可达98m。在河谷阶地区仅见相当于马兰组上部的疏松黄土直接覆盖在阶地堆积物上，厚约8~30m。

洪积层：分布于靖远县黄家湾山南坡、屈吴山南麓、松山南麓、皋兰县宋家梁山东麓等地。

冲积-洪积层：分布于永登县毛毛山与庄浪河之间，岩性与厚度不详。

冲积层：分布于黄河、庄浪河、祖厉河、葫芦河等河谷地区，主要构成Ⅳ级阶地及Ⅲ级阶地堆积。含腹足类及哺乳动物化石。

中更新统

风积及洪积层-离石组（Q21）：主要分布在靖远一带的黄土塬梁区。为含红色条带（古土壤层）的棕黄、褐黄色黄土。总厚30~200m。

洪积层：分布于小区（甘肃省内部分）东部的山麓地带，为一套灰绿色碎石、块石组成的半胶结角岩状砾岩，厚约30~40m。

冲积层：分布于黄河、庄浪河、祖厉河等河谷地区，构成V级阶地堆积。靖远一带黄河V级阶地堆积为亚黏土、亚砂土及砾石层，其上直接被离石组上部石质黄土所覆，厚约65m。

湖积层：仅见于通渭县陇山一带的南家庄冲沟中，为湖相杂色（灰绿、青灰、锈黄等色）黄土质亚黏土。含哺乳动物化石，厚度不详。

下更新统

玉泉山组（Q1w）：零星分布于皋兰县百坡子南东、靖远县屈吴山一带及静宁县杨家湾等地。为灰-灰黑色砾岩，厚约12~100m。

第三节　清水河、水洛河流域旧石器调查[①]

2009年6~7月，中国科学院古脊椎动物与古人类研究所、甘肃省文物考古研究所、兰州大学等单位组成联合考察队在陇西黄土高原葫芦河流域开展旧石器考古调查工作。参加调查的人员有中国科学院古脊椎动物与古人类研究所李锋、李罡（现就职于山东省文物考古研究院），甘肃省文物考古研究所郑友荣和兰州大学张东菊。参加遗址复查的人员有中国科学院古脊椎动物与古人类研究所高星和关莹。因该区域马兰黄土和晚更新世的河流阶地发育，本次调查重点在于寻找晚更新世的旧石器地点。

一、调查区域与野外调查方法

本次田野调查以甘肃省1∶100000地形图为基础，寻找适于古人类生存并具备第四纪埋藏条件的河流阶地、谷地、山丘等；结合详细的行政区划图和以往哺乳动物、旧石器考古线索，考察队确定了以陇西盆地东部葫芦河中游及其支流水洛河、清水河沿线为重点的考察区域。调查队依照《宁夏旧石器考古调查报告》中的调查方法分两个阶段进行调查（高星等，2003）：第一阶段，采取地质勘探的"之"字形线路策略，重点考察地形平缓、第四纪沉积物分布集中、河流发育的地段。对出露良好的第四纪

---

① 本节部分内容曾发表于《人类学学报》2011年第30卷第2期。

剖面进行观察；发现文化遗物后，分析沉积性质，寻找文化遗物的原生层位；对新发现的地点或线索用全球定位系统（GPS）定位，记录地理位置、地貌特征、地层情况、遗址分布、工作潜力和标本富集程度等。第二阶段，对发现的地点进行复查、评估，确定未来工作重点；对重要地点剖面进行测绘并采集考古和测年样本。

　　本次调查工作以甘肃秦安大地湾遗址为中心，对周围地区进行系统的旧石器调查。该调查区域主要包含三个县区：庄浪县、秦安县和张家川回族自治县；三条主要河流：葫芦河、清水河、水洛河（图1-1）。葫芦河是渭河上游的一条支流，发源于宁夏南部山地，由北向南，在甘肃省天水市附近入渭河。葫芦河中游的调查工作从清水河与葫芦河交汇处开始，沿葫芦河的支流小河逆流而上，从小河沿岸的王家坪向东转入葫芦河沿岸的阳川，然后顺葫芦河而下。葫芦河中游段发育有明显的一级阶地，二级阶地不明显；河谷宽阔，可能发育有古湖泊；河谷两岸多黄土台地和基岩山地。清水河是葫芦河较大的支流之一，发源于六盘山，由东往西与水洛河交会后注入葫芦河。清水河流域的调查工作主要集中于河谷两侧的阶地、台地以及其较大的支沟两岸。水洛河发源于六盘山，自东向西在莲花镇附近注入清水河。其主要发育两级阶地，其中二级阶地上覆马兰黄土，形成多级黄土台地。该流域的调查工作主要集中在河谷两岸的阶地和黄土台地。

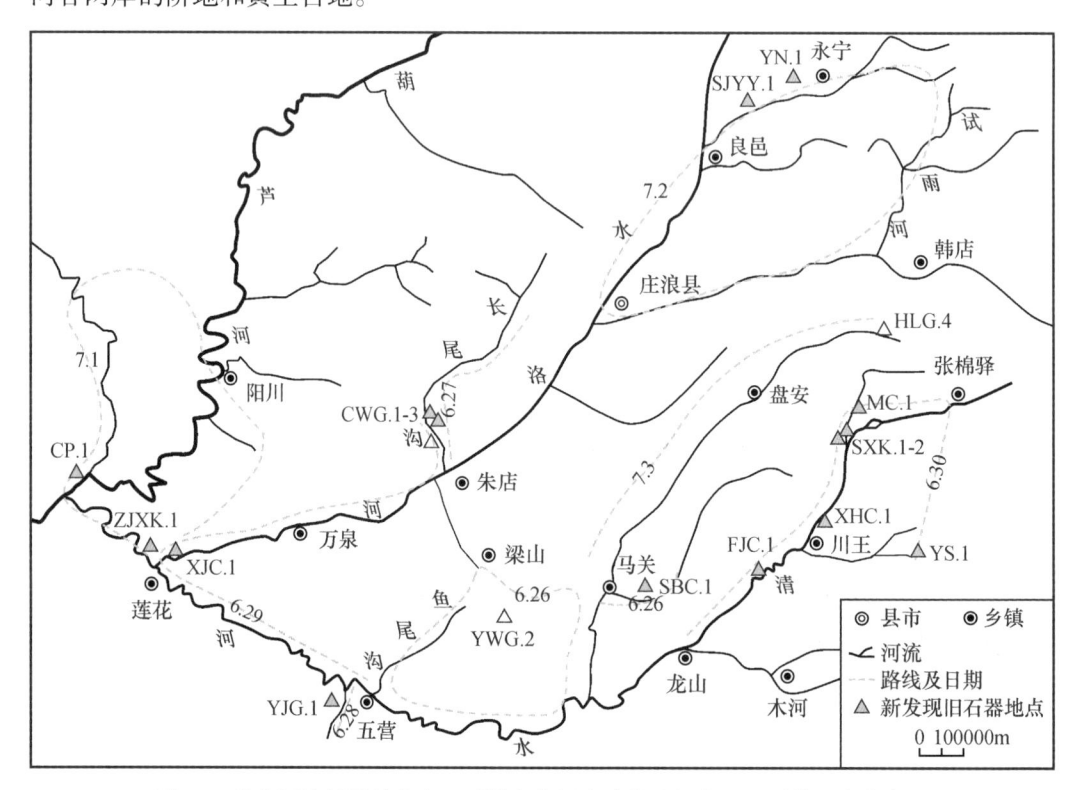

图1-1　葫芦河流域及其支流旧石器考古调查路线及新发现旧石器地点分布图

二、主要收获

本次调查在葫芦河中游地区新发现旧石器地点1处；清水河流域9处；水洛河流域6处。复查旧石器地点3处（图1-1，表1-1）。新发现的多处旧石器地点自然剖面上出露有丰富的石制品和动物化石，进一步发掘和研究的潜力巨大。

表1-1 2009年调查和复查旧石器地点一览

地点编号	坐标	海拔（m）	地理位置	采集遗物数量（地层/地表）（件）
长坪1号（CP1）	35°06′40.9″N、105°44′00.3″E	1355	静宁县解放村	石制品（5/5）
闫家沟1号（YJG1）	35°00′28.2″N、105°54′04.9″E	1491	秦安县闫家沟	石制品（1/0）
冯家村1号（FJC1）	35°04′11.5″N、106°07′28.7″E	1635	张家川县冯家村	石制品（2/2）
小河村1号（XHC1）	35°04′38″N、106°08′05.7″E	1668	张家川县小河村	石制品（1/0）
石峡口1号（SXK1）	35°07′58.5″N、106°10′31.7″E	1784	张家川县石峡口	石制品（38/0）动物化石（52/0）
石峡口2号（SXK2）	35°08′01.5″N、106°10′34.7″E	1860	张家川县石峡口	石制品（49/0）动物化石（6/0）
庙川1号（MC1）	35°08′32.8″N、106°11′16.8″E	1867	张家川县庙川	石制品（9/0）动物化石（2/0）
阳山1号（YS1）	35°03′50.7″N、106°12′47.7″E	1992	张家川县杨家山	石制品（2/0）
黑老鸹梁4号（HLG4）	35°10′28.2″N、106°11′46″E	2030	庄浪县窑刘家	石制品（2/21）动物化石（0/5）
鱼尾沟2号（YWG2）	35°03′30.6″N、105°58′06.2″E	1874	张家川县谢家庄	石制品（5/4）动物化石（3/0）
石板川1号（SBC1）	35°03′45.8″N、106°02′25.8″E	1562	张家川县马关乡	石制品（0/1）
周家峡口1号（ZJXK1）	35°04′41.1″N、105°46′39.3″E	1392	静宁县周家峡口	石制品（0/7）
徐家城1号（XJC1）	35°04′44.8″N、105°47′49.0″E	1398	庄浪县徐家城村	石制品（0/7）动物化石（0/0）
长尾沟1号（CWG1）	35°07′39.3″N、105°56′23.3″E	1504	庄浪县长尾沟	石制品（2/52）
长尾沟2号（CWG2）	35°07′42.9″N、105°56′22.9″E	1560	庄浪县朱长尾沟	石制品（1/2）
长尾沟3号（CWG3）	35°07′45.1″N、105°56′25.5″E	1521	庄浪县长尾沟	石制品（1/1）
长尾沟4号（CWG4）	35°07′27.4″N、105°56′12.7″E	1512	庄浪县长尾沟	石制品（1/0）
苏家腰崖1号（SJYY1）	35°17′29.7″N、106°06′51.5″E	1600	庄浪县良邑乡	石制品（2/0）
永宁1号（YN1）	35°18′11.9″N、106°09′40.9″E	1903	庄浪县永宁乡	石制品（2/2）

（一）葫芦河中游地点

长坪1号地点（CP1）

该地点埋藏于葫芦河西岸的马兰黄土台地中。2009年7月1日发现，7月6日复查确认。该地点地层堆积主要为浅黄色黏土质粉砂，厚约4m，地层剖面由上到下为：

①层：耕土层，厚约0.6m；

②层：浅黄色粉砂，柱状节理发育，厚约3m，距该层顶部深1m处发现石制品；

③层：棕红色黏土质粉砂，未见底。

在该地点地表采集石制品5件，包括石片1件、裂片1件、断块2件、碎屑1件。在地层中取得石制品5件，包括石核1件、石片1件、断片1件、刮削器1件、断块1件。

CP1：01　刮削器，出自地层。原料为脉石英，毛坯为石片；长×宽×厚为37.4mm×33.7mm×14.9mm，重18.2g；刃缘长23.6mm，刃角65°。在毛坯右侧正向修整，修疤单层，连续排列，最大修疤7.9mm×4.5mm。

（二）清水河流域地点

闫家沟1号地点（YJG1）

该地点埋藏于清水河的支沟闫家沟西岸的马兰黄土台地中。2009年6月28日发现。该地点堆积物主要为土黄色黏土质粉砂，厚约8m，地层剖面自上而下为：

①层：耕土层，厚约0.5m；

②层：浅黄色粉砂土，厚约2m；

③层：灰黄色黏土质粉砂，厚约6m，未见底，距该层顶部深约4m处出现石制品。

在该地点剖面第3层取得脉石英碎屑1件。

冯家村1号地点（FJC1）

该地点位于清水河东岸，埋藏于二级阶地上覆的马兰黄土中。2009年6月30日发现，8月10日复查确认。堆积物主要为灰黄色黏土质粉砂，厚约4.5m，地层剖面由上到下为：

①层：耕土层，厚约0.5m；

②层：灰黄色黏土质粉砂，厚约4m，未见底，距该层顶部深约3m处发现石制品。

该地点地表采集石片2件；地层中取得石制品2件，为石核1件、裂片1件。

小河村1号地点（XHC1）

该地点位于清水河东岸，埋藏于二级阶地上覆的马兰黄土中。2009年6月30日发现，7月6日复查确认。该地点堆积物主要为土黄色粉砂质黏土，厚约6m，地层剖面由上到下为：

①层：耕土层，厚约0.3m；

②层：浅黄色粉砂，厚约5.5m，未见底，距该层顶部深约3m处发现石制品。

该地点地层中取得单台面石核1件。

石峡口1号地点[①]（SXK1）

该地点位于清水河西岸，埋藏于马兰黄土台地中。2009年6月30日发现，7月6日复查确认。该地点堆积物主要为灰黄色黏土质粉砂，厚约10m，地层剖面从上到下为：

①层：灰黄色粉砂层，厚约4m；

②层：灰绿色黏土质粉砂，厚约2m；

③层：灰黄色黏土质粉砂，厚约4m，未见底，距该层顶部深约3m处发现石制品、动物化石。

该地点剖面第3层分布有密集的石制品和动物化石。调查队在剖面上宽10m的范围内取得石制品42件，包括石核2件、石片19件、尖状器1件、断块9件、碎屑9件和小砾石2件；取得动物化石52件。该地点剖面上可见两块灰烬集中区，野外编号为Z1、Z2，其中Z1被多块砾石所环绕。调查队在该地点采集的木炭样本，AMS^{14}C测年的年龄为距今约1.9万～1.6万年（校正后年代，下同）。

SXK1：38　石核，出自地层。原料为燧石，原型为结核；整体形状呈楔形，长×宽×厚为17.3mm×26.2mm×17.9mm，重6.5g；台面为自然与人工相结合，宽×厚为26.2mm×17.9mm，台面角范围为60°～80°；主要沿台面四周进行剥片，核体上保留有十余个片疤，其中最大片疤的长×宽为18mm×11.9mm，最小的长×宽为12.6mm×0.4mm。

SXK1：68　两面尖状器，出自地层。原料为脉石英，毛坯为石片；长×宽×厚为41.1mm×27.3mm×13.5mm，重16.1g；侧边、远端两面修整，于远端修整成尖，尖刃

---

① 2015年，中国科学院古脊椎动物与古人类研究所、甘肃省文物考古研究所联合对该地点进行了试掘，详细的研究报告见任进成等：《甘肃石峡口旧石器遗址第1地点发掘报告》，《人类学学报》2017年第36卷第1期。

角为65°；左侧刃长为43.7mm，刃角为73°，右侧刃长为34.9mm，刃角为58°。

石峡口2号地点[①]（SXK2）

该地点位于清水河西岸，埋藏于清水河的二级阶地中。2009年6月30日发现，7月6日复查确认。该地点堆积物主要为土黄色黏土质粉砂，厚约4.5m，地层剖面从上到下为：

①层：耕土层，厚约0.5m；

②层：灰黄色黏土质粉砂，厚约3.5m，距该层顶部深约2.5m处发现石制品、动物化石；

③层：砂砾石层，厚约0.5m；

④层：冲洪积砾石层，未见底。

该地点剖面第2层分布有比较密集的石制品和动物化石。调查队在剖面上宽5m的范围内取得石制品49件，包括石核1件、石片22件（砸击石片2件）、刮削器3件、端刮器1件、断块11件、碎屑9件和砾石2件；取得动物化石6件。该地点AMS^{14}C年代距今约3.3万年。

SXK2∶20 砸击石片，出自地层。原料为脉石英；长×宽×厚为31.5mm×20.7mm×8.4mm，重5.3g；两端皆可见清楚的砸击痕迹。

SXK2∶35 端刮器，出自地层。原料为脉石英，毛坯为石片；长×宽×厚为45.5mm×48.9mm×16.5mm，重39g；刃缘长90.5mm，刃角70°。在石片远端及右侧正向修整，最大修疤15mm×6.6mm。

庙川1号地点（MC1）

该地点位于石峡口水库东北，埋藏于马兰黄土台地中。2009年6月30日发现，7月6日复查确认。该地点堆积物主要为灰黄色粉砂质黏土，厚约4.5m，地层剖面从上到下为：

①层：灰黄色粉砂，厚约1m；

②层：灰黄色黏土质粉砂，厚约3.5m，距顶部深约1.5m处发现石制品；

③层：第三纪红黏土，未见底。

[①] 2014年，中国科学院古脊椎动物与古人类研究所、甘肃省文物考古研究所联合对该地点进行了发掘，目前正在对该遗址材料进行研究，遗址简要的介绍见李锋等：《甘肃张家川发现旧石器晚期遗址和用火遗迹》，《中国文物报》2014年10月10日第8版。

在该地点地层中取得石制品9件和少量动物化石。石制品包括石核2件、石片1件、裂片1件、断片1件、碎屑4件。

阳山1号地点（YS1）

该地点位于张家川县刘堡乡，埋藏于马兰黄土台地中。2009年6月30日发现。该地点堆积物主要为灰黄色黏土质粉砂，含有较多的假菌丝体，可能为弱发育的古土壤，厚约5m。

在该地点地层中发现石制品2件，为石片1件、石核1件。

黑老鸹梁4号地点（HLG4）

该地点位于黑老鸹山梁东北部，2007年发现（Barton等，2008），从地表采集石制品100余件，但未发现有明确层位的石制品。2009年7月6日本调查队对其复查，并确定了石制品的原生层位可能为全新世的古土壤层。该地点堆积物主要为灰黑色黏土质粉砂，厚约1.5m。地层剖面从上到下为：

①层：耕土层，厚约0.5m；

②层：灰黑色黏土质粉砂，含大量假菌丝体，可能为全新世古土壤层，厚约1.5m，含石制品；

③层：土黄色黏土质粉砂，未见底。

本次调查在该地点地层中取得石制品2件，为裂片1件、断片1件；在地表采集少量动物化石和石制品21件，包括石片5件、断片2件和断块14件。

HLG4：01 石片，地表采集。原料为碎屑岩；长×宽×厚为230.5mm×220mm×40.5mm，重2139.1g，石片角120°；台面为砾石面与人工面结合，宽×厚为214mm×40.5mm；背面保留约10%的自然面；打击点明显，打击泡凸，无放射线、同心波；腹面左侧和背面存在多个片疤；石片右侧存在连续的小疤痕与凹缺，可能与使用有关。

鱼尾沟2号地点（YWG2）

该地点位于清水河的支沟鱼尾沟东北部，2007年发现（Barton等，2008），从地层采集石制品19件、动物化石12件。2009年7月6日本调查队复查该地点。其地层从上到下为：

①层：耕土层，厚约0.5m；

②层：浅黄色黏土质粉砂，厚约4m；

③层：棕红色黏土质粉砂，含较多的钙质结核，厚约3m，含石制品、动物化石，未见底。

本次调查在该地点地表采集断块4件；在地层中取得石制品5件和少量动物化石，石制品包括石核3件（其中原料为花岗岩者2件）、断块1件、碎屑1件。

YWG2：01 双台面石核，出自地层。原料为脉石英，原型为砾石；长×宽×厚为49.4mm×77.8mm×30.6mm，重122.9g。自然台面，台面角为85°、105°；两个台面共用一个剥片面对向剥片。

石板川1号地点（SBC1）

该地点位于清水河的一条支沟南岸，距马关乡约500m。2009年6月26日发现，在地表采集紫红色石英岩石核1件。

周家峡口1号地点（ZJXK1）

该地点位于清水河北岸。2009年7月1日发现，在比较松散的土黄色黏土质粉砂地层中可见石制品分布，鉴于该层土质松软、胶结程度不高，推测为次生堆积。对周围地层进行追踪，暂未找到含石制品的原生堆积。在该地点地表采集石制品7件，包括石核1件、石片5件和碎屑1件。

（三）水洛河流域地点

徐家城1号地点（XJC1）

该地点埋藏于水洛河北岸的二级阶地中，距水洛河与清水河交汇处约500m。2009年6月29日发现，7月4日复查确认。该地点堆积物主要为灰黄色黏土质粉砂，厚约5m，地层剖面从上到下为：

①层：耕土层，厚约0.5m；

②层：灰黄色粉砂，厚约1.5m；

③层：灰黄色黏土质粉砂，厚约1m，距该层顶部深约0.5m处发现较密集的石制品、动物化石；

④层：棕红色细砂，厚约0.5m，未见底。

该地点剖面第3层分布有较为密集的石制品及动物化石，拟作为发掘对象，故未采取剖面上的文化遗物，仅在地表采集石制品7件，包括石片1件、断块1件、碎屑5件。

长尾沟地点群（CWG）

该地点位于水洛河支沟长尾沟，1986年由谢骏义、丁广学等发现（谢骏义，1991）。2007年兰州大学与加州大学戴维斯分校研究人员等对水洛河和清水河流域进行调查时，考察该遗址，因以往发的剖面已被破坏，确定一个新剖面，并采集石制品等（Barton等，2008）。2009年本调查队对长尾沟进行调查，并在长尾沟两侧发现多处含石制品的地点，分别描述如下。

长尾沟1号地点（CWG1）

该地点位于长尾沟砖厂，1988、2007年发现于剖面附近。地层剖面从上到下为：
①层：耕土层，厚约0.5m；
②层：浅黄色黏土质粉砂，厚约2m；
③层：砾石层，夹杂大量钙质结核，未见底，含石制品。

在该地点地表采集石制品52件，包括石核11件（1件砸击石核）、石片20件（1件砸击石片）、刮削器1件、凹缺器1件、断片3件、裂片1件、断块15件；在地层中取得石制品2件，包括石片1件、碎屑1件。

CWG1：01 双台面石核，采自地表。原料为脉石英，原型为砾石；长×宽×厚为62.6mm×50.4mm×41.0mm，重119.5g；自然台面，两个台面共用一个剥片面对向剥片，台面角范围为76°~85°。

CWG1：02 砸击石核，地表采集。原料为脉石英，原型为砾石；长×宽×厚为23.5mm×21.0mm×9.8mm，重5.9g；标本四周皆有砸击痕迹，有多个片疤，保留约5%的砾石面。

长尾沟2、3、4号地点（CWG2、3、4）

长尾沟2、3、4地点均发现于马兰黄土地层中，发现石制品的层位主要为浅黄色粉砂层。在CWG2地层中取得石制品1件、地表采集2件，为石片1件、断块2件；在CWG3地层中取得石制品1件、地表采集1件，为石核1件、断块1件；在CWG04地层中取得断块1件。

苏家腰崖1号地点（SJYY1）

该地点位于水洛河支流章麻河南岸，埋藏于二级阶地上覆的马兰黄土中，2009年7

月2日发现。该地点堆积物主要为灰黄色黏土质粉砂，剖面从上到下为：

①层：耕土层，厚约0.5m；

②层：灰黄色黏土质粉砂，厚约2m，距该层顶部深约1.5m处发现石制品；

③层：棕红色细砂，厚约1m；

④层：砾石层，未见底。

该地点地层发现脉石英断块1件、碎屑1件。

永宁1号地点（YN1）

该地点位于水洛河支流章麻河南岸，埋藏于二级阶地上覆的马兰黄土中，2009年7月2日发现。该地点地层厚度约8m，剖面从上到下为：

①层：耕土层，厚约0.3m；

②层：灰黄色黏土质粉砂，含大量假菌丝体，厚约6m，距顶部深约5m处发现石制品；

③层：红色沙层，厚约1m；

④层：砾石层，未见底。

该地点地层中取得石制品2件，为断片1件、断块1件；在地表采集石片2件，其中一件为砸击石片。

三、小　　结

本次调查发现的旧石器地点多埋藏于河流阶地或其上覆的马兰黄土中，其中徐家城、永宁、苏家腰崖、长尾沟第1~4地点埋藏于水洛河二级阶地或其上覆的马兰黄土中；闫家村、小河村、冯家村、石峡口第2地点等埋藏于清水河二级阶地或其上覆的马兰黄土中；其他地点也多埋藏马兰黄土中，但其相关的阶地位置并不明确。因自然剖面风化等原因，尤其是高度较大的自然剖面的岩性特征往往难以准确观察，调查过程中所确定的遗址地貌位置、地层特点并不精确。

部分遗址的测年结果和地貌部位显示该地区发现旧石器地点的时代大致可分为两个区段：氧同位素3阶段（60/59~27ka）和氧同位素2阶段（27~10ka）。属于前者的有徐家城、石峡口第2地点、阳山、永宁、苏家腰崖、闫家沟等；属于后者的有长坪、石峡口第1地点等。

本次调查新发现的徐家城，石峡口第1、2地点等，地层清楚，剖面上出露丰富的石制品和动物化石，进一步工作的潜力较大。其中徐家城遗址（2009）、石峡口遗址第2地点（2014）进行了发掘，石峡口遗址第1地点（2015）进行了小面积的试掘，这些材料为探究该区域旧石器时代文化序列、人类行为演变、适应生存表现等提供了重要的材料。

第二章　徐家城遗址简况

徐家城遗址[①]位于甘肃省庄浪县万泉乡徐城村东缘，南接秦安县，西与静宁县毗邻，地理坐标为35°04′44.8″N、105°47′49.0″E，海拔1398米。该遗址位于水洛河北岸，距水洛河与清水河交汇处约500米（图2-1，图版一）。

第一节　地　　貌[②]

水洛河发源于六盘山山地，自东向西在秦安县莲花镇附近与清水河汇合后注入葫芦河。遗址附近的水洛河发育有两级阶地，阶地堆积上覆有较厚的马兰黄土，形成2~3个黄土台地（图2-2）。徐家城遗址地层可分为三段，上段为现代人类干扰的黄土状土，中段为浅灰黄色黄土，通过周边调查对比，此段黄土为晚更新晚期的马兰黄土，中段的下部为发育较弱的古土壤，地层颜色略偏灰暗，埋藏大量的文化遗物。下段的上部为黄色和浅灰色粉砂层，下部为砂砾石层，为河流阶地地层发育的二元结构。根据地层发育情况，推测徐家城遗址古人类当时是生活在高河漫滩上，离河床很近，石料来源即为当时河床上遍布的砾石。遗址背靠黄土塬，此后河流下切，形成二级阶地，在阶地面上堆积了马兰期黄土。全新世河流下切又形成了新一级阶地。

第二节　发现与发掘

徐家城遗址2009年6月29日由联合调查队队员张东菊首先发现。发现时，该地点

---

① 调查所使用的1：10万地形图（中国人民解放军总参谋部测绘局1979年编绘）显示该村名为徐家城村（现名徐城村），故而发现时将其命名为徐家城旧石器遗址。

② 地貌主要由刘德成博士（现为中国科学院遥感与数字地球研究所副研究员）完成，北京大学夏正楷教授对地貌图的绘制给予了指导。

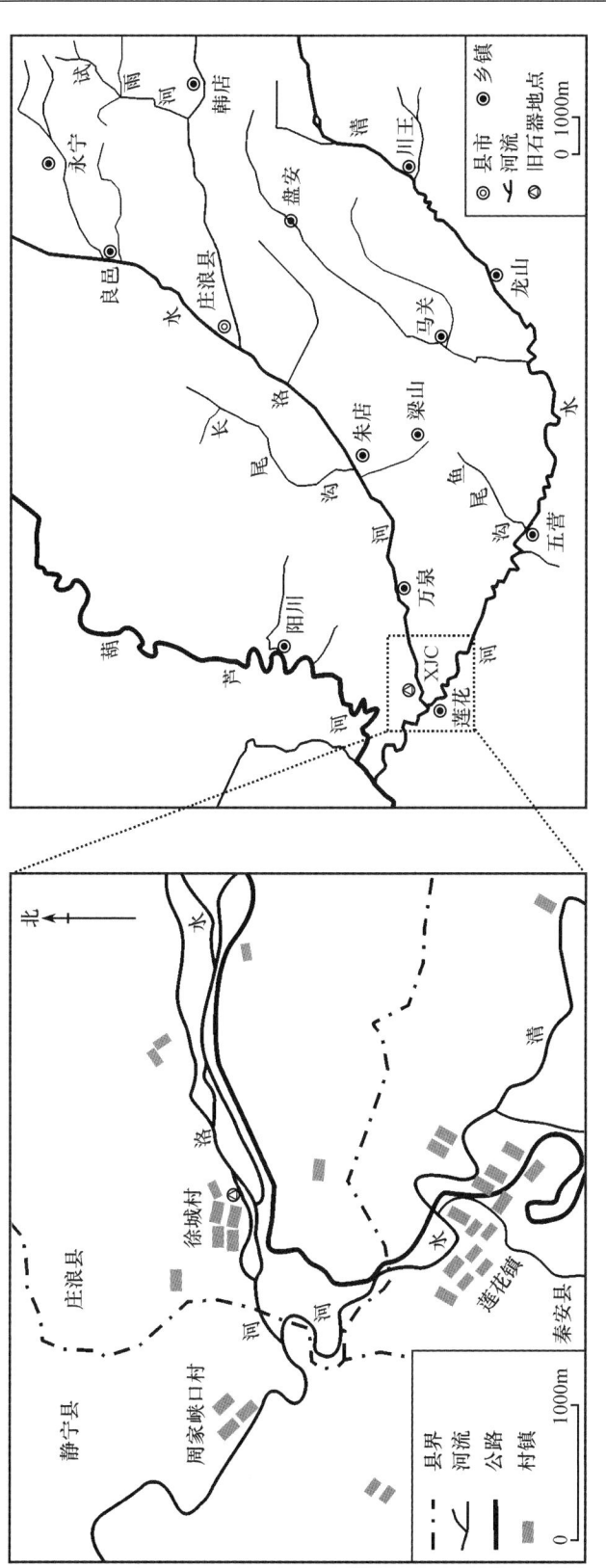

图2-1 徐家城遗址地理位置图

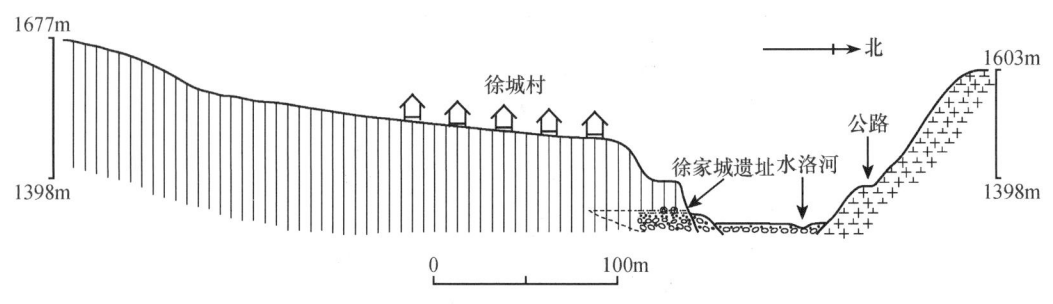

图2-2 徐家城遗址地貌示意图

剖面可见较为密集的石制品和动物化石分布。2009年7月4日，中国科学院古脊椎动物与古人类研究所高星研究员、关莹与联合调查队复查，并于2009年7月10日到8月25日由联合调查队对该地点进行了发掘。主要发掘队员有中国科学院古脊椎动物与古人类研究所陈福友、李锋、刘德成（现就职于中国科学院遥感与数字地球研究所）、李罡（现就职于山东省文物考古研究院），兰州大学张东菊，甘肃省文物考古研究所赵雪野、王山（图版二）。

一、发 掘 方 法

因从台地边缘断面上可见距台地面约3m厚的堆积为耕土层和平整土地时的垫土层，所以发掘队决定在清理完这些扰动堆积后布发掘探方。首先在台地边缘沿正北方向划定5.5米×3米的发掘区，在距台地面约2.5米深的平面上按照坐标布方法使用全站仪布1米×1米的探方，探方编号为N52～N57、E50～E53（图2-3）。因台地边缘与正北方向不平行、发掘过程中剖面无法保持绝对垂直等原因，发掘区内有完整探方8个、不完整探方16个，发掘面积约20平方米。

将断面上可见的扰动堆积清理结束后，采取自然层与水平层相结合的发掘方式，根据标本密集程度在文化层内以5～10cm为一水平层逐层向下发掘，当堆积内无文化遗物后继续在发掘区靠近西壁中部进行了小面积探掘，直至发掘到砾石层的顶部。遗物出露后保持其原始位置，每完成一个水平层的发掘，对出土标本顺序编号[①]、拍照和测量，使用全站仪记录三维坐标，使用罗盘记录具有明确长轴标本的产状；详细记录各

---

① 考虑到野外标签打印不便利，工作队在出发前便事先打印好了编号。因本次调查和发掘工作可能涉及葫芦河流域的多个遗址，故而野外标本标签统一以09HLH为起始顺序编号。徐家城遗址发掘结束后，工作队统一将该遗址发现遗物的起始编码修改为2009XJC。

图2-3 徐家城遗址布方图

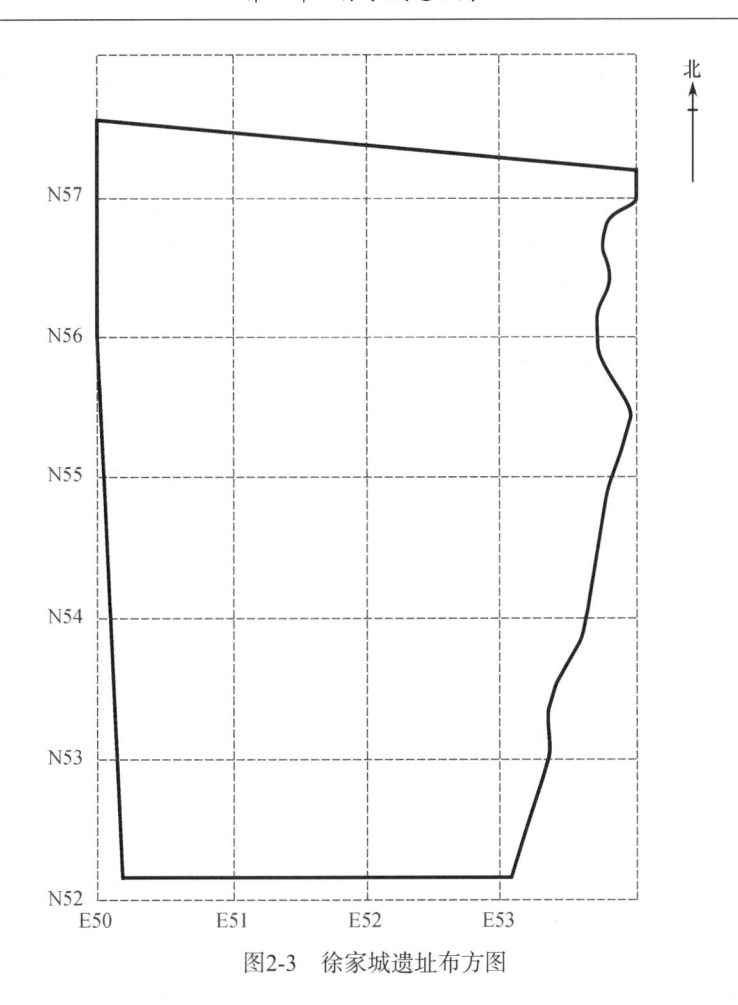

种遗迹现象；对于破碎标本进行现场黏合加固；文化层发掘出的堆积以水平层和探方为单位进行水筛，以获得石质和骨质碎屑等细小遗物。设计表格记录遗址整体的发掘进度和主要工作内容（图2-4，图版三）。

遗址共发掘14个水平层，其中，第1~6水平层遗物稀疏，第7~12水平层遗物密集，第13~14水平层遗物相对稀疏。图版四~图版一〇以L5、L7、L9~L13为例展示了遗址不同水平层遗物的出露状况。

发掘结束后，核对所有标本的编号、数量等；对剖面地层进行详细的描述，包括层位、土质、土色、包含物、厚度、粒度、含有化石标本情况等；详细绘制地层剖面和遗物的水平、垂直分布图。

在发掘区西壁系统采取环境与年代样品，环境样品从砾石层上部开始，每5cm采取一个样品，一直采到距离发掘区顶面约1.8m处，共采取78个样品，编号为2009XJC-ES-01~78；年代样品以文化层为主要采取对象，并兼顾文化层上部和下部地层，共采取9个光释光样品，编号为2009XJC-OSL01~09。

年度：　**工作单位：**　**底册号：**　**流水号：**

遗址：	发掘区：	探方号：	自然层：	水平层：	天气：
工作人员：					
发掘记录：					

全站仪测绘	型号：	绘图方式：手工○摄影校正○	后视点：	
	单位	单位描述	点号	草图号（见背面）

出土标本	石制品	动物标本	人类标本	植物标本	木炭	烧土	年代采样		环境采样	
							编号		编号	
	编号标本：						位置		位置	

备注：	记录者
	日期

图2-4　徐家城遗址发掘记录表

二、主要收获及发掘中存在的问题

本次发掘深度约6.5m,文化遗物密集层厚度约1.5m,共获得野外编号标本6331件,其中石制品5758件,动物化石573件。发掘堆积筛选后,获得大量的石质碎屑及动物碎骨。在遗址第4层中发现砾石、石制品和动物化石集中分布的层面,砾石和文化遗物无明显的水流分选迹象,可能代表了当时古人类的原生生活面。

遗址文化层主要堆积为灰黄色、灰褐色的黄土和河漫滩相堆积,发掘过程中,土质、土色变化较小,故而野外发掘时文化层的划分主要依据自然堆积层进行划分,文化层较厚。然而,遗物的剖面分布显示同一个堆积层内可能包含多个时期的层位(详见第三章)。在遗物相对较为稀疏、颜色变化较小的堆积中发掘时(L1~L7),水平层的布置基本水平,但水平分布的水平层可能会混杂不同层位的遗物,尤其是在靠近不同文化层的界面时(详见第三章);当遗址继续发掘时,发掘队员注意到了石制品、动物化石在平面上的密集分布现象,故而调整水平层的设置,依照遗物密集分布层的走势设置水平层,水平层有一定的倾斜,揭示出了遗物密集分布的古人类生活面。

第三章　地层、年代与环境

第一节　地层与文化层划分

遗址发掘区地层剖面可分为9层，上至地表，下至砾石层；通过对周围地层的调查，可探明砾石层下为基岩。发掘区西壁剖面描述如下（图3-1，图版——）。

第1层：耕土层，含较多植物根系、现代砖瓦等，厚0.3~0.5m。

第2层：近现代扰土层，中间夹杂一层砂砾石带，推测其为原台地面，之上的堆积为近期平整土地时的垫土。含较多植物根系、现代砖瓦等，厚约1.5m。

第3层：黄色粉砂，土质纯净，无层理，垂直节理发育。含蜗牛化石、极少量石制品等，厚约1.4m。

第4层：灰黄色黏土质粉砂，无层理，中间夹灰色古土壤层。含大量石制品、动物化石及少量蜗牛化石等，厚约1.25m。

第5层：棕红色黏土质细砂，夹黄色粉砂土块。含少量石制品及动物化石等，厚约0.55m。

第6层：暗红色黏土质细砂，无文化遗物，厚约0.45m。

第7层：黄色细砂层，无文化遗物，厚约0.25m。

第8层：红色粗砂层，夹杂小砾石，无文化遗物，厚约0.25m。

第9层：砂砾石层，砾石成分以花岗岩、闪长岩为主，无文化遗物，厚约1m。

~~~~~~~~~~~不整合面~~~~~~~~~~~~~

第9层下：基岩为花岗闪长岩，未见底。

遗址9个自然层中第3~5层含有文化遗物，其中第3层出土石制品数量极少，在此暂不作为一个独立的文化层。遗址4~5层内共发掘14个水平层（L1~L14）。遗物在剖面上的分布因密集程度不同形成不同的部分（图3-2）。据遗物剖面分布状态，本报告将含文化遗物堆积（4~5层）划分为4层。最下部遗物分布稀疏，数量少，与第5层相对应，主要包括L13~L14。此层堆积为暗红色黏土质细砂，夹杂黄色粉砂土块，部

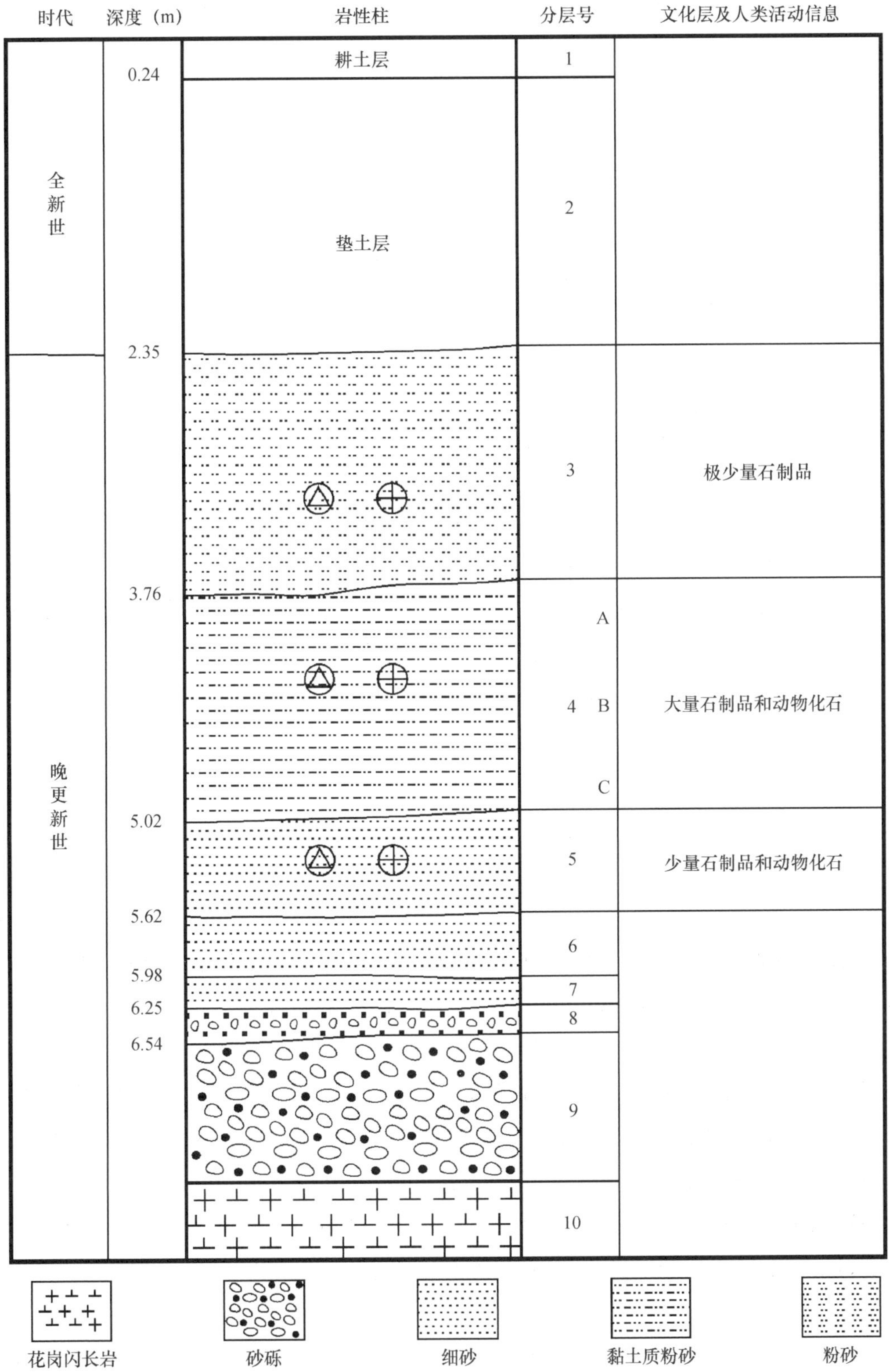

第三章 地层、年代与环境

时代	深度（m）	岩性柱	分层号	文化层及人类活动信息
全新世	0.24	耕土层	1	
	2.35	垫土层	2	
晚更新世	3.76		3	极少量石制品
	5.02		4 A B C	大量石制品和动物化石
	5.62		5	少量石制品和动物化石
	5.98		6	
	6.25		7	
	6.54		8	
			9	
			10	

花岗闪长岩　　砂砾　　细砂　　黏土质粉砂　　粉砂

图3-1　徐家城遗址柱状地层示意图

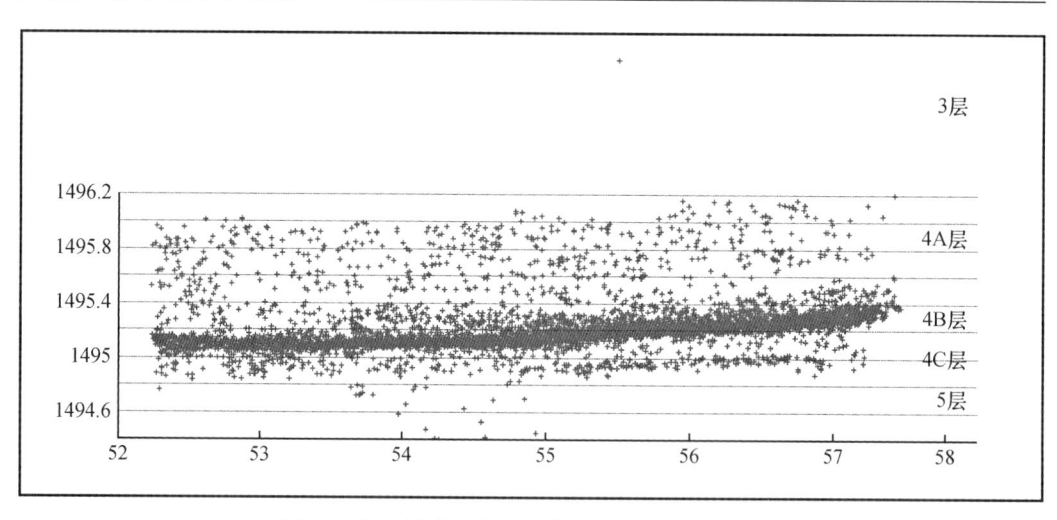

图3-2 徐家城遗址考古遗物剖面分布（南北向）

分石制品包含在黄色的粉砂土块中；其上有一较薄的文化遗物密集层（第1密集区）分布在海拔约1494.9m的位置，相当于L12，称其为第4C层。其上有约10cm的零星分布区，反映了人类活动的间断；之上为石制品分布最为集中、最为丰富的区域（第2密集区）。野外观测和遗物分布特征显示，该层为原地埋藏，主要包括L7～L11，称为第4B层。第4B层之上，石制品数量少，分布稀疏，尺寸较小的碎屑非常少，该段主要包括L1～L6，称第4A层。

第二节 年 代①

徐家城遗址共选取10件样品进行^{14}C测年（AMS^{14}C），其中动物化石8件（图3-3），炭粒2件。遗址第4B层是主要的文化层位，共选取样品5件（骨4件、炭1件），第4C层2件，第4A层2件，第5层1件。全部AMS^{14}C测定样品由北京大学第四纪年代测定实验室加速器质谱实验室分析。共获得10个AMS^{14}C数据（表3-1），其中第5层有年代数据1个，为41675±255yr；第4C层2个，分别为33390±240yr、>43000yr；第4B层5个，范围为36390±170～43210±300yr；第4A层2个，分别为19210±80yr、23300±105yr。本书采用IntCal13校正曲线对年龄数据进行校正（Reimer等，2013），所用程序为OxCal4.3，校正后年代见表3-1（此后的讨论均使用校正后年代）。

---

① 本节部分内容发表在《人类学学报》2013年第32卷第4期，因使用的校正软件和校正曲线版本的差别，本书报道的校正后数据与原文有些许差别。

第三章 地层、年代与环境

本次发掘区内未发现火塘或灰堆等灰烬集中的区域，仅在东部边缘发现2件孤立的炭屑，其与人类活动的关系并不明确。此外，炭屑样品所得年代与其他年代数据不协调，故本书年代的讨论暂时不采用炭屑所得的年代数据。遗址发现的动物化石与石制品共存，初步的遗址过程分析和动物化石分析显示动物化石在遗址内的出现与人类活动的关系密切（见第四章第三节）。故而，以之为样品所得的年代数据能更好地反映遗址人类活动的年代。骨化石测年所得数据共8个，其中4B层4个，3个数据集中于距今42.9～40.6 ka之间，相对较为吻合。4B层样品L10：4897的年代为47～45ka，明显老于本层其他数据，且出土位置更接近4C层（图3-3），暂认为其代表4C层的年代（不同文化层界面处存在不同程度的扰动，下层遗物可能会翻扰到上层，上层遗物也可能扰动到下层，具体分析见第七章）。4C层有1个测年数据（＞43000），与47～45ka的年龄数据相协调，故而暂采信47～45ka作为4C层的年代。第5层为二次沉积的混杂堆积，发掘过程中，我们发现多数石制品出自红色粉砂堆积中的黄色土块中，显示了包裹在黄色土块中的石制品在被搬运到此之前已经被埋藏。这意味着该层石制品形成的年代应远大于4C层形成的时代。该层有年代数据1个，为45.6～44.6ka。我们推测其为4C遗物

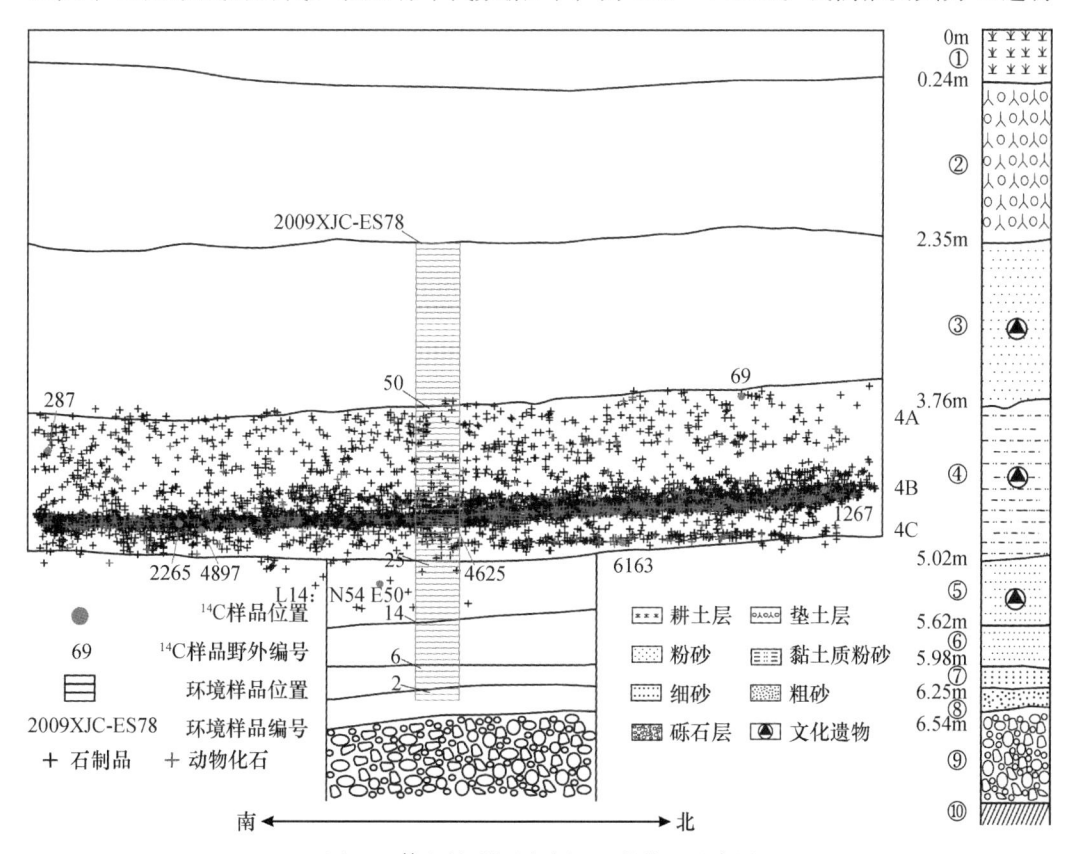

图3-3 ^{14}C测年样品在剖面上的位置示意图

下移到5层的结果，代表4C层的年代，与4C层47~45ka左右的年龄相近。4A层共有年代数据2个，相差较大。然而，该层相对较厚，可能代表相对较长时间的堆积，故暂时可认为4A层年代为22.9~27.7ka。

表3-1 徐家城遗址^{14}C年代数据表

实验室编号	样品类别	样品野外编号	层位	深度（m）	AMS^{14}C年龄	校正后年龄（95.4%）（BP）
BA091421	骨	L1：0069	4A	3.791	19210±80	23444~22892
BA091423	骨	L4：0287	4A	4.235	23300±105	27733~27346
BA091424	骨	L7：1267	4B	4.592	38455±235	42879~42154
BA091425	骨	L9：2265	4B	4.821	36390±170	41474~40579
BA091427	骨	L10：4625	4B	4.788	36510±220	41632~40626
BA091428	骨	L10：4897	4B	4.843	43210±300	47141~45701
BA091431	炭	L7：N52E52	4B	4.618	>43000	*
BA091432	炭	L12：N54E52	4C	4.966	33390±240	38433~36845
BA091429	骨	L12：6163	4C	4.974	>43000	*
BA091430	骨	L14：N54E50	5	5.116	41675±255	45619~44570

注：所用^{14}C半衰期为5568年，BP为距1950年的年代，校正程序为OxCal4.3，校正曲线选用IntCal13，*为无法校正者。

综合遗址形成过程分析和AMS^{14}C测年结果，可大体推测徐家城旧石器遗址各文化层的年代：5层年代大于距今4.7万年；4C层距今约4.7万~4.5万年；4B层距今约4.3万~4.1万年；4A层距今约2.8万~2.3万年。

第三节 粒度、磁化率与孢粉分析[①]

一、粒度与磁化率分析

粒度和磁化率样品主要采集自剖面的第3~6层（图3-3），共采集样品78个，其中分析磁化率样品78个，分析粒度样品76个（因样品1、2来自砂砾石层，粒度过粗，未

[①] 本节分析和写作由兰州大学杨胜利副教授（粒度、磁化率）和中国科学院古脊椎动物与古人类研究所周新郢副研究员（孢粉）完成。

在粒度仪上进行测试）。

徐家城遗址剖面的3~6层的磁化率和粒度指标分析显示自下而上环境波动变化较大（图3-4）。粒度各指标变化，可大致以距地表4.9m为界，分成上下两部分，上部主要为风成黄土，下部主要为河漫滩沉积物。4.9m以下部分（5~7层）沉积物较粗，粒径变化范围大，为0.5~1000μm；粒度分布曲线为多峰态且变化大，存在一个较小的细组分峰值；累积曲线显示粗颗粒含量高，尤其是大于100μm组分含量很高，其形态与河流相沉积物类似，表现为两段型或多段型，显示沉积过程复杂，受流水作用影响大，可能主要为河漫滩沉积（图3-5）。4.9m以上部分（3~4层）粒径显著偏细，粒度分布曲线大部分为偏正态分布，以粉砂（2~63μm）含量为主，缺少粗尾，大于63μm的砂级含量很少；并存在一个明显的黏粒（<2μm）小峰值；粒度累积曲线为单段型，细组分和粗组分含量很少，反映了悬浮搬运为主，表明其主要为风成黄土沉积。频率磁化率（χfd）与低频质量磁化率（χlf）显示了较好的正相关关系，说明成壤作用形成的超顺磁性矿物是造成古土壤磁性增强的主要原因（图3-4）。质量磁化率（χlf）和频率磁化率（χfd）随深度的变化显示剖面存在两个磁化率峰值，指示发育了两层古土壤层，但其发育程度和沉积环境不同。

粒度分析表明遗址剖面自4.9m以下，粒径明显大于其上部分。粒径变化范围为1~1000μm，平均粒径较粗，细组分含（<2μm）较少而粗组分含量（>40μm，>63μm）很高。这些粒度指标沿剖面深度的变化较大，存在两个显著的粗粒径峰值阶段，即6.15~4.9m和5.5~5.0m，其平均粒径分别为44.4~103.0μm和43.3~62.0μm；细沙平均含量（>63μm）分别高达41.0%和23.3%（图3-4），与野外观测记录的5~6.2m为黏土质细砂一致。粒度变化特征和野外观测都表明该时期沉积过程受到流水过程的影响显著。磁化率记录在4.9~5.7m表现为一个显著的峰值区，指示超顺磁颗粒矿物含量较高，与较强的成壤过程有关。野外观测显示该层为棕红色古土壤层，表明该时期气候温暖，降水较多（图3-4）。放射性^{14}C测年表明该段年代大致为4.7万~4.1万年前，对应氧同位素（MIS）3阶段，为一个相对温暖的时期。

遗址剖面4.9m以上主要为风成黄土堆积，反映了沉积环境的明显转变，此时环境逐步恶化，冬季风和粉尘活动加强。剖面样品的粒度总体上明显变细，主要受风成沉积影响，其粒度分布特征和累积曲线与典型的黄土沉积一致（图3-5）。沉积物粒径主要介于1~110μm之间，平均粒径为24.6~35.9μm，众数粒径为31.3~34.1μm。平均粒径、众数粒径和小于2μm组分的含量都显示在3.7~4.3m处存在一个粒径较细的峰值区；对应的磁化率记录也为一个相对较高的峰值区，磁性矿物含量有所增加。粒度、磁化率和野外记录表明该时期为古土壤发育时期，但其发育程度较前一层古土壤弱，

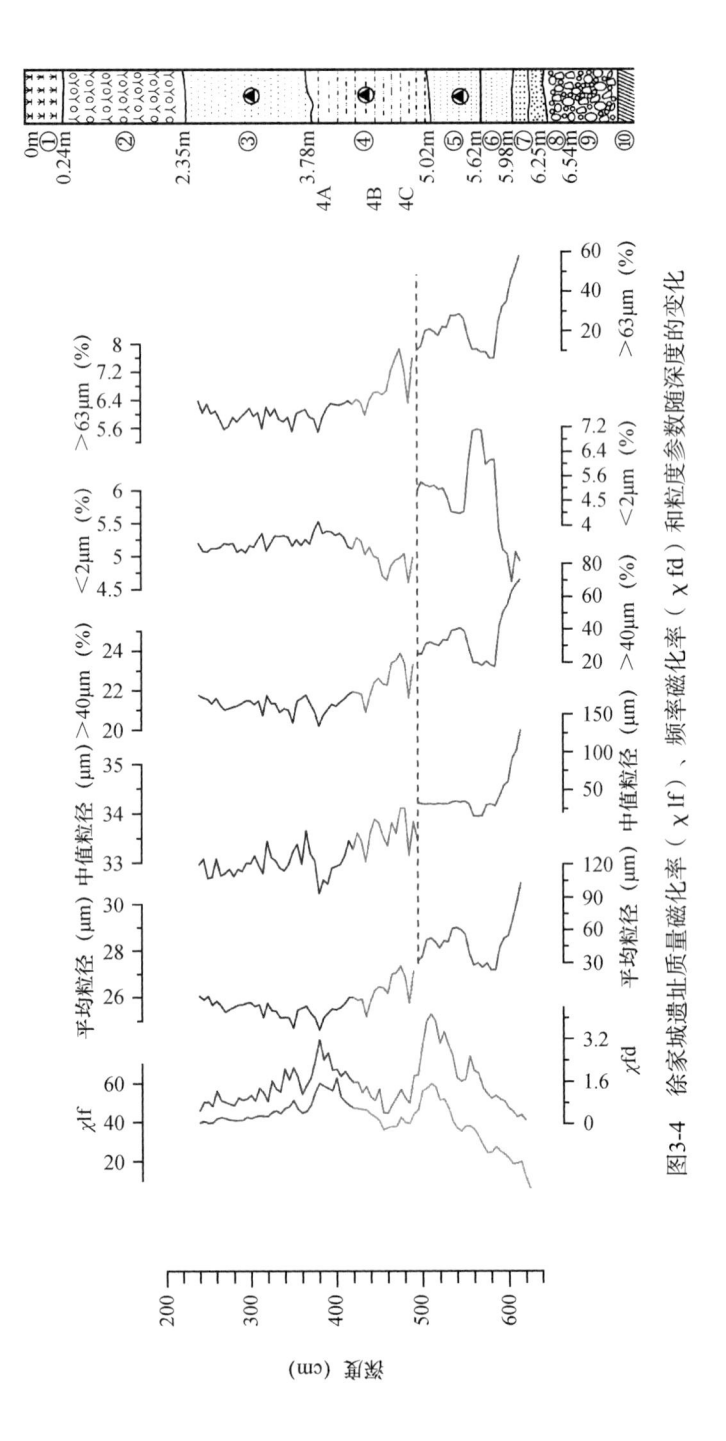

图3-4 徐家城遗址质量磁化率（χlf）、频率磁化率（χfd）和粒度参数随深度的变化

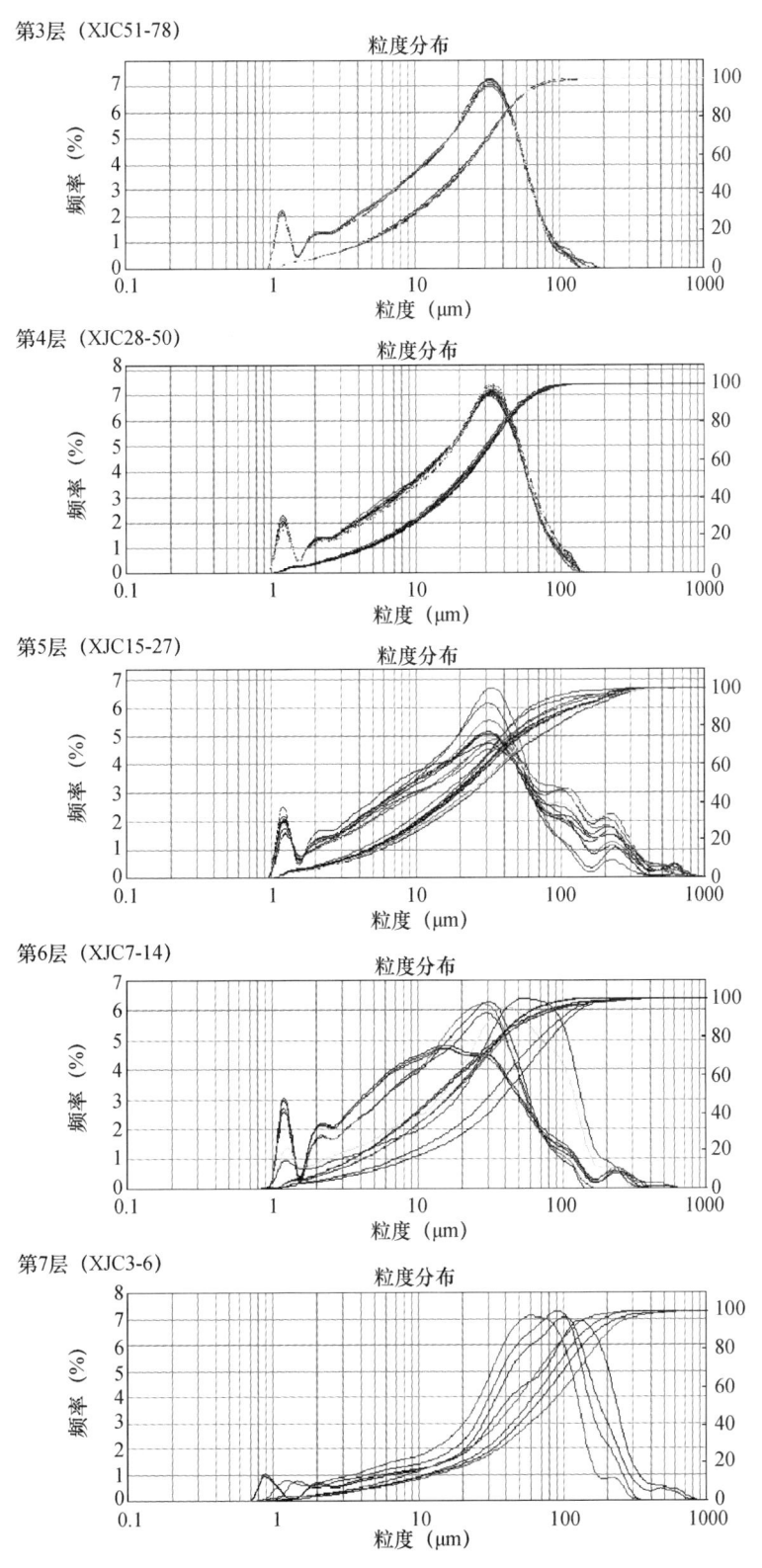

图3-5 徐家城遗址第3~7层各样品粒度分布曲线和累积曲线对比

指示该时期气候相对温暖，降水相对较多，粒度指标指示的冬季风强度和粉尘活动较弱。3.7m以上，平均粒径和粗颗粒含量逐步增加，指示冬季风逐步增强，粉尘活动逐渐增强。这与年代结果指示的该时期进入寒冷干旱的末次盛冰期（MIS2）一致。

需要注意的是，石制品出土密度最大的地层对应一个磁化率的显著低值区，相应的黄土粒度较粗，表明此时为氧同位素3阶段中一个气候相对干冷的时期，冬季风增强，粉尘活动强烈。人类活动在这个时期比较活跃，产生丰富的石制品，这一现象表明古人类活动与环境的关系比较复杂。

二、孢粉分析

遗址孢粉样品主要采集自剖面的第3～6层（图3-3），共分析样品16个。

孢粉的聚类分析显示，其组合带可以分为3个带（图3-6）。孢粉带1主要相对于层位6～5，乔木花粉主要为松属（*Pinus*）、榆属（*Ulmus*），少量云杉（*Picea*）、铁杉（*Tsuga*）、落叶栎（*Quercus* Dec.），灌木主要包括沙棘（*Hippophae*）、柽柳（*Tamarix*），草本花粉以蒿属（*Artemisia*）和藜科（Chenopodiaceae）、禾本科（Poaceae）为主，有一定比例的耧斗菜属（*Aquilegia*）和零星出现的香蒲（*Typha*）及蕨类孢子，如中华卷柏（*Selaginella sinensis*）、铁线蕨（*Adiantum*）、水龙骨（*Polypodiode*）。花粉组合指示的周边植被为半湿润森林及灌丛草原。

孢粉带2的孢粉主要特征表现为蒿属、藜科、禾本科为代表的草本花粉百分比大幅增高，榆属、灌丛类沙棘、柽柳含量大幅度降低，而乔木类的松属比例有一定程度增加，指示了阔叶林地的减少，针叶林相对比例的增加，以及草原的扩张，该带相对于第4层含遗物文化层的中间部分（4B）。这个过程可能代表了气候环境向干旱化发展的过程。

孢粉带3对应遗址第3层，该孢粉带中松属比例有显著的下降，蒿属为代表的草本类百分比含量进一步上升，乔木类花粉比例整体减少，显示了进一步的干旱化过程，但是在后期以桦属、榆属为代表的乔木比例又开始上升，指示了植被在后期又有所恢复。这显示了整体环境从草原向森林草原发展的过程。

徐家城遗址位于半干旱地区，属暖温带草原灌丛草原区，现主要为人工植被所替代，其年均降水大约为400mm。徐家城孢粉分析结果指示，在层位6～5阶段，遗址以开阔的针阔叶混交林及灌丛草原为其主体植被，整体上相对温暖湿润。在第4层，年代约在47～20ka之间，针叶林比例上升，阔叶林比例下降，这可能显示了一个降温过

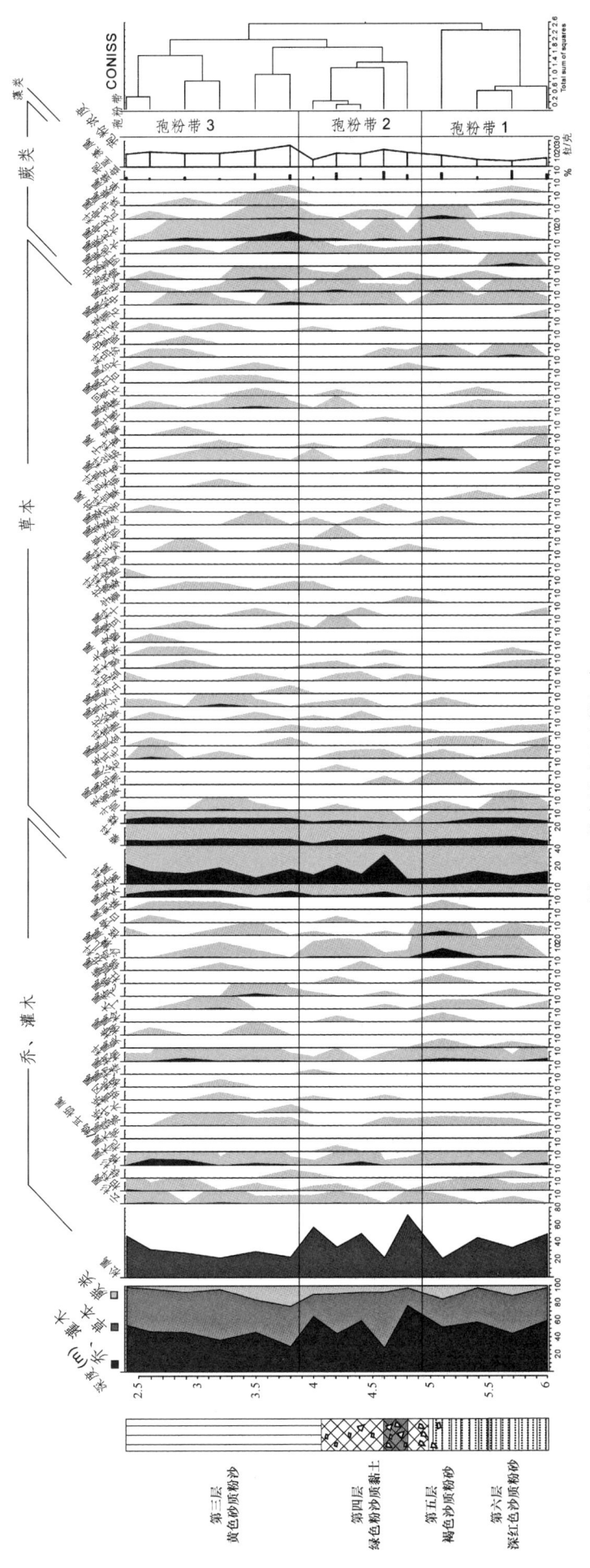

图3-6 徐家城遗址孢粉组合

程，草原比例在同期有较大幅度的增加，灌丛的比例显著下降，指示了区域的干旱化过程。这段时期对应深海氧同位素3阶段向2阶段的过渡过程，期间北极冰盖扩张，全球温度开始下降，亚洲季风减弱，内陆开始干旱化。

孢粉带3相当于第3地层，乔木整体减少，草原比例进一步增加，可能对应于末次冰盛期；在后期桦属、榆属为代表的阔叶乔木比例开始上升，可能对应与末次冰消期气候的回暖及期间几次小暖期的气候波动现象。

第四节 小结与讨论

徐家城遗址剖面含文化遗物层位厚约1米，可分为四个文化层位，4B层是遗物最为丰富的主要文化层；遗址文化层位年代距今约4.7万至2.3万年，其中4B层距今约4.3万～4.1万年。区域气候事件对比以及遗址孢粉记录显示，遗址主要层位大致经历了四个主要的气候期：第5层和4C层，气候相对温湿，水量较大，区域地表植被主要为半湿润森林和灌丛草原；第4B层，气候开始变得冷干，水量减少，区域植被开始向草原过渡；第4A层，本地气候开始向暖湿发展，林地的比例增加；第3层，马兰黄土发育，气候可能持续向干冷发展。

由于考古测年样品的特殊性，我们在分析年代数据时应关注所选取的测年样品的性质以及考古遗址的形成过程，综合考虑上述因素后对年龄数据进行解释。考古遗址中选取测年样品进行年龄测定会因地层扰动、样品本身属性等因素具有一定的不确定性。野外工作中容易识别地层堆积的扰动现象，然而测年样品本身所经历的自然与文化过程往往少为研究者所重视。考古遗址中遗物共生并不意味着同时，其经历了复杂的遗址形成和形成后的改造过程；并且当不同层位的文化堆积较为连续，中间未有较长时间的人类活动间断时，很难绝对地根据堆积性质分辨不同的文化层位，并且在不同人类活动层交界的位置会存在一些上下混杂的遗物。故而，在讨论遗址文化层的年代时，应明晰遗址的形成过程。在不考虑测年方法技术层面的影响讨论遗址文化层年代时，同一文化层系列测年数据中的异常值应予以剔除；相近层位的接触地带出现上下年代颠倒的情况，可以根据异常值的具体情况，将其并入其上或其下的文化层进行探讨。年代数据如同考古学的其他数据一样，都需要系统的分析，盲目相信年代数字是不可取的。

目前徐家城遗址的年代仍有很大的进一步工作的空间。虽然遗址与区域内其他遗址年代和环境记录的对比表明，相近年代所记录的气候事件比较一致，反证了徐家城遗址^{14}C年代的可信性（李锋等，2013）。然而，遗址的^{14}C年代多在4万～3万年间，接近^{14}C测年的极限，样品年龄有可能被低估。光释光测年有助于我们建立更为坚实的遗址年代框架，目前遗址进一步的光释光年代分析正在进行中[①]。

---

① 遗址发掘后，发掘队采集了光释光年代，并由北京大学周力平教授团队进行了初步分析。所得的初步结果（8万～6万年）远远早于^{14}C年代（见李锋：《陇中盆地徐家城旧石器时代遗址初步研究》，中国科学院研究生院硕士学位论文，2010年），甚至早于大地湾遗址二级阶地底部的年代。鉴于此，我们未在本报告中公布此批测年数据，本文作者与相关研究者正在对样品进行深入的分析，探讨两种测年方法所得数据存在差别的原因。

第四章 考古材料

徐家城遗址第4层发现了众多砾石、石制品和动物化石密集的层面，可能为古人类活动面。本报告中，我们以遗迹的形式对此现象进行描述。遗址发现的考古遗存主要为石制品和动物化石，本章将分节叙述。

本报告编写中考古遗物的报道遵循以下规则：除石器、石核外，对所有大于等于20mm的石制品进行分类、统计和描述，而小于20mm的石制品统一按照碎屑处理，按照尺寸级别统计其数量和重量信息。对大于50mm的砾石进行描述和统计。对尺寸大于等于50mm的动物化石进行统计和描述，而小于该尺寸者仅统计其数量。虽然野外发掘中单独编号的标本也不乏较多小于20mm的石制品和小于50mm的动物化石，本报告编写中全部将其移至碎屑和碎骨组别。文化层堆积筛选获得的石制品中也有部分大于等于20mm者，本报告中将其按照探方顺序编号（如N52E52-1、N52E52-2等）进行分类、观察和测量。需要指出的是，石制品碎屑并非一个具有石制品分类意义的项目，其中仍包含石片、断块等多个石制品类别，将之统一归为碎屑仅为节省精力和时间进行研究之便利。遗址中采用确定的尺寸界限报道考古遗物，一方面可以相对精确地评估遗物的富集程度，另一方面使得不同遗址间考古遗物丰富程度、不同器物比例等的准确对比成为可能。

第一节 古人类活动面

遗址第4层分为A、B、C三层，其中以4B层的材料最为密集，4C层次之，4A层遗物最为稀疏。4C层出土遗物数量不多，多数分布于遗址发掘区的西北部；剖面上文化遗物集中分布在厚约10cm的堆积内（图4-1）。相对较小密度的遗物和相对较薄的文化层反映了人类活动的强度较低。此层内不同尺寸和重量的遗物混杂分布，既包括直径大于10cm、重大于1500g的石制品，也包含大量尺寸较小、重量较轻（<5g）的石制品和动物化石（图版九）。同时也有大量筛选所得的石质、骨质碎屑（见本章第二节石

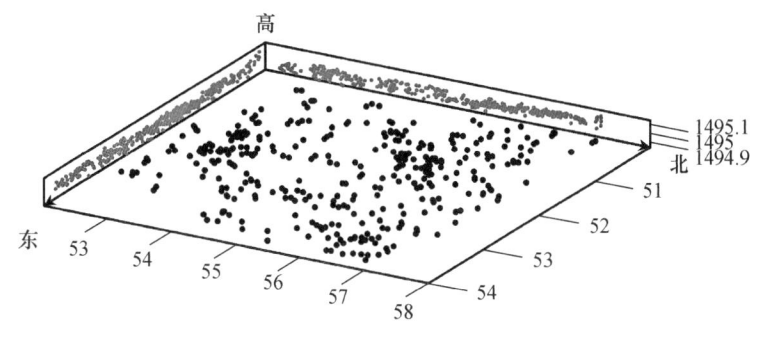

图4-1 第4C层遗物平、剖面分布

制品碎屑）。这些现象皆反映此层遗物无明显的水流分选现象，是古人类石器打制活动的原始反映，代表了古人类一次相对较为短时的活动面。

4B层是遗址出土遗物最为密集的层位，平面上遗物分布于整个发掘区，剖面上集中分布在厚约20cm的堆积内（图3-3）。相较于4C层，4B层所代表的人类活动强度明显增加，可能反映了古人类在遗址停留时间增长。与4C层遗物分布情况相近，层内不同尺寸和重量的遗物混杂分布、大量筛选碎屑（见本章第二节石制品碎屑）的存在等现象显示了该层位考古材料未经历明显的水流分选等自然改造。该层最为特殊的是大量自然砾石（＞5cm）的发现，共发现砾石349件，岩性以花岗岩为主（图版一二）。砾石尺寸大小不一，平面上分布零散，其间分布有密集的石制品和动物化石，与自然状态下砾石层特征明显不同（图版一三）。剖面上，砾石的分布却相对集中，基本在同一个层面上，集中分布于发掘中的第10水平层（图4-2）。这皆表明砾石是古人类搬运至遗址，而非自然营力所导致。对该水平层部分砾石及少量石制品产状的统计表明，其长轴无优势方向，倾向、倾角分布也无明显规律（图4-3）。结合文化遗物分布、搬运至遗址的自然砾石分布特征，说明该层位应该代表了一个相对较长时间的人类活动面。

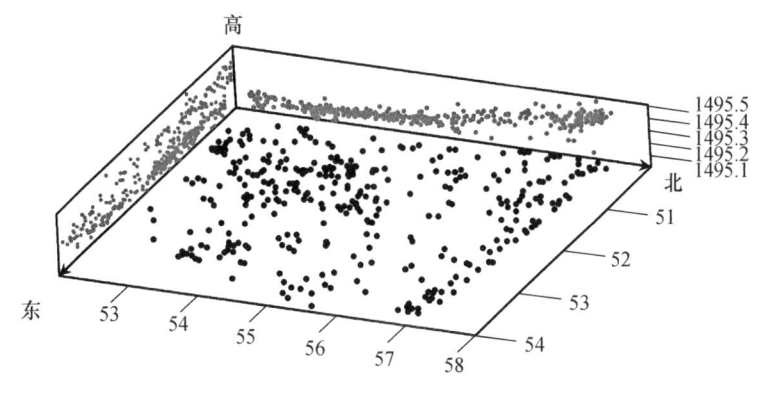

图4-2 第4B层砾石平、剖面分布

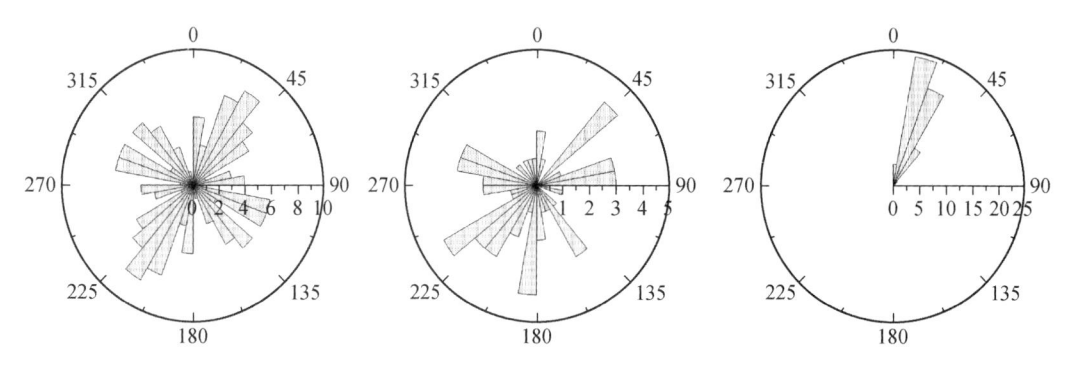

(左：长轴，*n*=72；中：倾向，*n*=56；右：倾角，*n*=56）

图4-3 第4B层砾石及部分石制品产状分布

第二节 石 制 品

一、石制品分类与观测说明

（一）石制品分类

分类是石制品研究的基础，本书以应用较为广泛的分类体系为基础（Toth，1985；卫奇，2000、2001），同时立足于脉石英打制实验将石制品分为搬入石材、石核、石片、断块、碎块、碎片、石屑、石器等，并对各个类别做简要说明。

1. 搬入石材

搬入石材指无人工改造痕迹但经人力搬入遗址的石质材料等。玛丽·利基（M. Leakey，1971）最早将搬入石材（manuports）作为石制品的一个分类项目用于奥杜威石制品的研究中，日本学者将其译为"搬入石材"（Akazawa和Yamanaka，1980），部分中国学者使用"备料"一词描述这类出现在遗址中但无明显人工痕迹的石制品（冯兴无，2008；辽宁省文物考古研究所，2009）。"备料"的使用给该类石制品贴上了"备用"的标签，暗示了古人类对原料利用较强的计划性。但此类无人工痕迹的砾石或结核难以简单确认是否为古人类有意识的储备原料，本报告采用"搬入石材"的名称。鉴于遗物主要埋藏于阶地上覆的黄土地层中，其水动力弱，难以搬运较大尺寸的砾石，本报告将最大长大于5cm的砾石称为"搬入石材"。

2. 石核

石核是生产石片的母体，目的是为了生产可用石片，与修理刃缘相区别。我们认为只要存在剥片行为，不论其原型、剥片成功与否、剥片数量，皆可称为石核。立足于研究的材料，本书根据技术特点将石核分为锤击石核和砸击石核。

根据台面及剥片面数量，锤击石核可分为6类：

Ⅰ1型石核，1个台面，1个剥片面。

Ⅰ2型石核，1个台面，2个或2个以上剥片面。

Ⅱ1型石核，2个台面，2个剥片面。

Ⅱ2型石核，2个台面，2个以上剥片面。

Ⅲ1型石核，N个台面，N个剥片面（$N \geq 3$）。

Ⅲ2型石核，N个台面，$>N$个剥片面（$N \geq 3$）。

根据破裂特征，砸击石核可分为单端、两端、多端（≥ 3）石核。

3. 石片

石片是从石核上剥离的片体，只要可以分辨出石片腹面（通过打击点、打击泡、半锥体、同心波等辨识），无论其形状，皆可称为石片。由于脉石英原料的质地不均一，较难形成明显的打击泡、半锥体、同心波等特征；但由于其脆性较大，易形成明显的打击点，故石片腹面多根据打击点确认。根据技术特点将石片分为锤击石片、砸击石片。根据石片完整程度、台面和背面特征可将锤击石片分为以下类型。

完整石片：

Ⅰ1型石片，自然台面，自然背面。

Ⅰ2型石片，自然台面，部分自然背面和部分人工背面。

Ⅰ3型石片，自然台面，人工背面。

Ⅱ1型石片，人工台面，自然背面。

Ⅱ2型石片，人工台面，部分自然背面和部分人工背面。

Ⅱ3型石片，人工台面，人工背面。

不完整石片包括左裂片、右裂片、近端断片、中间断片、远端断片。

根据两端破裂特征，砸击石片可分为单端石片、两端石片。

4. 断块

断块是石制品打制过程中断裂的块体，块体上保留一定的人工打制痕迹，如打击点、石片阴疤等。

5. 碎块

碎块是石制品打制过程中碎裂的块体，块体上无明显可辨识的人工痕迹。

6. 碎片

碎片是石制品打制过程中破裂的片体，片体上无明显可辨认的人工痕迹。

7. 石屑

打制实验表明脉石英原料容易产生碎末，在此暂称之为石屑，以与碎块和碎片相区别。这种石屑多呈粉末状，尺寸非常小（<1mm），遗址中肉眼难以区分。虽然此类产品很少在考古遗址中被采集，但它们是真实存在的。徐家城遗址筛选出土堆积所用筛网的网孔约为3mm×3mm，所以未获得此类材料。

8. 石器

参考博尔德（Bordes，1961）、张森水（张森水，1987；张森水和宋惕冰，2004）等对石器的分类体系，将加工石制品的工具定义为第一类工具，包括石锤、石砧等；将经过修理并以期使用的工具称为第二类工具。第二类工具采取三级分类法：第一级分为宽刃类、尖刃类、无刃类和复合类。第二级分类立足于修理的技术特征（部位、形状、刃角、刃缘形态等），将宽刃类分为边刮器、横刃刮削器、端刮器、凹缺刮器、锯齿刃器[①]、砍砸器等；尖刃类主要包括尖状器、石锥等；无刃类主要指石球等（遗址未发现该类石制品）；复合类主要指同一石器出现两种特征的修理单元，如边刮-凹缺器、石锥-凹缺器等。

---

① 徐家城遗址的石器边缘修疤形成的刃口多呈微锯齿状，致使边刮器和锯齿刃器难以区分。本文仅将刃缘锯齿状明显的石器分类为锯齿刃器，其他暂时归入边刮器类别；本书第六章石器技术分析时对刃缘形态等进行了较为细致的统计。

（二）石制品观测说明

根据具体的学术问题，石制品的观测项目不同学者有不同的设定。本书采用常用的石制品观测方式（Bordes，1961），重点记录石制品的基本信息，本报告不赘述具体的观测方法，仅对部分内容做简要说明。

除岩性、尺寸、重量等信息外，石核、石片观测台面性质、台面尺寸、石片角、台面外角、砾石面、节理面比、背面剥片疤组合方式等；石器类观测毛坯类型、修理部位、加工边缘数量、加工边缘长度、加工方向、刃缘形态、刃角、尖刃角等。

石核的尺寸测量最大长、与最大长垂直的宽和厚；石片尺寸测量技术轴长、与技术轴垂直的宽和厚；以石片为毛坯的石器按照石片的测量方式测量其尺寸，其他毛坯的石器测量最大长、与最大长垂直的宽和厚。石器的加工方向每条刃缘单独统计，分为正向、反向、交互、转向、错向、双向（李锋，2008）。

二、石制品分层描述

本书报道的石制品共计4924件[1]。文化层为遗址的第4层和第5层，本节将逐层介绍石制品的情况（表4-1）。

表4-1 徐家城遗址石制品分层数量和比例统计

层位	搬入石材 N	搬入石材 %	石核 N	石核 %	石片 N	石片 %	断块 N	断块 %	碎块/片 N	碎块/片 %	石器 N	石器 %	石锤/石砧 N	石锤/石砧 %	总计
4A	12	2.6	9	2.0	114	24.9	58	12.7	254	55.6	9	2	1	0.2	457
4B	351	8.7	108	2.7	1028	25.5	542	13.4	1850	45.9	116	2.9	35	0.9	4030
4C	25	6.7	7	1.9	107	28.6	60	16	157	42	15	4	3	0.8	374
5	1	1.6	2	3.2	11	17.5	12	19	36	57.1	1	1.6	0	0	63
总计	389	7.9	126	2.6	1260	25.6	672	13.7	2297	46.6	140	2.8	39	0.8	4924

（一）第5层

第5层石制品共63件。其中搬入石材1件、石核2件、石片11件、断块12件、碎块/片36件、石器1件（表4-2）。

---

[1] 本节部分内容曾发表在《人类学学报》2012年第31卷第3期。发掘简报中报道石制品共计5442件，但本报告编写时我们调整了石制品的观测规则，仅对大于等于20mm的石制品进行描述，故而本书报道的石制品数量与原简报有差别。

表4-2 第5层石制品类型数量与百分比

类型	数量（件）			百分比（%）	
搬入石材	1			1.6	
石核	Ⅰ1	2	1	3.2	50
	Ⅱ2		1		50
石片	Ⅰ1	11	1	17.5	9
	Ⅰ2		1		9
	Ⅱ3		3		27.6
	台面破碎		1		9
	裂片		5		45.4
断块	12			19	
碎块/片	36			57.1	
石器	尖状器	1	1	1.6	100
总计	63			100	

搬入石材 1件。2009XJC6325，花岗岩砾石，长宽厚为57.3mm×43.9mm×10.7mm，重34.1g，不完整，磨圆度为圆。

石核 2件。2009XJC6324，Ⅱ2型石核，脉石英，原型为断块，长宽厚为27.4mm×21.9mm×14mm，重8.2g。两台面皆为打制台面，台面宽厚分别为24.7mm×12.9mm、25.5mm×14.2mm，台面角分别为94°、75°。两个台面共有4个剥片面。2009XJC6286，Ⅰ1型石核，石英岩，原型为砾石，长宽厚为37.3mm×36mm×26.2mm，重54.4g。台面为砾石面，台面宽厚为8.7mm×18.7mm，台面角为100°，剥片面1个。

石片[①] 11件，包括完整石片6件、裂片5件。

原料以脉石英为主，花岗岩次之。其中脉石英者为7件，占63.6%；花岗岩者3件，占27.3%；闪长岩者1件，占9.1%。

完整石片中台面为砾石面者2件、节理面者2件、素台面者1件、破碎台面者1件。按照台面和背面自然面分布可分为Ⅰ1型1件、Ⅰ2型1件、Ⅱ3型3件。

完整石片主要以尺寸较小的宽型石片为主，其中仅有1件石片的长宽指数大于2，平均长宽指数为1.1。完整石片长度范围13.6～43mm，平均值26.6mm；宽度范围16.7～46.6mm，平均值28.8mm；厚度范围6.9～13mm，平均值9.1mm；重量范围2～15.9g，平均值7.3g（图4-4，图4-5）。

---

① 台面朝上作为近端，与其相对的一段为远端，背面朝向观察者，其左为左侧，其右为右侧。

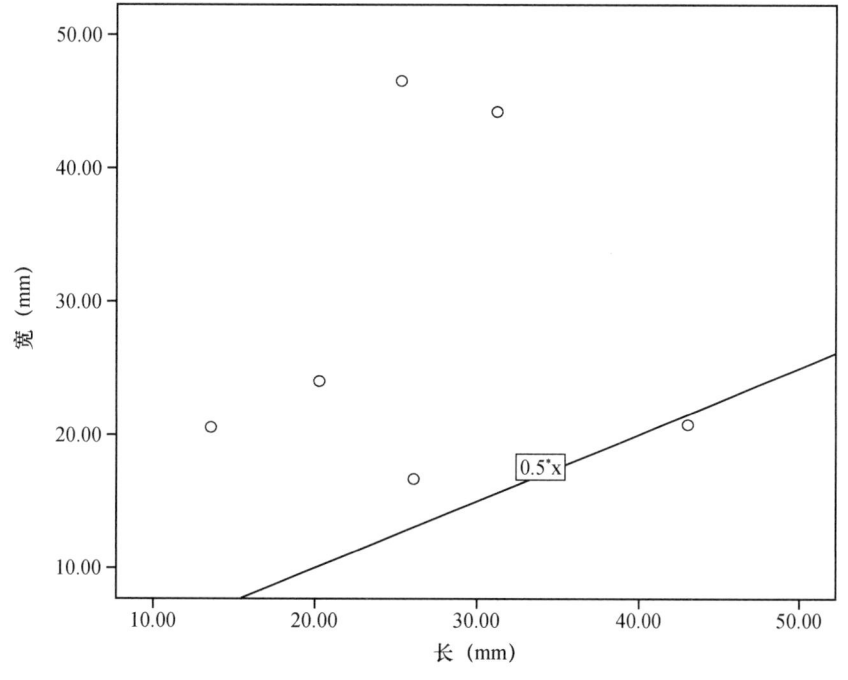

图4-4 第5层完整石片长宽分布

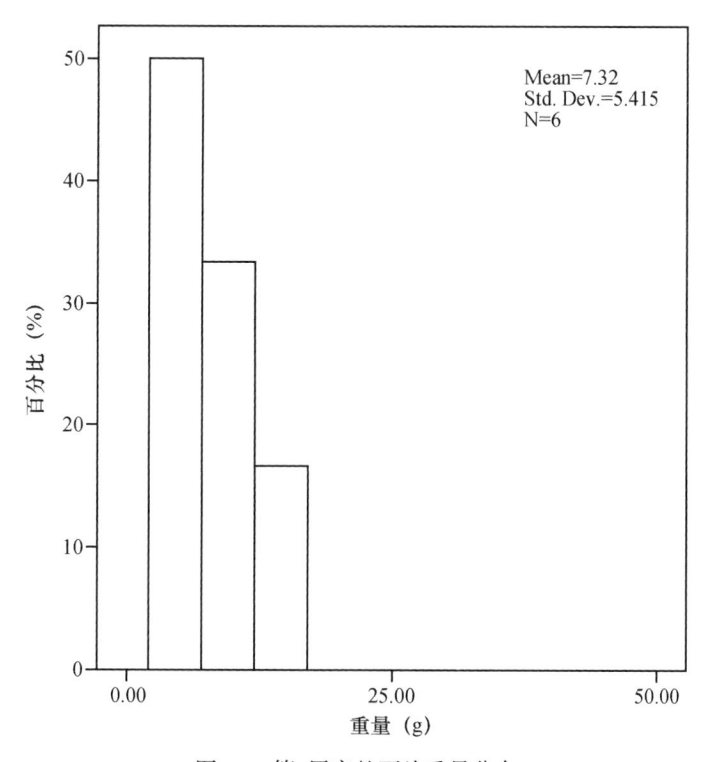

图4-5 第5层完整石片重量分布

完整石片台面厚度范围6.1~9mm，平均值7.1mm；台面宽度范围10.1~18.1mm，平均值3mm。完整石片和裂片的石片角主要分布在81°~114°之间，平均值100°；台面外角主要分布在56°~97°之间，平均值76°（图4-6）。

断块　12件。原料主要为脉石英，共11件，占91.7%；花岗岩者1件，占8.3%。长度范围22~45mm，平均值32mm；宽度范围13.5~42.6mm，平均值23.6mm；厚度范围8.3~28mm，平均值17mm；重量范围2.4~62.7g，平均值18g（图4-7）。

碎块/片　36件，其中碎块29件，碎片7件。原料主要为脉石英，共28件，占77.8%；砂岩者3件；花岗岩者2件；石英岩者2件；大理岩者1件。长度范围20~35.1mm，平均值25.1mm；宽度范围6.8~30.1mm，平均值16.9mm；厚度范围4.7~16mm，平均值9.6mm；重量范围0.9~18.9g，平均值4.4g（图4-7）。

石器　1件。2009XJC6301，尖状器，原料为脉石英，毛坯为碎片，长宽厚为27.7mm×22.4mm×8.9mm，重4.5g。2个修理边缘皆为正向修理，刃角分别为57°、50°；刃缘略带锯齿，两个修理刃形成53°的尖角。

（二）第4C层

第4C层石制品共374件。其中，搬入石材25件、石核7件、石片107件、断块60件、碎块/片157件、石器15件、石锤/石砧3件（表4-3）。

搬入石材　25件。完整砾石22件，不完整砾石3件。原料以花岗岩为主，为19件，占76%，其他原料较少，其中石英岩1件、砾岩2件、闪长岩2件、脉石英1件。磨圆度以次圆和次棱角者为主，占总数的88%。长度在52~131.2mm之间，平均值75.4mm；宽度在29.9~92.7mm之间，平均值52.6mm；厚度在10.7~83mm之间，平均值34.2mm；重量在34.1~1143.5g之间，平均值235.8g（图4-8）。

石核　7件（图版一四）。原料为脉石英者6件，石英岩者1件。长度在21.5~96.3mm之间，平均值50.5mm；宽度在17.4~91mm之间，平均值42mm；厚度在14.2~49.4mm之间，平均值28.8mm；重量在4.3~403.7g之间，平均值103.4g（图4-9）。

单台面石核：2件。全为Ⅰ1型。台面为砾石面者1件，岩石风化面者1件。毛坯为砾石者1件，断块者1件。剥片面各有2个石片疤。台面角分别为64°、70°。

双台面石核：3件。Ⅱ1型石核，2件。毛坯皆为断块。台面为打制者2个、岩石风化面1个、不确定者1个。剥片面有1个片疤的2个，4个片疤的1个，不确定者1个。台面角在60°~90°之间，平均值78°。

Ⅱ2型石核：1件。2009XJC6125（图版一四：3），原型为砾石，台面皆为砾石面，台面角分别为80°、74°；共有3个剥片面，每个剥片面上的片疤数分别为4、2、1

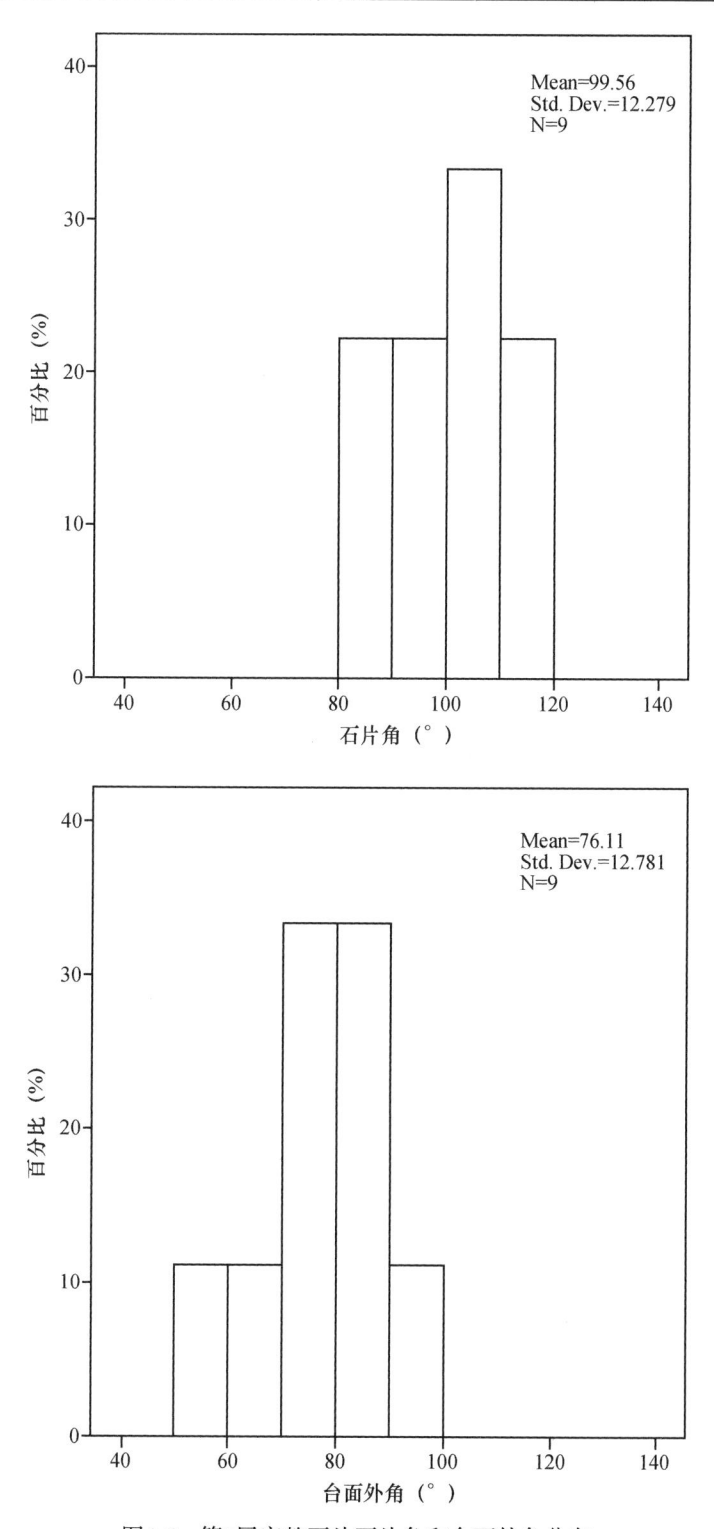

图4-6 第5层完整石片石片角和台面外角分布

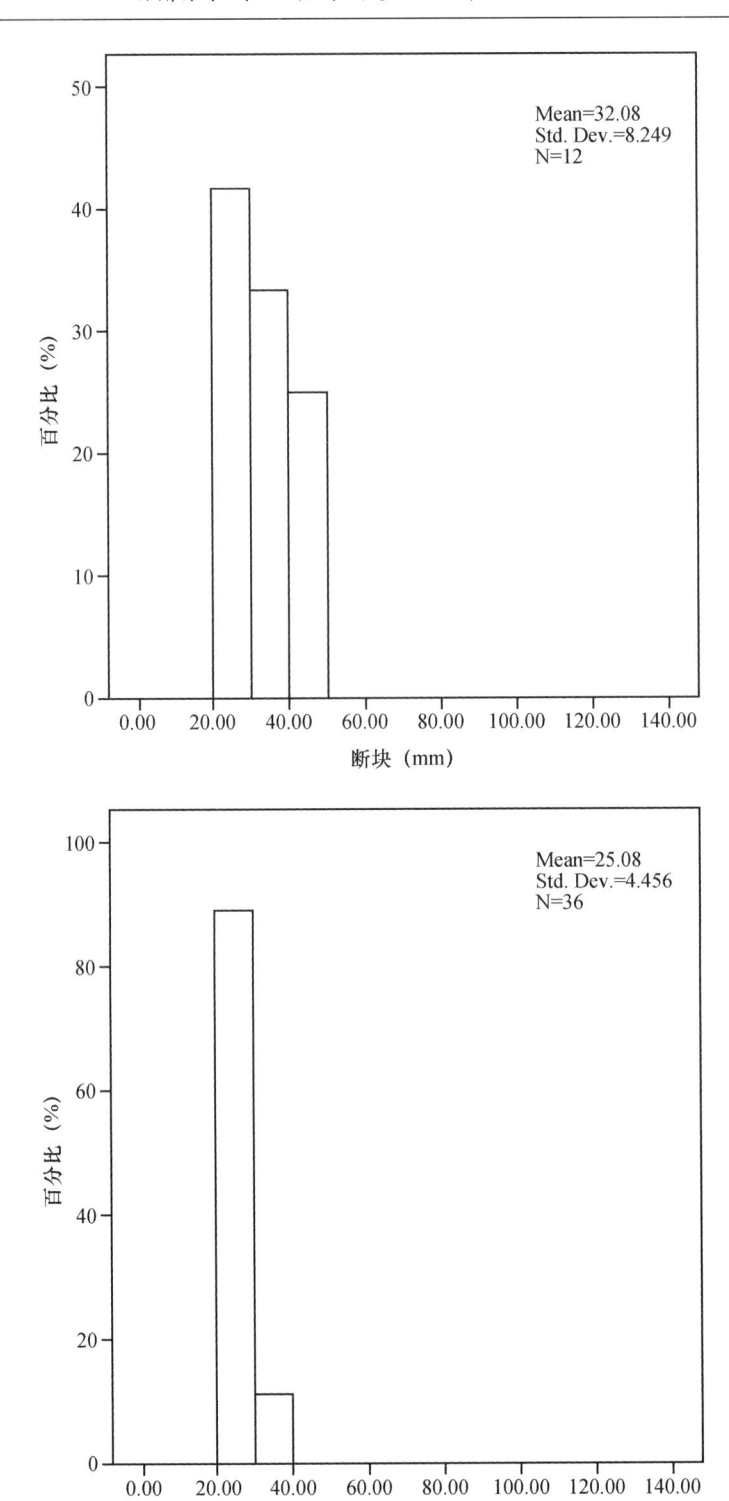

图4-7 第5层断块、碎块/片长度频率分布

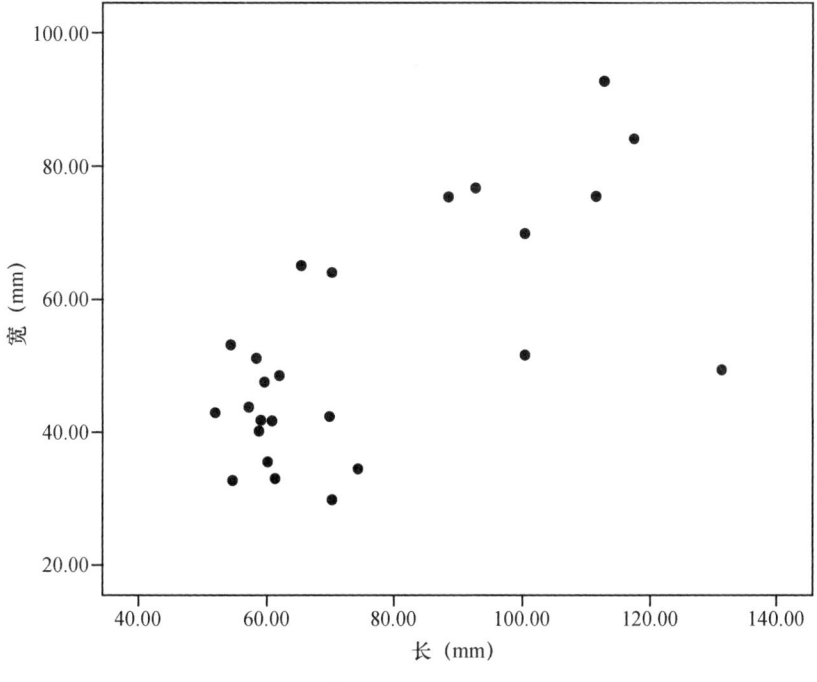

图4-8 第4C层搬入石材长宽分布

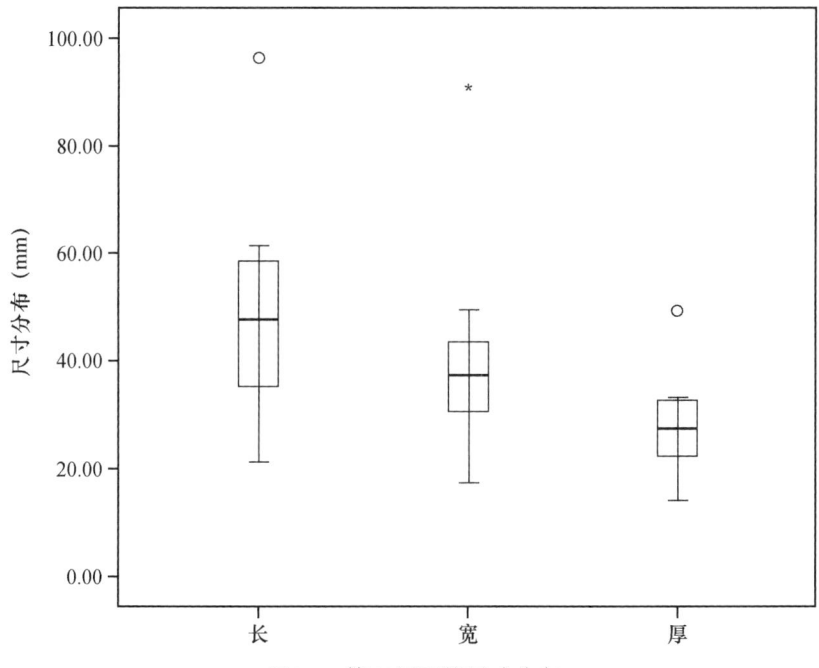

图4-9 第4C层石核尺寸分布

个。长宽厚为61.2mm×49.5mm×33.2mm，重102.5g。

多台面石核：2件。全为Ⅲ2型石核，台面为打制者5个，不确定者1个。毛坯为砾石者1件、断块者1件。剥片面有4个的1件、6个的1件，台面角在75°~110°之间，平均值93°。

表4-3 第4C层石制品类型数量与百分比

类型		数量（件）		百分比（%）	
搬入石材		25		6.7	
石核	Ⅰ1		2		28.6
	Ⅱ1	7	2	1.9	28.6
	Ⅱ2		1		14.2
	Ⅲ2		2		28.6
石片	Ⅰ1		3		2.8
	Ⅰ2		5		4.7
	Ⅰ3		23		21.5
	Ⅱ1		2		1.9
	Ⅱ2	107	7	28.6	6.5
	Ⅱ3		17		15.9
	台面破碎		10		9.4
	裂片		33		30.8
	断片		7		6.5
断块		60		16	
碎块/片		157		42	
石器	边刮器		9		60
	横刃刮削器		1		6.7
	石锥	15	1	4	6.7
	锯齿刃器		1		6.7
	凹缺器		2		13.2
	砍砸器		1		6.7
石锤/石砧		3		0.8	
总计		374		100	

石片 107件，包括完整石片67件、裂片33件、断片7件（图版一四：4~7）。

原料以脉石英为主，花岗岩次之。其中脉石英者为76件，占71%；花岗岩者19件，占17.8%；石英岩者11件，占10.3%；大理岩者1件，占0.9%。

完整石片中台面为砾石面者31件、节理面者15件、素台面者11件、台面破碎者10

件。按照台面和背面自然面分布可分为Ⅰ1型3件、Ⅰ2型5件、Ⅰ3型23件、Ⅱ1型2件、Ⅱ2型7件、Ⅱ3型17件。

完整石片主要以尺寸较小的宽型石片为主，其中仅有1件石片的长宽指数大于2，平均长宽指数为0.98。完整石片长度范围13.5～83.7mm，平均值29.1mm；宽度范围10～90.9mm，平均值30.9mm；厚度范围4.3～35.6mm，平均值12mm；重量范围0.8～216g，平均值29.4g（图4-10，图4-11）。

完整石片的台面厚度范围2.3～25.8mm，平均值9.6mm；台面宽度范围4.5～71.9mm，平均值21.6mm。完整石片和裂片的石片角主要分布66°～130°之间，平均值97°；台面外角主要分布50°～110°之间，平均值77°（图4-12）。

断块　60件。原料以脉石英为主，共53件，占88.3%；石英岩者4件，占6.7%；花岗岩者3件，占5%。长度范围20.3～128mm，平均值37.1mm；宽度范围12.8～88.5mm，平均值26.4mm；厚度范围7.3～28.8mm，平均值17.5mm；重量范围1.9～276.1g，平均值23.5g（图4-13）。

碎块/片　157件。原料以脉石英为主，共124件，占79%；花岗岩次之，共27件，占17.2%；其他岩性者较少，其中石英岩者3件、闪长岩者2件、大理岩者1件。长度范围20～55.6mm，平均值28mm；宽度范围7.7～40.8mm，平均值18.7mm；厚度范围4.7～28.3mm，平均值10.8mm；重量在0.9～50.7g之间，平均值为6.8g（图4-13）。

石器　15件（图版一五）。

边刮器：9件，完整者7件、不完整者2件。原料全部为脉石英，毛坯为石片者6件，断块者1件，碎片者2件。刃缘数量皆为1。正向加工者7件，反向者2件。刃角范围52°～91°，平均值59°。

完整边刮器以小型为主。长度范围20.9～51.6mm，平均值37.3mm；宽度范围19.3～41.9mm，平均值28.8mm；厚度范围9.1～18.7mm，平均值12.7mm；重量在4.2～32.8g之间，平均值为16g。

2009XJC6224（图版一五：6），原料为脉石英，形状近梯形，长×宽×厚为30.8mm×20.1mm×9.1mm，重8.2g。毛坯为石片，单直刃，修整部位为石片左侧，加工方向为正向，刃缘长29.3mm。修疤层数为1层，疤间关系为相邻，刃角56°。

横刃刮削器：1件。2009XJC6289（图版一五：8），原料为脉石英，长×宽×厚为32.8mm×38.9mm×13.2mm，重17.7g。毛坯为石片，加工方向为正向，刃缘长36.7mm。修疤层数为1层，疤间关系为叠压，刃角44°。

石锥：1件。2009XJC6095（图版一五：3），原料为脉石英，长×宽×厚为44.3mm×34.5mm×18.2mm，重29.1g。毛坯为碎块，两侧缘加工方向皆为正向，两侧缘

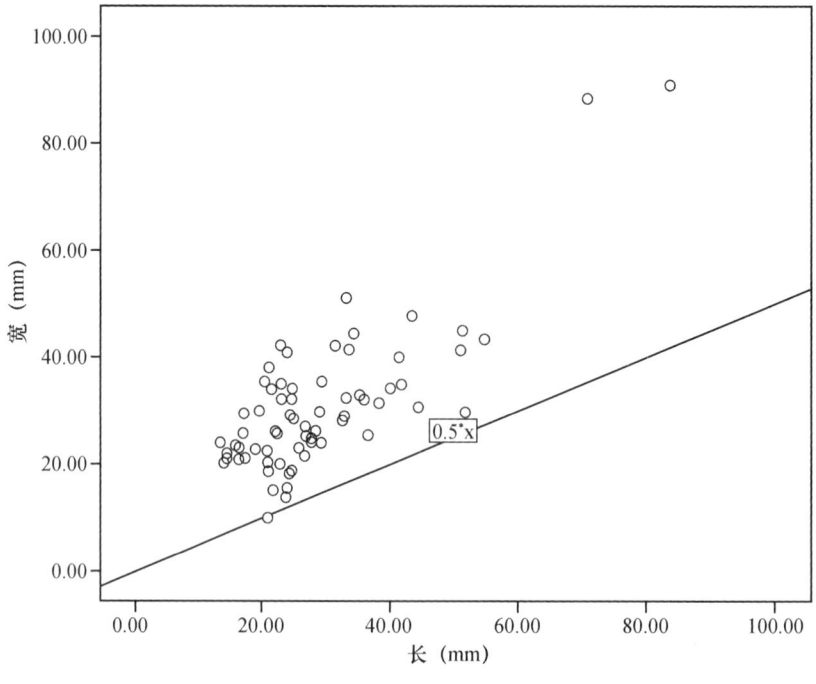

图4-10 第4C层完整石片长宽分布

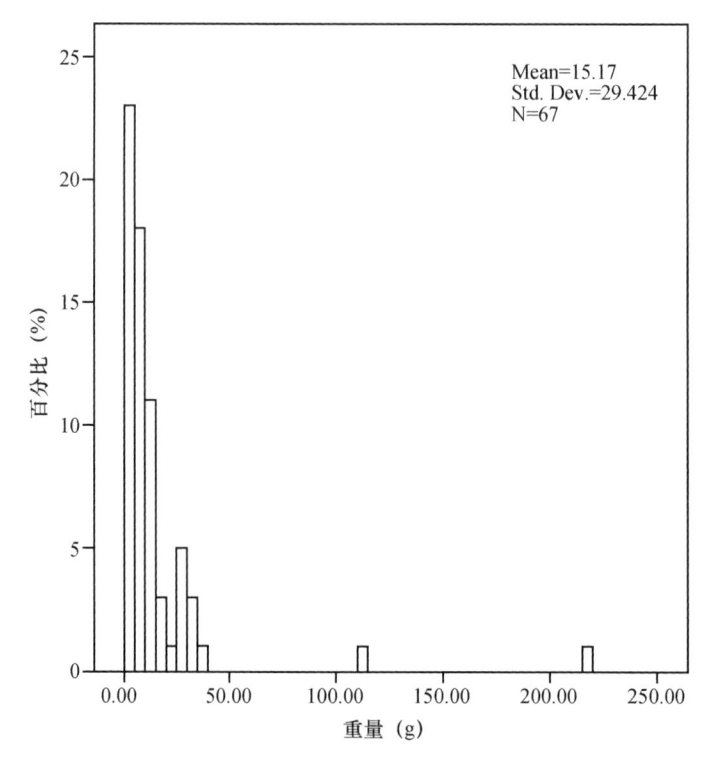

图4-11 第4C层完整石片重量分布

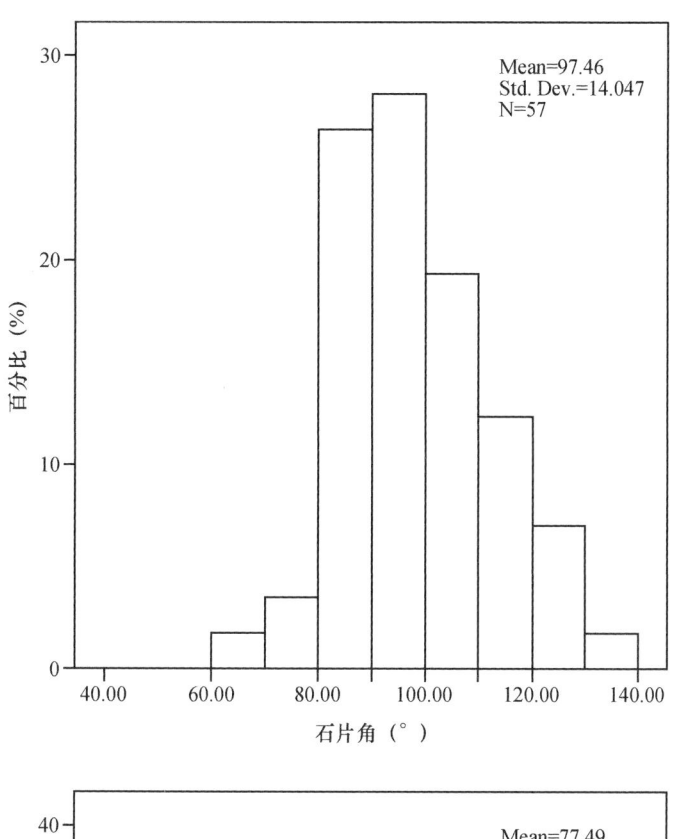

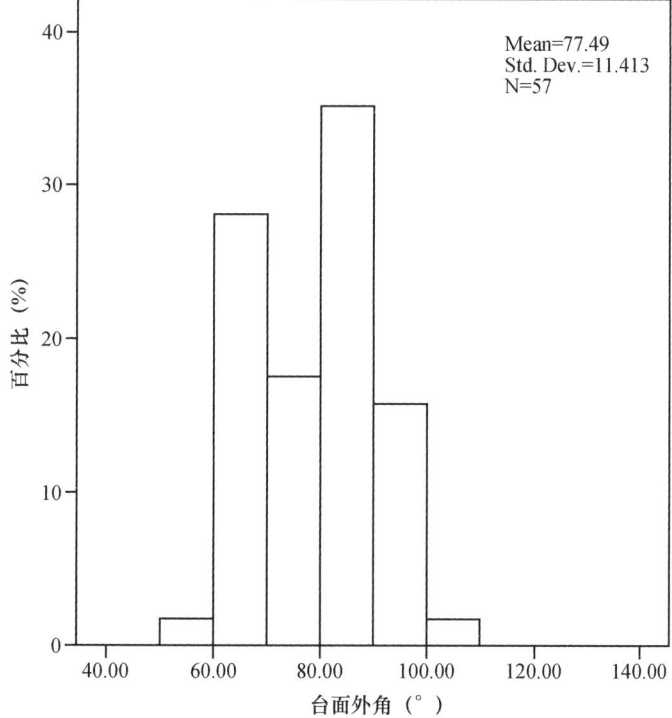

图4-12　第4C层完整石片石片角和台面外角分布

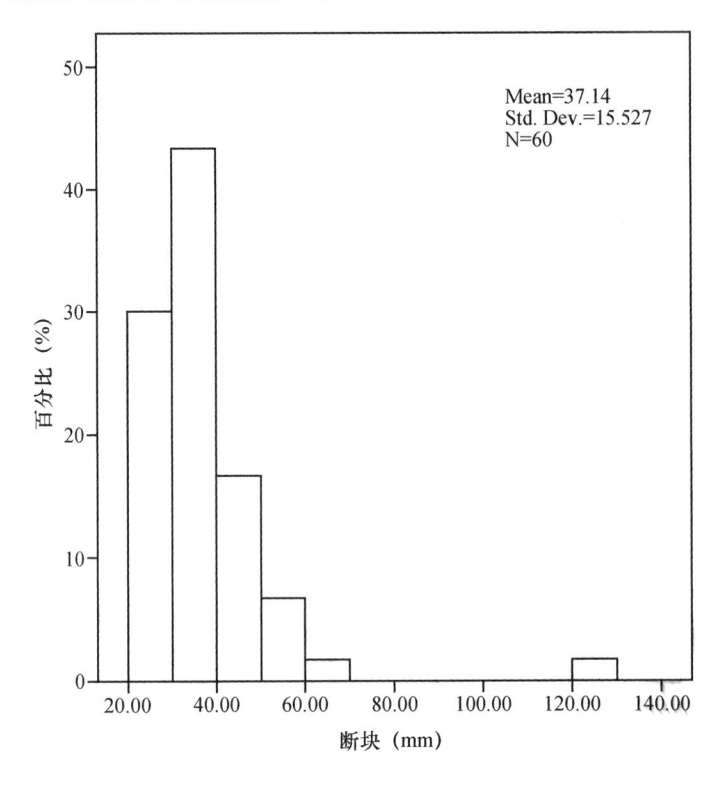

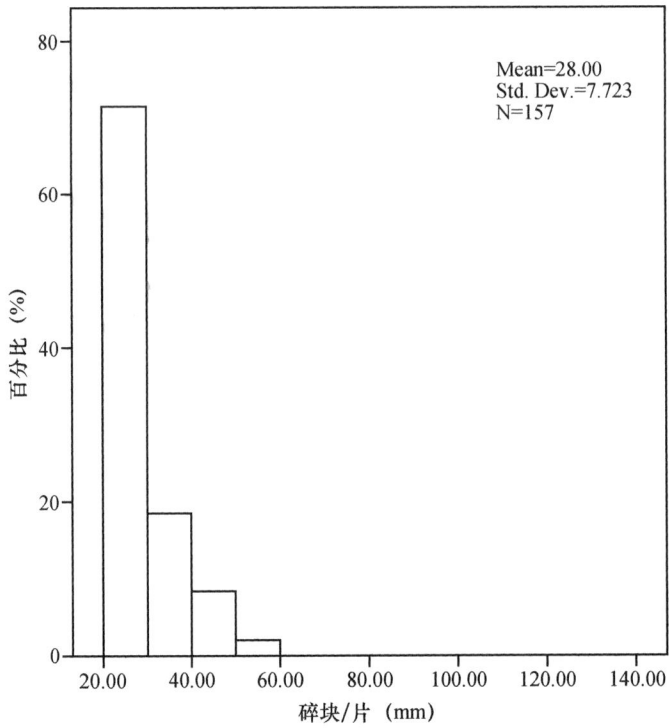

图4-13 第4C层断块、碎块/片长度频率分布

加工刃缘长分别为22.9mm、13.4mm。尖刃角73°。

锯齿刃器：1件。2009XJC6240（图版一五：7），原料为石英岩，长×宽×厚为36.3mm×37.3mm×18.7mm，重18.7g。毛坯为碎片，加工方向为正向，刃缘长33.1mm。修疤层数为1层，疤间关系为相邻，刃角51°。

凹缺刮器：2件。原料分别为花岗岩和脉石英，毛坯为分别为裂片和石片，修整部位皆为石片侧缘，加工方向分别为正向和反向，刃角分别为64°和66°。长宽厚分别为68mm×57.7mm×21.7mm、22.9mm×33.4mm×7.9mm，重分别为67.6g、5.2g。

砍砸器：1件。2009XJC5731（图版一五：1），原料为花岗岩，长×宽×厚为161.5mm×169.2mm×58.9mm，重1887.5g。毛坯为石片，在石片的两侧缘和远端进行简单加工，共有四个较大的修理疤。两侧缘加工方向为正向，远端加工反向为反向。刃缘为远端单个剥片加工后形成的厚重边缘，刃角54°。其上保留有细小的片疤和磨圆，推测为使用痕迹。

石锤/石砧　3件。

石锤：2件。原型为花岗岩和闪长岩砾石，磨圆度分别为次圆、圆。长×宽×厚分别为103.1mm×96.2mm×55mm、57mm×46.6mm×37.1mm，重分别为775g、110.8g。疤痕多集中于砾石的周边和端部。

石砧：1件。原型为花岗岩砾石，磨圆度次圆。长×宽×厚为255mm×218mm×153mm，重7900g。打击凹痕集中分布于砾石的一面。

（三）第4B层石制品

第4B层石制品共4030件。其中，搬入石材351件、石核108件、石片1028件、断块542件、碎块/片1850件、石器116件和石锤/石砧35件（表4-4）。

表4-4　第4B层石制品各类型数量和比例

类型	数量（件）			百分比（%）	
搬入石材	351			8.7	
石核	Ⅰ1	108	24	2.7	22.2
	Ⅰ2		22		20.4
	Ⅱ1		15		13.9
	Ⅱ2		25		23.1
	Ⅲ1		10		9.3
	Ⅲ2		11		10.2
	砸击		1		0.9

续表

类型		数量（件）		百分比（％）	
石片	Ⅰ1	1028	33	25.5	3.2
	Ⅰ2		68		6.6
	Ⅰ3		144		14
	Ⅱ1		8		0.8
	Ⅱ2		46		4.5
	Ⅱ3		268		26.1
	台面破碎		94		9.1
	零台面		6		0.6
	裂片		324		31.5
	断片		37		3.6
断块		542		13.5	
碎块/片		1850		45.9	
石器	边刮器	116	72	2.9	62.1
	横刃刮削器		8		6.9
	聚刃刮削器		3		2.6
	石锥		12		10.3
	尖状器		6		5.2
	锯齿刃器		4		3.4
	凹缺器		4		3.4
	端刮器		1		0.9
	砍砸器		4		3.4
	似薄刃斧		1		0.9
	磨石		1		0.9
石锤/石砧	石锤	35	32	0.8	91.4
	石砧		3		8.6
总计		4030		100	

　　搬入石材　351件。完整砾石272件，不完整砾石79件。原料以花岗岩为主，为242件，占68.9%，闪长岩次之，45件，占12.8%；砾岩31件，占8.8%；石英岩19件，占5.4%；其他原料较少，共计14件，占3.9%，其中脉石英5件、砂岩8件、大理岩1件。磨圆度以次圆和次棱角者为主，占总数的83%。长度范围50.1~176.8mm，平均值77.2mm；宽度范围24.3~132.4mm，平均值55.9mm；厚度范围12.8~67.5mm，平均值34.8mm；重量范围31.4~1456g，平均值233.6g（图4-14）。

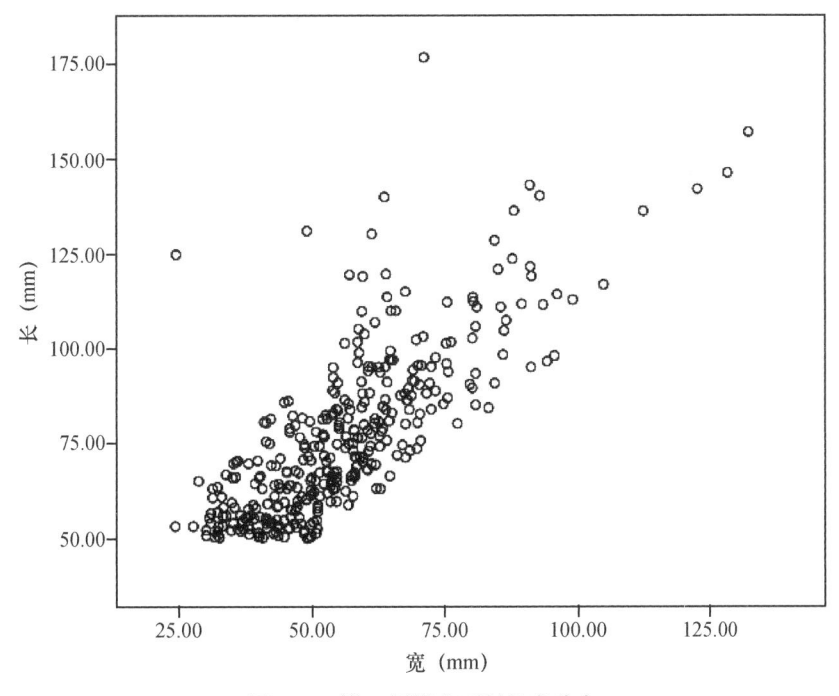

图4-14 第4B层搬入石材长宽分布

石核 108件。锤击石核107件，砸击石核1件。

A. 锤击石核（图版一六）

原料为脉石英者86件，石英岩者11件，花岗岩者10件。长度在26～119.8mm之间，平均值47.7mm；宽度在15.9～117.2mm之间，平均值36.1mm；厚度在3.1～64.5mm之间，平均值26.1；重量在8.8～787.5g之间，平均值68.9g（图4-15）。

单台面石核：46件。

Ⅰ1型石核，24件。台面为砾石面者12件，节理面者5件，打制者6件，岩石风化面者1件。毛坯为砾石者11件，岩块者1件，石片者5件，断块者7件。剥片面有1个片疤的6件，2个片疤的6件，3个片疤的4件，4个片疤的2件，不确定者6件。台面角在56°～91°之间，平均值74°。

Ⅰ2型石核，22件。台面为砾石面者10件，岩石风化面者1件，节理面者8件，打制者3件。毛坯为砾石者12件，岩块者1件，断块者9件。有2个剥片面者16件，3个者4件，4个者2件。剥片面有1个片疤的18个，2个片疤的10个，3个片疤的7个，4个片疤的3个，不确定者14个。

双台面石核：40件。

Ⅱ1型石核，15件。台面为砾石面者12个，节理面者10个，打制者7个，不确定者1个。毛坯为砾石者8件，断块者6件，不确定者1件。剥片面有1个片疤的11个，2个片疤

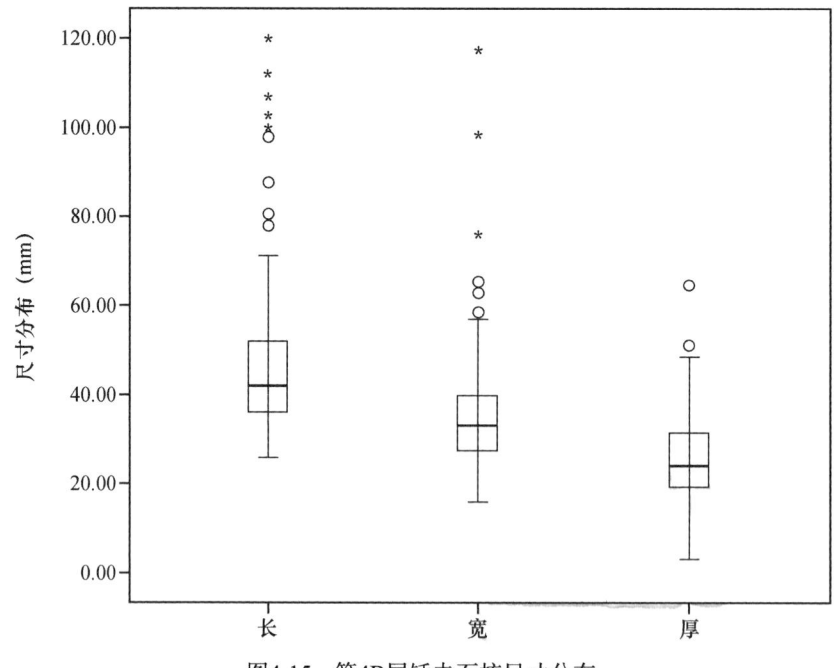

图4-15 第4B层锤击石核尺寸分布

的7个，3个片疤的4个，5个片疤的1个，不确定的7个。

Ⅱ2型石核，25件。台面为砾石面者15个，节理面者18个，打制者12个，岩石风化面者2个，不确定者3个。毛坯为砾石者13件，岩块者2件，断块者8件，不确定者2件。有3个剥片面者12件，4个的11件，5个的2件。剥片面有1个片疤的31个，2个片疤的17个，3个片疤的7个，4个片疤的1个，不确定的34个。

多台面石核：21件。

Ⅲ1型石核，10件。台面为砾石面者10个，节理面者8个，打制者10个，岩石风化面者1个，不确定者1个。毛坯为砾石者7件，岩块者1件，断块者2件。剥片面有1个片疤的10个，2个片疤的3个，3个片疤的4个，4个片疤的2个，不确定的1个。

Ⅲ2型石核，11件。有3个台面者8件，4个台面者3件。台面为砾石面者11个，节理面者7个，打制者15个，不确定者3个。毛坯为砾石者8件，断块者3件。剥片面有4个者7件，5个者2件，6个者1件，8个者1件。剥片面[①]有1个片疤的14个，2个者9个，3个者1个，5个者1件，不确定者8个。

B. 砸击石核

砸击石核　1件。单端型，原型为断块，长×宽×厚为26.7mm×22.6mm×19mm，

---

① 仅统计3个剥片面。

重11.3g。单端皆可见破裂痕迹。

石片　1028件，包括完整石片667件、裂片324件、断片37件（图版一七）。

原料以脉石英为主，共687件，占66.8%；石英岩次之，共201件，占19.6%；花岗岩者129件，占12.5%；其他原料较少，共11件，占1.1%，其中闪长岩者7件，大理岩者3件，硅质灰岩1件。

完整石片中台面为砾石面者245件、节理面者145件、素台面者177件、零台面者6件、台面破碎者94件。按照台面和背面自然面分布可分为Ⅰ1型33件、Ⅰ2型68件、Ⅰ3型144件、Ⅱ1型8件、Ⅱ2型46件、Ⅱ3型268件。

完整石片主要以尺寸较小的宽型石片为主，其中有15件石片的长宽指数大于2，占完整石片总数的2%，平均长宽指数为1.1（图4-16）。完整石片长度范围10.8~103.9mm，平均值27.6mm；宽度范围6.9~159mm，平均值27.2mm；厚度范围3.3~33.7mm，平均值11.3mm；重量范围0.9~634.2g，平均值11.6g（图4-17）。

完整石片的台面厚度范围3.9~110.7mm，平均值17.7mm；台面宽度范围1.1~33.7mm，平均值8.6mm。完整石片和裂片的石片角分布在45°~132°之间，平均值97°；台面外角分布在45°~120°之间，平均值80°（图4-18）。

断块　542件。原料以脉石英为主，共475件，占87.6%；石英岩次之，共51件，占9.4%；花岗岩者15件，占2.8%；砂岩者1件，占0.2%。长度范围20~113.4mm，平均值

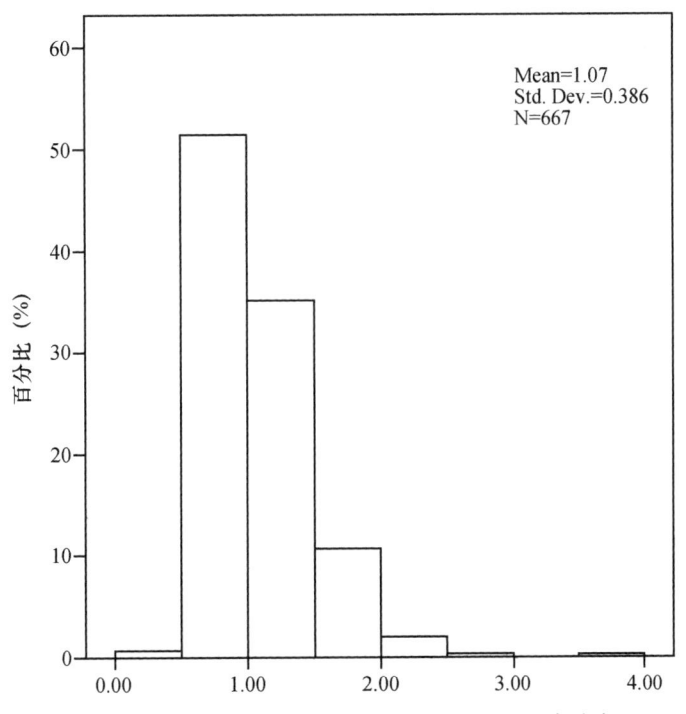

图4-16　第4B层完整石片长宽指数（长/宽）频率分布

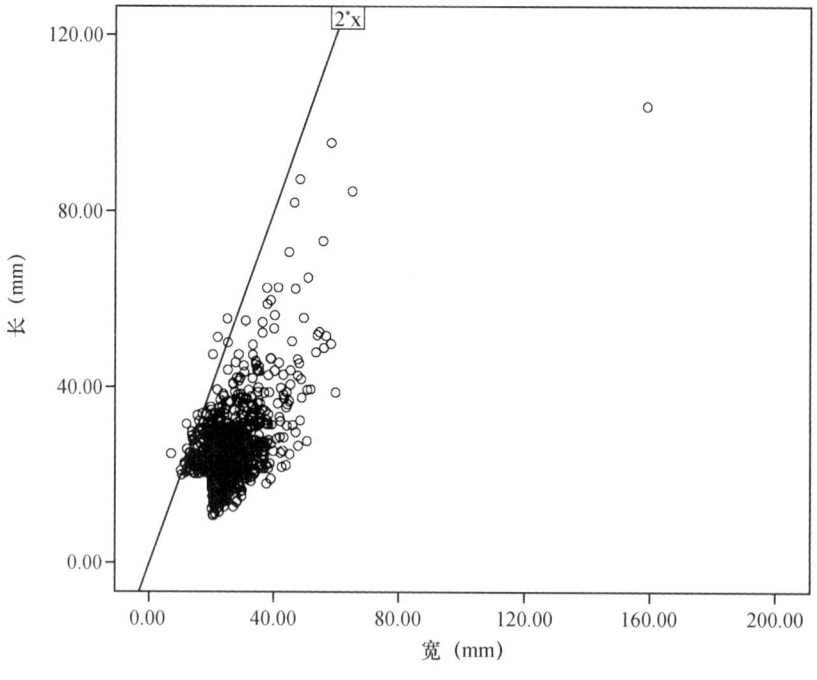

图4-17　第4B层完整石片长宽分布

为32.3mm；宽度范围2.1～102.2mm，平均值23.2mm；厚度范围5.5～44.5mm，平均值15.8mm；重量范围1.1～582.3g，平均值15.6g（图4-19）。

碎块/片　1850件。原料以脉石英为主，共1362件，占73.6%；花岗岩次之，共306件，占16.5%；石英岩者147件，占7.9%；其他岩性者较少，共35件，占1.9%，其中砂岩者15件、闪长岩者7件、大理岩者10件、砾岩者2件、泥岩者1件。长度范围20～121.2mm之间，平均值26.9mm；宽度范围5.7～83.8mm，平均值17.8mm；厚度范围1.9～106mm，平均值10.3mm；重量范围0.3～746.7g，平均值6.6g（图4-19）。

石器　116件（图版一八～图版二〇）。

边刮器：72件。其中完整者59件，不完整者13件。原料以脉石英为主，共57件；石英岩次之，共10件；花岗岩者4件；闪长岩者1件。毛坯为石片者46件，断块者13件，碎块/片者12件，砾石者1件。正向加工者54件，反向者11件，交互者1件，其他者6件。刃角范围44°～85°，平均值63°。

完整边刮器以小型为主，单刃者51件、双刃者8件。长度范围18.9～70.2mm，平均值35.8mm；宽度范围16.1～67.5mm，平均值30.9mm；厚度范围6.3～30mm，平均值14.8mm；重量在3.8～64.2g之间，平均值为18.8g。

2009XJC1164（图版一八：1），原料为脉石英，形状近梯形，长×宽×厚为52.9mm×39.2mm×19.1mm，重39.1g。毛坯为石片，单直刃，修整部位为左侧，加工方向

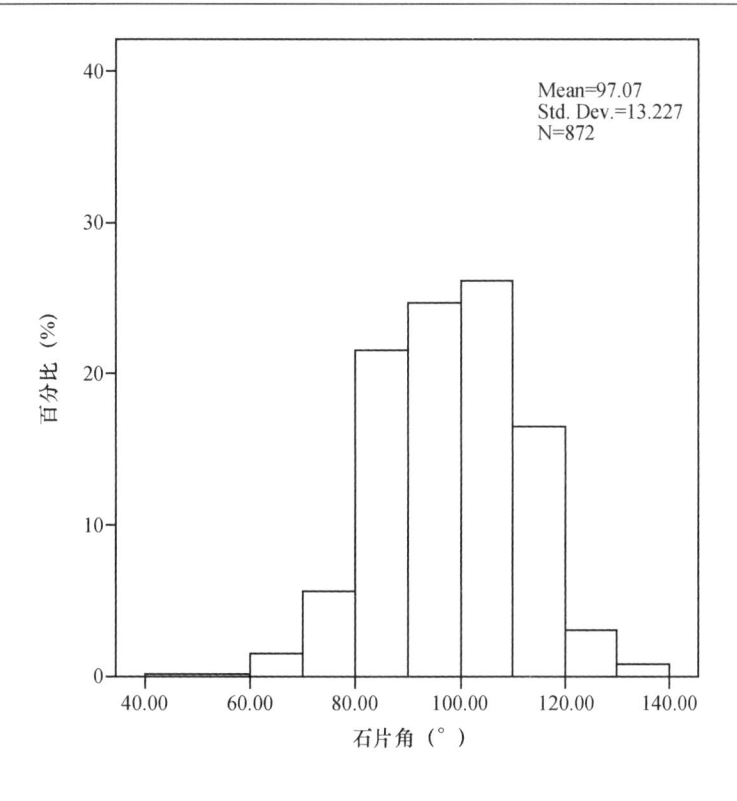

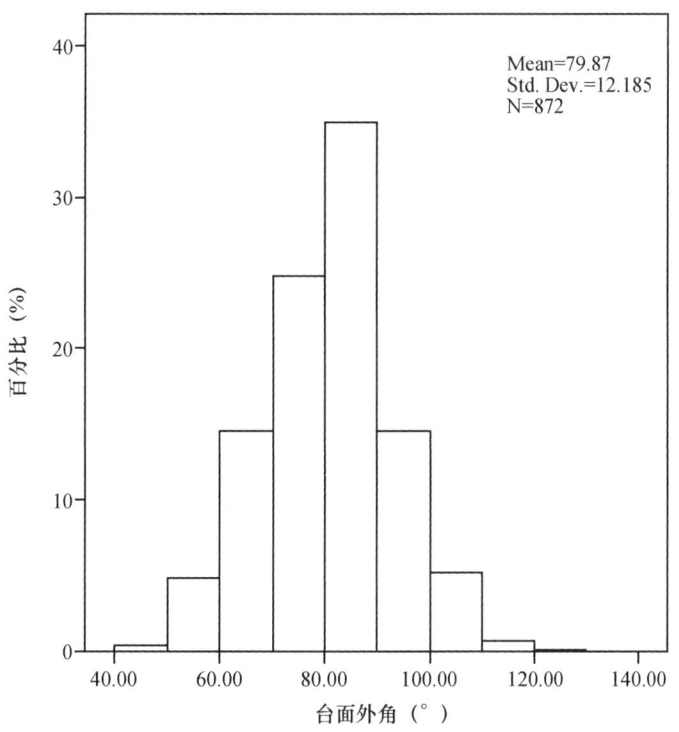

图4-18 第4B层完整石片、裂片石片角和台面外角分布

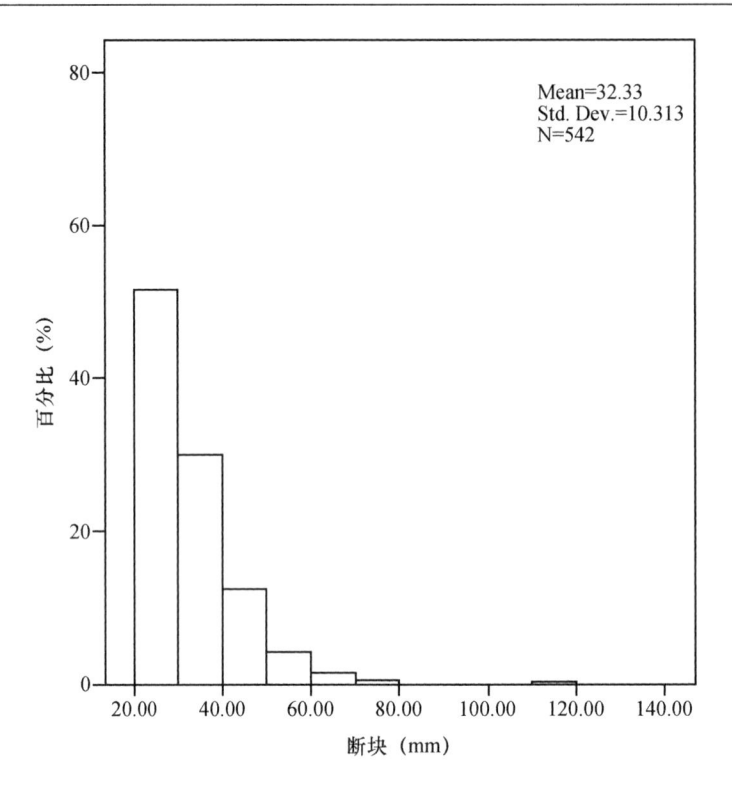

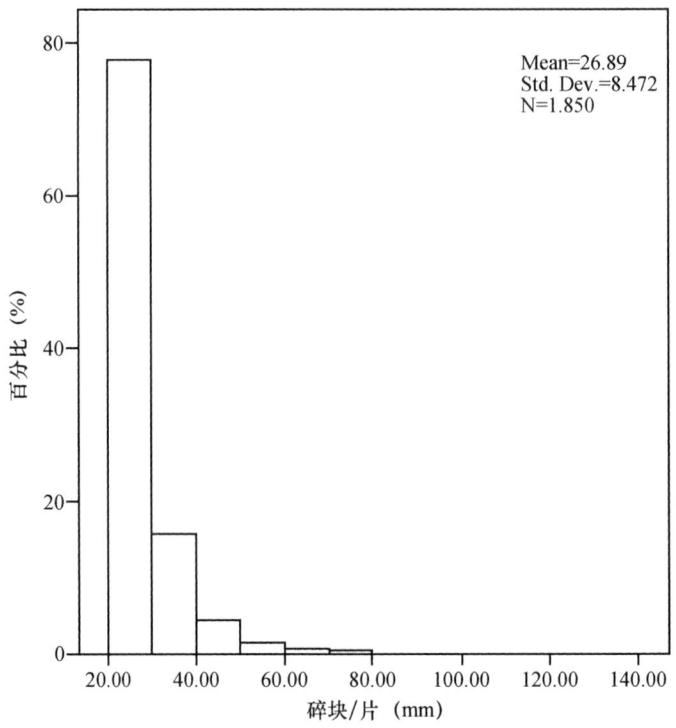

图4-19 第4B层断块、碎块/片长度分布

为正向，刃缘长52.2mm。修疤层数为1层，疤间关系为叠压，刃缘平直，刃角59°。

横刃刮削器：8件。原料以脉石英为主，共7件；石英岩者1件。毛坯全部为石片。正向加工者7件，反向者1件。刃角范围54°~78°，平均值66°。长度范围21.7~42.5mm，平均值31.1mm；宽度范围23.2~50.5mm，平均值34.8mm；厚度范围5.8~20.2mm，平均值14.5mm；重量在5~25.2g之间，平均值为15.5g。

2009XJC1463（图版一八：2），原料为脉石英，形状近平行四边形，长×宽×厚为21.7mm×36.2mm×14.3mm，重11.3g。毛坯为石片，单直刃，修整部位为石片远端，加工方向为正向，刃缘长29.9mm。修疤层数为1层，疤间关系为相邻，刃缘呈微锯齿状，刃角54°。

聚刃刮削器：3件。原料全部为脉石英，毛坯为石片者1件，断块者1件，碎片者1件。刃缘全为正向加工。刃角范围55°~74°，平均值66°。长×宽×厚分别为35mm×26.9mm×14.5mm、23mm×22.5mm×8.9mm、28.5mm×33.4mm×12.7mm，重分别为11.6g、4.2g、9.8g。

石锥：12件，完整者10件、不完整者2件。原料为脉石英者11件、石英岩者1件。毛坯为石片者4件，裂片者3件，碎块/片者3件，断块者2件。刃缘加工方向正向者13条，反向者2条。石锥尖刃角在45°~74°之间，平均值59°（$n=7$）。完整石锥长度范围23.6~43.6mm，平均值33.2mm；宽度范围19.7~35.1mm，平均值24.8mm；厚度范围8.2~19.4mm，平均值13.2mm；重量在4.5~19.9g之间，平均值为10g。

2009XJC2778（图版一九：5），双肩型，脉石英，平面近三角形，长宽厚为33.5mm×23.6mm×14.9mm，重11.2g。毛坯为断块，修理部位在两长边。右侧修理边缘长16.4mm，正向加工，加工深度2.1mm，修疤为1层，疤间关系相邻，刃角73°。刃缘状态平齐，直刃。左侧修理边缘长25.8mm，正向加工，加工深度6.5mm，修疤为2层，疤间关系叠压，刃角78°。刃缘状态平齐，凹刃。两修理边汇聚为一角，尖刃角为68°。

尖状器：6件。完整者2件，不完整者4件。原料全为脉石英。毛坯为石片者2件，断块者1件，碎块/片者3件。完整尖状器全为正向加工；边刃角在61°~81°之间，平均值70°；尖刃角分别为22°、50°；长×宽×厚分别为41.8mm×24.8mm×10.1mm、29.1mm×28.9mm×10.1mm，重分别为9.1g、8g。

2009XJC5217（图版一九：3），脉石英，平面形状三角形，长宽厚为41.8mm×24.8mm×10.1mm，重10.1g。毛坯为碎片，修理部位为两长边，右侧修理边缘长33.3mm，正向加工，修疤为1层，疤间关系相邻，刃角61°。刃缘状态为微锯齿，刃缘形态为直刃。左侧修理边缘长30.4mm，正向加工，修疤层数1层，疤间关系相邻，刃角70°。刃缘状态为微锯齿，刃缘形态不规则。尖刃角22°[①]；与尖刃相对的底缘有一片疤，可能为底缘减薄。

锯齿刃器：4件。原料为脉石英者2件，石英岩者2件。毛坯为石片者3件，断块者1件。正向加工者3件，反向者1件。刃角分布在54°~66°之间，平均值61°。长度范围19.7~41.6mm，平均值32.1mm；宽度范围33~59.8mm，平均值41mm；厚度范围11.7~21mm，平均值14.2mm；重量在6.6~45.2g之间，平均值为19.9g。

2009XJC5771（图版一八：11），石英岩，形状近梯形，长宽厚为40.5mm×38mm×12.4mm，重16.1g。毛坯为石片，凹刃，修整部位在石片左侧，加工方向为反向，刃缘长36.7mm。修疤层数为1层，疤间关系为相邻，刃口呈明显的锯齿状。

凹缺刮器：4件。克拉克当型3件，凹刃修理者1件。原料为脉石英者3件，石英岩者1件。毛坯为石片者2件，断块者1件，碎片者1件。正向加工者2件，反向者2件。刃角分布在49°~70°之间，平均值58°。长度范围33.8~53.9mm，平均值43.5mm；宽度范围25.3~48.2mm，平均值37.8mm；厚度范围12.6~15.3mm，平均值13.8mm；重量在13.7~34.4g之间，平均值为23.9g。

2009XJC2509（图版一八：3），脉石英，形状不规则，长宽厚为44.4mm×37.1mm×13.5mm，重18.8g。毛坯为石片，修整部位在右侧，加工方向为反向。修疤层数为1层，疤间关系为叠压。刃角70°。

端刮器：1件。2009XJC1313，原料为石英岩，长×宽×厚为39.9m×17.4mm×19.2mm，重11.5g。毛坯为石片，修整部位在近端。加工方向为正向，刃角59°。

砍砸器：4件。原料为花岗岩者3件，闪长岩者1件。毛坯为砾石者1件，石片者2件，碎块者1件。正向加工者2件，反向者2件。刃角分布在62°~76°之间，平均值70°。长度范围76.5~129.4mm，平均值95.5mm；宽度范围61.3~119mm，平均值99.2mm；厚度范围25.8~48.1mm，平均值34.3mm；重量在145~762.5g之间，平均值为425.5g。

2009XJC1513（图版二〇：2），花岗岩，形状近梯形，长宽厚为78.1mm×106.4mm×28.5mm，重232.3g。毛坯为石片，直刃，刃缘状态为锯齿形；修整部位为石片左侧，加工方向为反向，刃缘长54.2mm。修疤层数为1层，疤间关系为相邻，加工深度8.8mm，刃角75°。

似薄刃斧：1件。2009XJC4505（图版二〇：1），花岗岩，毛坯为石片，长×宽×厚为125.9mm×76.3mm×51.4mm，重503.4g。修理部位为石片的右侧边，修理方向为反向。石片远端保留有细小的片疤和磨圆，推测为使用痕迹。此件石器的使用部位为石片的自然边缘，侧边进行修理，类似于薄刃斧。

---

① 该尖状器的尖部保存完整，但整理过程中因无意间碰到折断。

磨石：1件。由2009XJC2072和2009XJC5320拼合而成（图版二○：3），原型为砂岩砾石，砾石面上有研磨形成的凹陷，该凹陷表面平滑，与自然砾石面状态不同。长×宽×厚为82.9m×40.3mm×17mm，重39g。该遗物表面未发现明显的附着物；研究人员对其进行了残留物分析[①]，但未检测到淀粉粒等植物遗存加工的证据。此磨石的功能有待于今后更多的同类发现加以确定。

石锤/石砧　35件。原料以花岗岩为主，共21件，占60%；砾岩次之，共8件，占22.8%；闪长岩者4件，占11.4%；大理岩者1件，占2.9；石英岩者1件，占2.9%。

石锤：32件。原型皆为砾石，完整者18件、破碎者14件；磨圆度为圆者9件、次圆者10件、次棱角者12件、棱角者1件。疤痕多集中于砾石的周边和端部。长度范围41.9~147.6mm，平均值83.7mm；宽度范围33.4~124.5mm，平均值55.2mm；厚度范围15.2~83.2mm，平均值40.3mm；重量范围32.6~1546.3g，平均值302.7g（图4-20）。

石砧：3件。原型皆为完整花岗岩砾石，磨圆度多为次圆和次棱角。疤痕集中于砾石的一面。长×宽×厚分别为120.3mm×119.7mm×27.8mm、127.4mm×77.8mm×53.2mm、187mm×175mm×120mm，重分别为541.7g、765.4g、3500g。

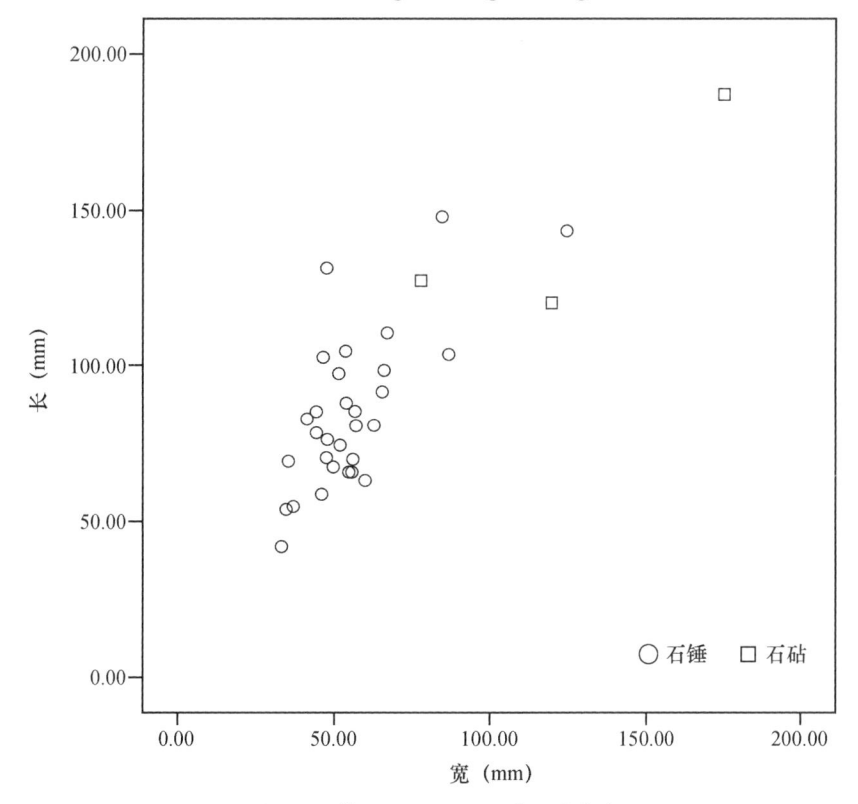

图4-20　第4B层石锤、石砧尺寸分布

[①] 残留物分析由中国科学院古脊椎动物与古人类研究所关莹副研究员完成。

（四）第4A层

第4A层石制品共457件。其中，搬入石材12件、石核9件、石片114件、断块58件、碎块/片254件、石器9件、石锤/石砧1件（表4-5）。

表4-5 第4A层石制品类型数量与百分比

类型		数量（件）		百分比（%）	
搬入石材		12		2.4	
石核	Ⅰ1	5	9	55.6	2
	Ⅱ1	1		11.1	
	Ⅱ2	1		11.1	
	Ⅲ2	1		11.1	
	砸击石核	1		11.1	
石片	Ⅰ1	1	114	0.9	25
	Ⅰ2	5		4.4	
	Ⅰ3	19		16.6	
	Ⅱ2	3		2.6	
	Ⅱ3	35		30.7	
	台面破碎	6		5.3	
	裂片	39		34.2	
	断片	6		5.3	
断块		58		12.7	
碎块/片		254		55.7	
石器	边刮器	4	9	44.5	2
	聚刃刮削器	1		11.1	
	尖状器	2		22.2	
	凹缺器	2		22.2	
石锤/石砧		1		0.2	
总计		457		100	

搬入石材 12件。完整砾石为主，占91%；原料为花岗岩者10件，石英岩者1件，砾岩者1件。磨圆以次圆、次棱角为主，占81.2%。长度范围52～320mm，平均值为85.9mm；宽度范围21.4～180mm，平均值为58.3mm；厚度范围11.6～140mm，平均值为36.7mm；重量范围29.1～18100g，平均值为2461.9g（图4-21）。

石核 9件。锤击石核8件，砸击石核1件。原料为脉石英者8件，石英岩者1件。长

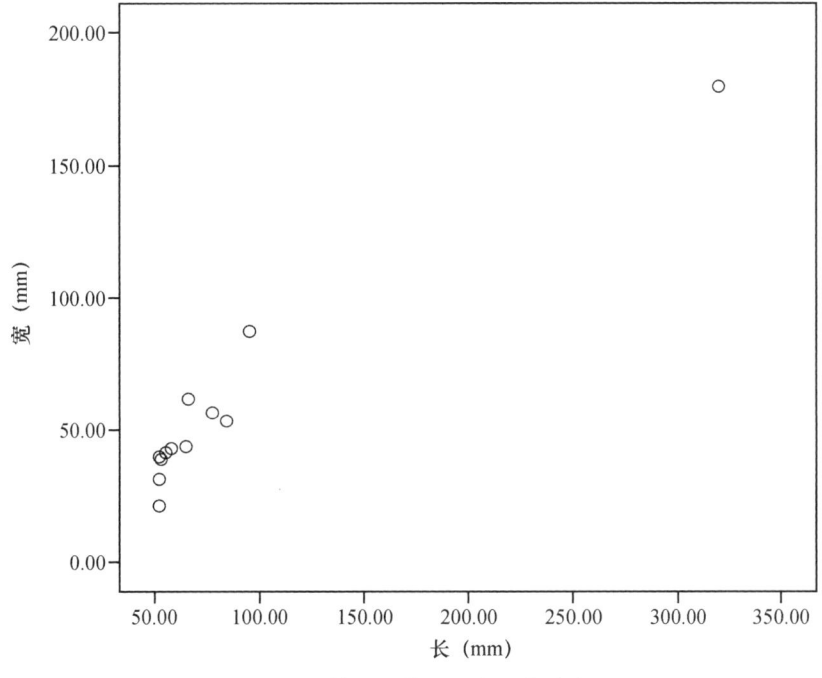

图4-21 第4A层搬入石材长宽分布

度在16.9~48.7mm之间，平均值37.1mm；宽度在14.6~35.4mm之间，平均值29.2mm；厚度在10.5~23.9mm之间，平均值20.8；重量在2.9~43.7g之间，平均值26.7g（图4-22）。

A. 锤击石核

单台面石核：5件。

单台面石核全为Ⅰ1型石核。台面为砾石面者4件，岩石风化面者1件。毛坯为砾石者4件，断块者1件。剥片面有1个片疤的1件，2个片疤的2件，3个片疤的1件，不确定者1件。台面角分布在66°~89°之间，平均值74°。

双台面石核：2件。

Ⅱ1型石核，1件。原料为脉石英，原型为砾石，长×宽×厚为35.2mm×29mm×22.3mm，重20.4g。两台面分别为砾石面和素台面，台面角分别为70°、80°。

Ⅱ2型石核，1件。原料为脉石英，原型为砾石，长×宽×厚为44.4mm×34.1mm×21.1mm，重29.6g。两台面分别为打制台面和节理面，台面角分别为70°、90°。两个台面共有3个剥片面。

多台面石核：1件。

Ⅲ2型石核。原料为脉石英，原型为砾石，长×宽×厚为36.2mm×31.6mm×23.9mm，重32.6g。三个台面皆为素台面，台面角分别为85°、80°、78°。三个台面共有4个剥

图4-22 第4A层石核尺寸分布

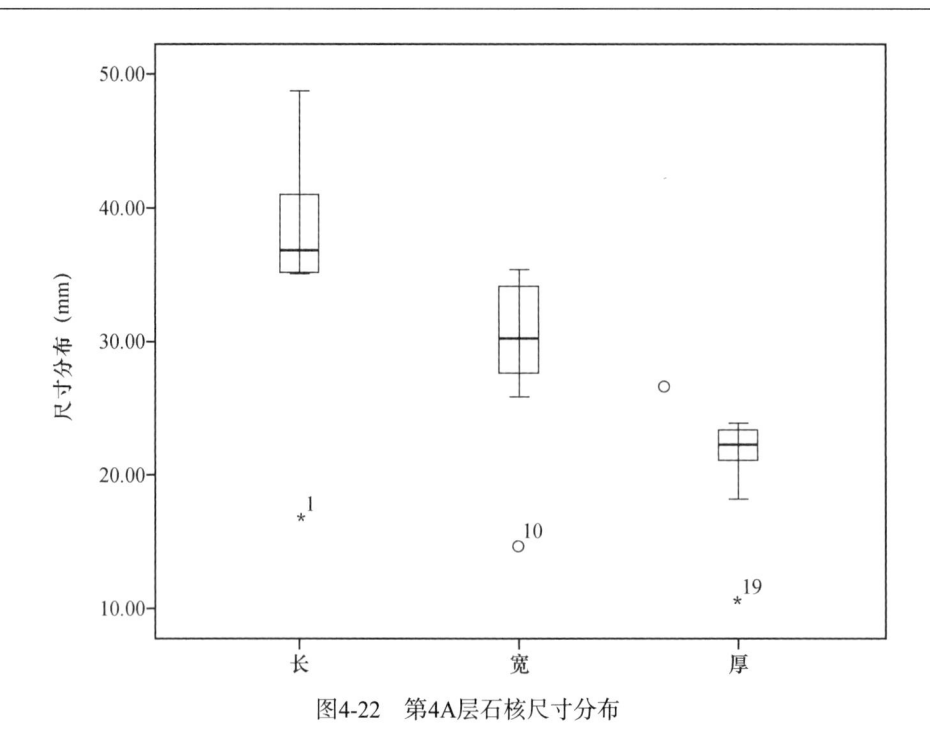

片面。

B. 砸击石核

砸击石核 1件。原料为脉石英，原型为砾石，长×宽×厚为16.9mm×14.6mm×10.5mm，重2.9g。两端皆可见砸击痕迹。

石片 114件。完整石片69件，裂片39件，断片6件。

原料以脉石英为主，花岗岩次之。其中脉石英者为95件，占79.8%；花岗岩者9件，占7.9%；石英岩者9件，占7.9%；闪长岩者1件，占4.4%。

完整石片中台面为砾石面者24件、节理面者10件、素台面者27件、台面破碎者6件、零台面者1件、修理台面者1件。按照台面和背面自然面分布可分为Ⅰ1型1件、Ⅰ2型5件、Ⅰ3型19件、Ⅱ2型3件、Ⅱ3型35件。

完整石片主要以尺寸较小的宽型石片为主，其中有4件石片的长宽指数大于2，平均长宽指数为1.13。长度范围14.3~47.4mm，平均值24.6mm；宽度范围9.9~42.2mm，平均值23.6mm；厚度范围4.1~21.2mm，平均值10.1mm；重量范围1.1~34.4g，平均值6.6g（图4-23）。

完整石片的台面厚度范围3.2~16mm，平均值8.1mm；台面宽度范围4.2~33mm，平均值14.6mm。完整石片和裂片的石片角分布在65°~120°之间，平均值94°；台面外角分布在56°-112°之间，平均值80°（图4-24）。

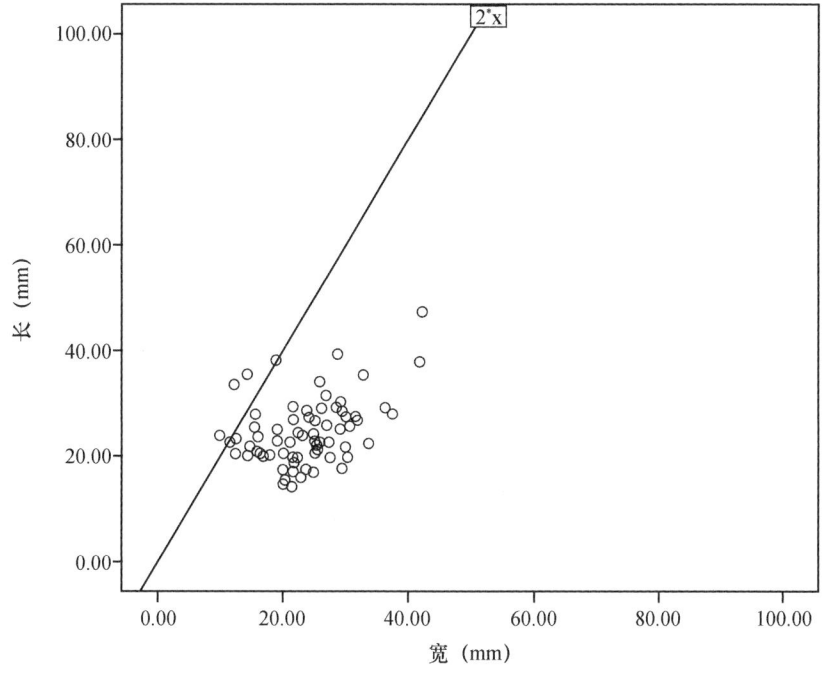

图4-23 第4A层完整石片长宽分布

断块　58件。原料以脉石英为主，计56件，占96.6%；花岗岩者1件，占0.2%；砂岩者1件，占0.2%。长度范围20.3～103.8mm，平均值为32.9mm；宽度范围10.6～84.9mm，平均值23.2mm；厚度范围6.1～49.8mm，平均值15.5mm；重量范围1.8～474.1g，平均值20.7g（图4-25）。

碎块/片　254件。原料以脉石英为主，计196件，占77.2%；花岗岩者31件，占12.2%；石英岩者23件，占9.1%；大理岩、砂岩、闪长岩等原料者4件，占0.4%。长度范围20～80.9mm之间，平均值26.7mm；宽度范围7.5～49.2mm，平均值17.9mm；厚度范围3.6～32.5mm，平均值10.3mm；重量范围0.6～122.5g，平均值6.3g（图4-25）。

石器　9件。

边刮器：4件。单刃边刮器3件，多刃者1件。原料为脉石英者3件，石英岩者1件。毛坯为石片者2件，断块者1件，碎片者1件。正向加工者3件，双向者1件。刃角在47°～73°之间，平均值62°。

完整边刮器以小型为主。长度范围26.9～35.3mm，平均值33mm；宽度范围22.7～31.9mm，平均值25.5mm；厚度范围7.4～13.1mm，平均值10.8mm；重量在6.7～10.7g之间，平均值为8.8g。

聚刃刮削器：1件。2009XJC763，原料为脉石英，长×宽×厚为25.3m×26.3mm×9.2mm，重6.7g。毛坯为碎片，一边加工方向为正向，刃角60°；另一边加工方向为反

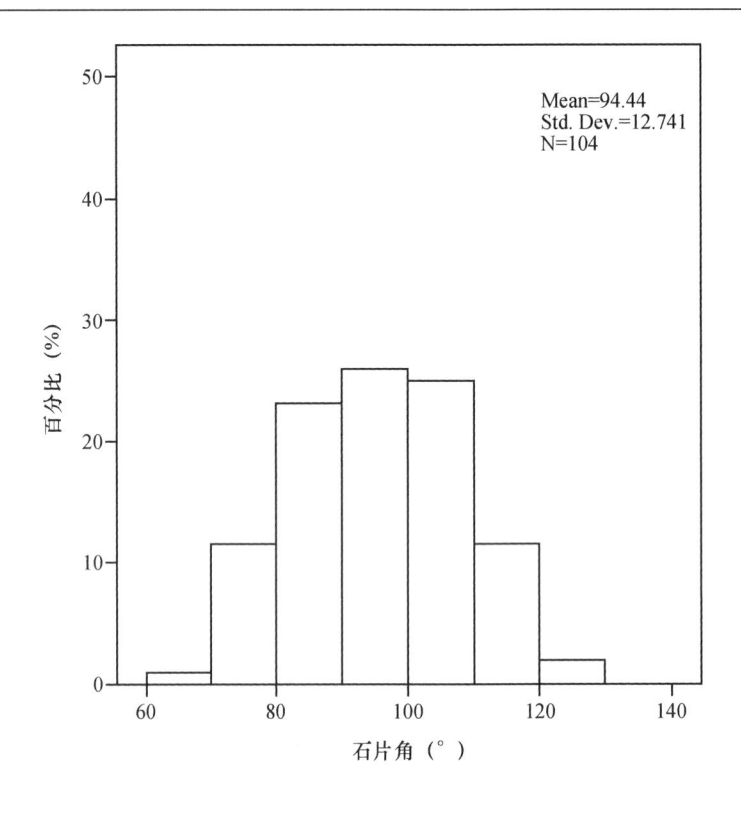

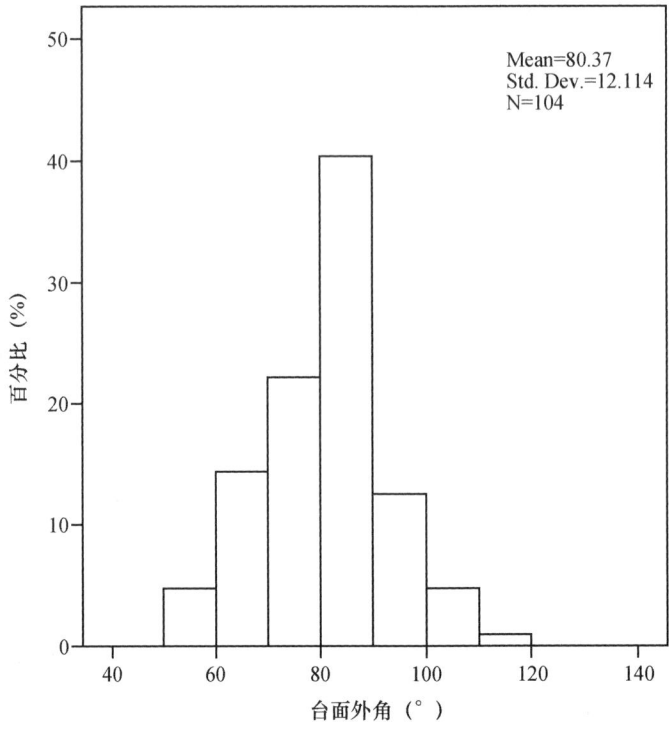

图4-24 第4A层完整石片、裂片石片角和台面外角分布

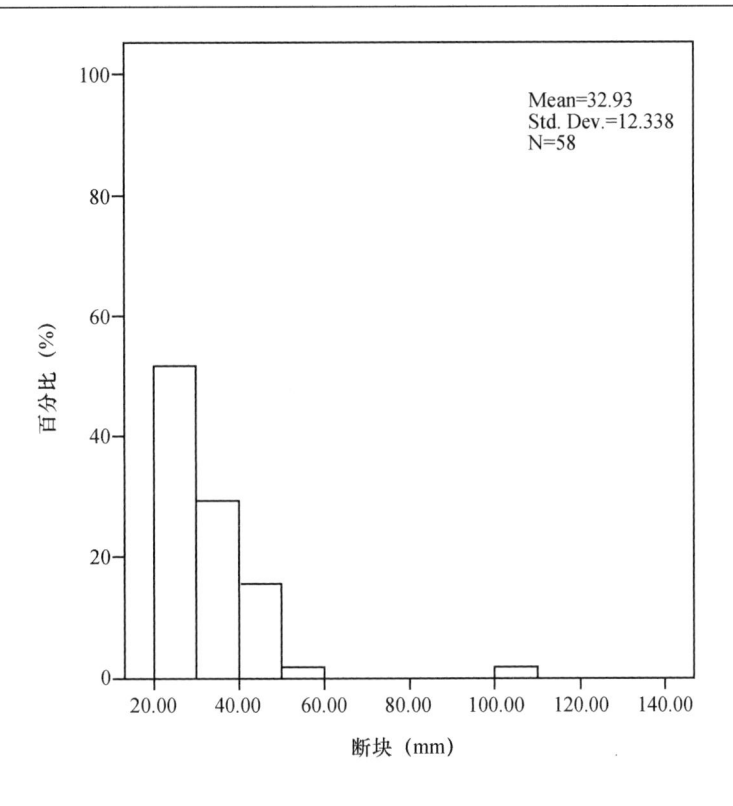

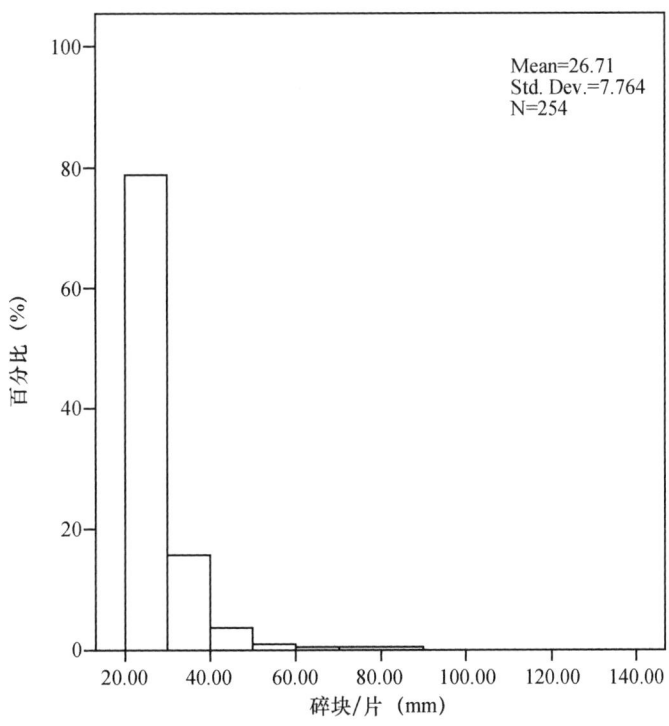

图4-25 第4A层断块、碎块/片长度分布

向，刃角61°。两条修理边缘汇聚，角度为73°。

尖状器：2件。原料皆为脉石英，毛坯为断块者1件，碎块者1件。修理部位多在两长边，加工方向皆为正向，尖刃角分别为58°、66°。长×宽×厚分别为42.4mm×31mm×17.5mm和35.6mm×25.1mm×14mm；重量分别为21.5g、13.8g。

凹缺刮器：2件。克拉克当型1件、修理凹缺器1件。原料皆为脉石英，毛坯皆为碎块/片。修整部位为毛坯长边，加工方向为正向。刃角分别为64°、62°。长×宽×厚分别为27mm×18.2mm×9.9mm和19.1mm×18.8mm×8.5mm；重量分别为4.8g、3.2g。

石锤/石砧

石锤：1件。原型为花岗岩砾石，磨圆度为圆。长×宽×厚分别为56.4mm×50mm×32.4mm，重95.5g。

（五）小结

徐家城遗址各层石制品主要特点如下所述。

1. 形态与类型

遗址石制品以中、小型为主，重量主要分布在1~100g之间。石制品组合包括搬入石材、石核、石片、断块、碎块/片、石器等。其中4C和4B层石器、石片比例高于5层和4A层，而碎块/片比例较低（图4-26）。

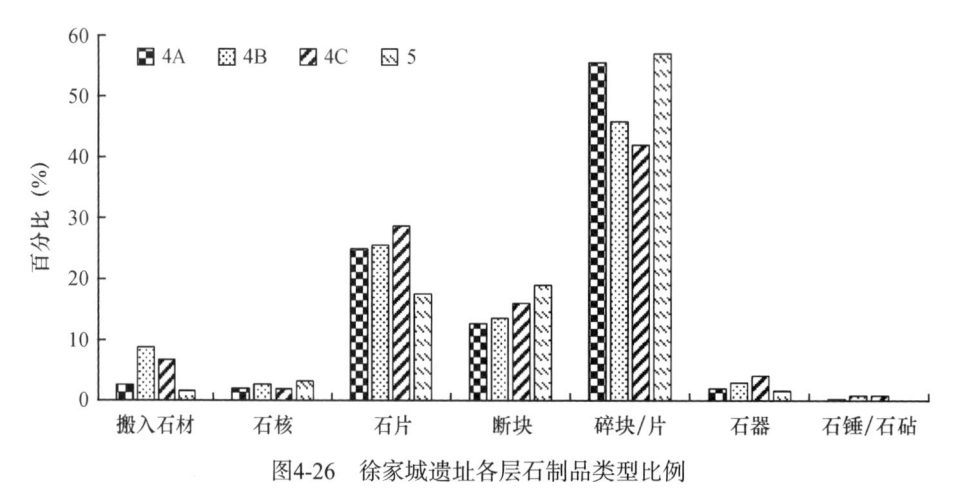

图4-26 徐家城遗址各层石制品类型比例

2. 原料

从石制品砾石面保留状况看，遗址各层原料原型主要为河滩砾石。从岩性分布看，各层石制品原料皆以脉石英为主，比例在65%以上；花岗岩次之，比例在10%~20%间；石英岩比例也较高，多在5%以上，其中4B层石英岩比例较高，达11%。此外闪长岩、砾岩、大理岩、砂岩、硅质灰岩等也有一定数量，但通常比例较低（图4-27）。

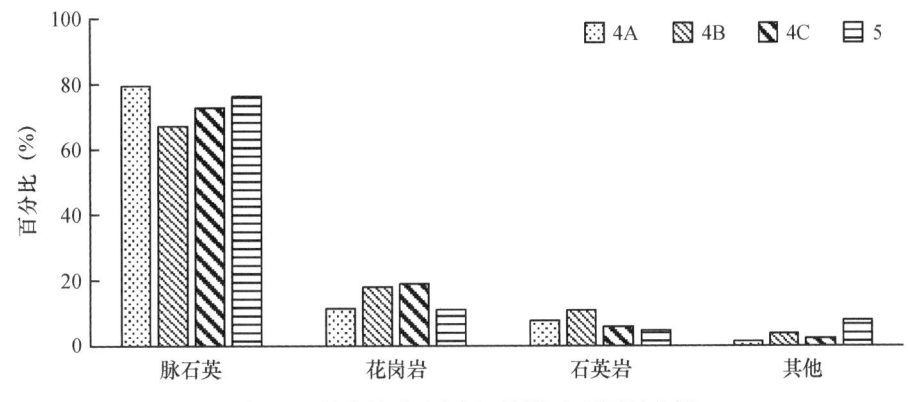

图4-27　徐家城遗址各层石制品主要原料比例

3. 石核类型

遗址第5层出土1件单台面石核、1件双台面石核。4C层7件锤击石核中单台面、双台面和多台面者比例相当（28.6%）。4B层石核数量较多，107件锤击石核中单台面者（42.6%）居多，双台面（37%）次之，多台面者（19.8%）较少；4A层出土石核9件，锤击石核8件，以单台面为主（55.6%）。各层石核皆以锤击石核占绝对优势，仅在第4B、4A层各发现1件砸击石核（图4-28）。

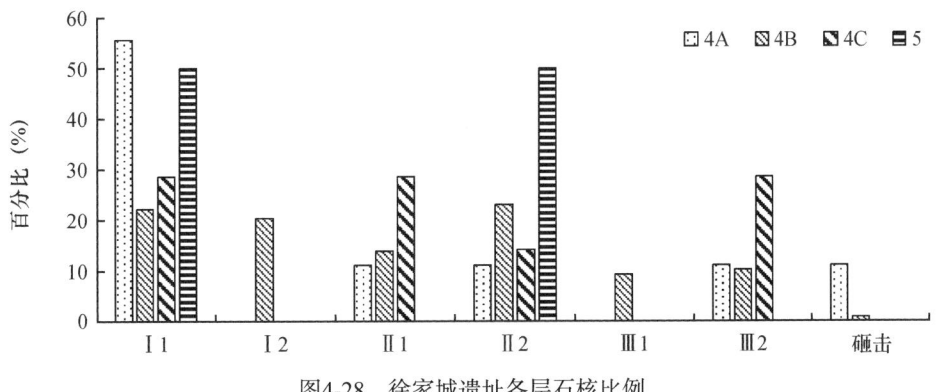

图4-28　徐家城遗址各层石核比例

4. 石片类型

各层石片皆以裂片比较最高，这与原料主要为脉石英相关，因原料易碎，其产生裂片的比例较高（见第六章）。各层石片中断片的比例较低，这与观测过程中断片较难判别有关。完整石片中多以Ⅱ3和Ⅰ3型为主，其他类别相对较少（图4-29）。

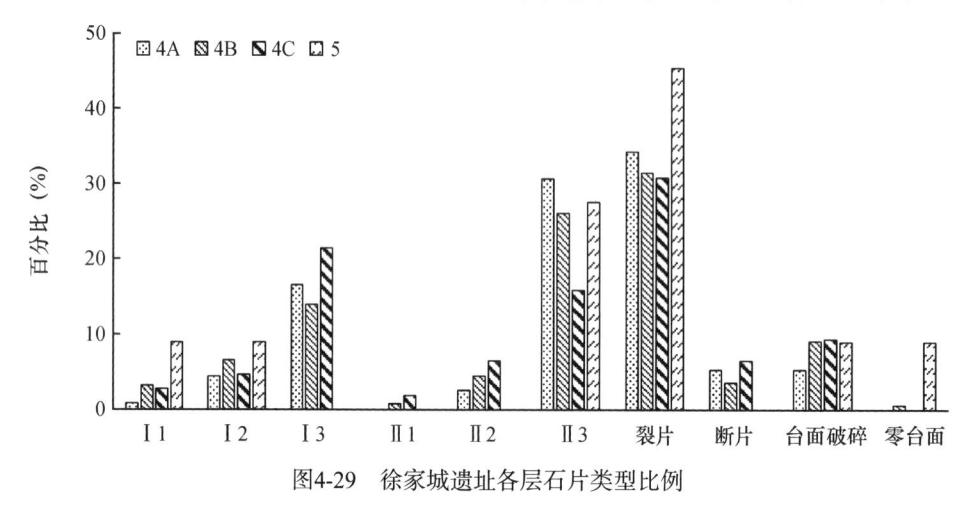

图4-29 徐家城遗址各层石片类型比例

5. 石器类型

遗址主要石器以小型为主，类型有边刮器、横刃刮削器、聚刃刮削器、石锥、尖状器、锯齿刃器、凹缺刮器和端刮器（图4-30）。除5层仅有1件尖状器外，各层石器皆以边刮器为主，比例在40%～70%间。各文化层大型石器数量较少，类型为砍砸器和似薄刃斧。4B层出土磨石1件。

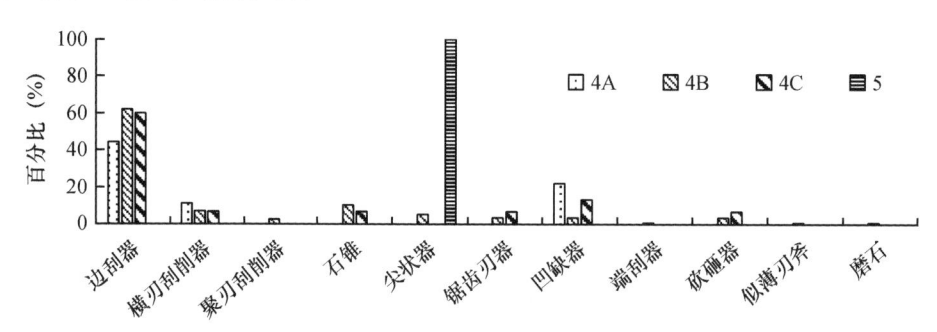

图4-30 徐家城遗址各层石器类型比例

三、石制品碎屑

徐家城遗址发掘中对堆积物筛选时采用的筛子筛孔直径约为3mm,故而采集到大量尺寸大于3mm的石质碎屑。然而由于尺寸过小的碎屑在观察和辨识过程中(如岩性等)比较困难,故而本报告中未包含小于5mm的碎屑。本书将石制品碎屑分为两个尺寸级别:大于等于10mm小于20mm者;小于10mm大于等于5mm者。

碎屑的观察和统计对遗址形成过程的讨论和复杂石器技术的辨识具有重要意义,但缺点是耗费的时间和精力较多。从对大于20mm的石制品的分析,我们得出徐家城遗址石器技术主要为简单石核石片技术,故而对遗址碎屑的观察主要用于考察遗址的形成过程。为节省时间和精力,我们采取在文化层内不同水平层中抽样的方式观察和统计石制品碎屑。

我们分别对第5层的L13水平层,第4C层的L12水平层,第4B层的L10、L7水平层和第4A层的L4水平层出土的碎屑进行观察统计[①]。共统计石制品碎屑19539件,其中5层19件,4C层1935件,4B层17374件,4A层211件(表4-6)。

碎屑的原料组成与编号石制品的原料组成类似,皆以脉石英为主,其中5层脉石英碎屑占总数的比例为94.7%、4C层为80.7%、4B层为83.9%、4A层为71.1%;花岗岩次之,石英岩的数量也较多,砂岩、闪长岩、大理岩等较少。这一石制品碎屑和大于20mm石制品原料相近的现象指示遗址多数石制品是原地生产行为所遗留。

由于发掘时我们未对文化层发掘出土土方的体积做精确的测量,故而暂不能精确估算每个文化层所包含石制品的密度。此处,我们仅通过发掘面积和水平层厚度粗略估算各层碎屑的密度。第5层我们仅对西侧的一排探方进行发掘,发掘面积约为遗址总发掘面积的1/4(5m²)。4A、4B、4C层发掘面积相近,约20m²,发掘过程中虽然水平层的厚度并非绝对的,但通常厚约5cm。第5和4A层出土石制品数量较少,相应的石制品碎屑的数量也最少,单个水平层内第5层碎屑大概密度为4件每平方米,4A层密度约11件每平方米。4C、4B层大于20mm的石制品分布较为密集,对应的层位碎屑的数量也较多,尤以4B层出土的碎屑最多,约434件每平方米;4C层密度约97件每平方米。

在遗址不同层位使用的石制品原料相近的情况下,碎屑的密集程度基本反映古人类在各层的石制品生产活动的强度,徐家城遗址的碎屑密度指示4B层活动强度最大,4C层次之,其他层位活动强度较小。我们对取样的5个水平层中碎屑数量最多的L10水

---

① 碎屑的统计主要由英国伦敦大学学院硕士毕业生牛雨桐完成。

表4-6 徐家城遗址文化层出土碎屑数量和重量抽样统计

层位	水平层	尺寸(mm)	脉石英 数量(件)	脉石英 重量(g)	花岗岩 数量(件)	花岗岩 重量(g)	石英岩 数量(件)	石英岩 重量(g)	砂岩 数量(件)	砂岩 重量(g)	闪长岩 数量(件)	闪长岩 重量(g)	大理岩 数量(件)	大理岩 重量(g)	其他 数量(件)	其他 重量(g)
4A	L4	10~20	120	87.2	6	13.39	4	3.44								
		5~10	30	13.3	36	3.1	12	0.75	2	0.06						
4B	L7	10~20	1249	703.49	166	95.8	83	53.11	16	12.3	7	3.76	2	0.38	1	0.31
		5~10	3337	195.78	632	45.14	163	10.12	20	1.7	7	0.43	3	0.32	5	1.73
	L10	10~20	2538	1471.2	258	155.66	119	75.84	21	12.76	8	2.87	6	3.73	26	1.24
		5~10	7454	396.72	918	72.01	280	51.23	32	2.06	18	0.68	2	0.24	3	2.72
4C	L12	10~20	527	337.76	89	52.07	11	8.13	2	1.98	1	0.16			1	0.01
		5~10	1034	60.41	239	15.75	15	0.73	13	0.88	3	0.8				
5	L13	10~20	18	20.51	1	0.11									1	0.01
		5~10														

平层按照探方进行了较为详细的分析（图4-31）。虽然每一个探方内单个水平层的绝对厚度并不完全相同，碎屑密度评估并不精准，但碎屑的平面分布能够大致指示遗址内石制品生产活动的空间分布情况。图4-31显示，无论是10~20 mm还是5~10 mm的碎屑皆显示遗址发掘区内存在两个主要的石制品生产区域。碎屑的分布特点也有助于我们评估遗址的保存状况，图4-31显示遗址保存丰富遗物的部分中靠东北侧者已被自然侵蚀作用所破坏，但发掘区西侧仍埋藏有丰富的遗存，可为我们今后的发掘和研究提供保障。

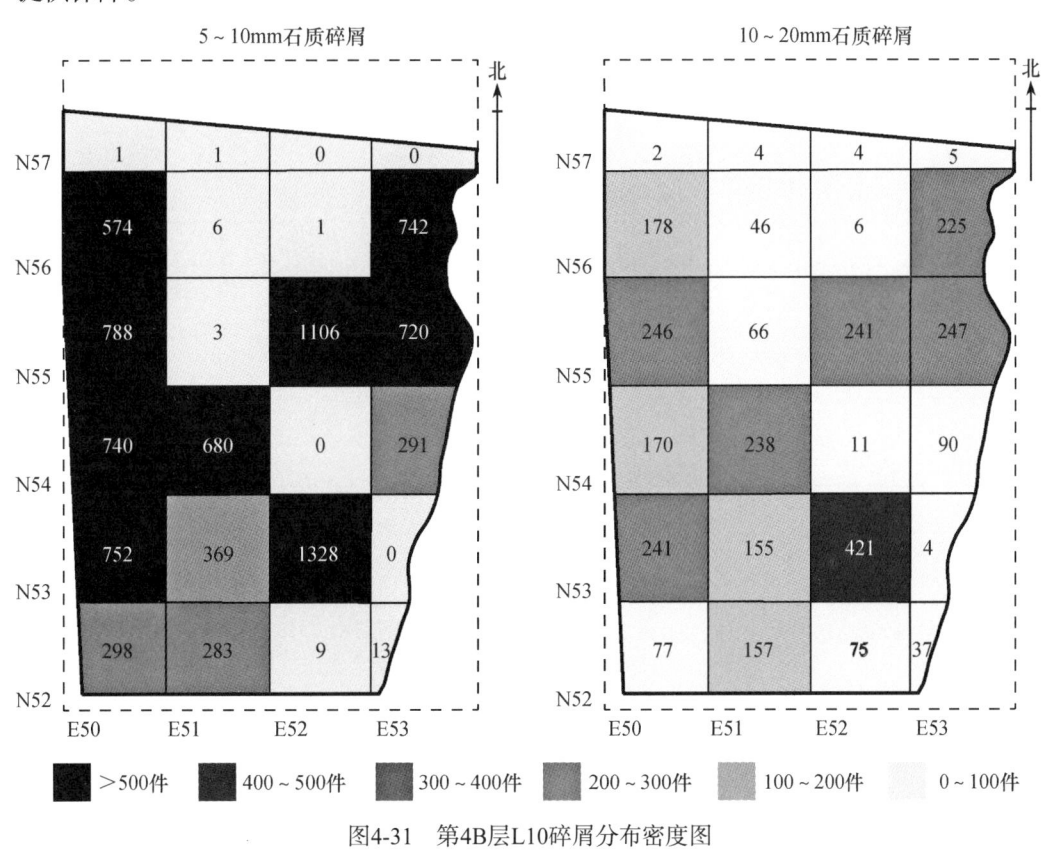

图4-31 第4B层L10碎屑分布密度图

第三节 动物化石[①]

一、概　述

遗址野外发掘结束之后，发掘者对出土的590件编号动物化石进行了初步的整理。

---

① 本节由王晓敏博士（现就职于中国社会科学院考古研究所）完成。

遗址出土的绝大多数动物化石为破碎的骨片，也有少量的牙齿。依据所发现较完整的动物牙齿，发掘者进行了初步的种属鉴定，认为该遗址动物种类比较单一，主要包括2属：马属 *Equus* sp.和牛属 *Bos* sp.（李锋等，2012）。

在编写本书时，我们对出土的编号动物化石进行了较为系统的整理，采集的信息既有其生物学特征，又有埋藏学与动物考古学的属性，具体包括：动物种属、骨骼解剖学部位、牙齿尺寸及磨耗状况、风化等级、骨骼表面痕迹及骨骼破碎特征等。

徐家城遗址第4A、4B、4C和5层出土动物化石的丰富程度不一，其中，第4B层的标本最为丰富，占总量的85%以上；第4A层出土的全为骨骼化石，不见牙齿，而第5层仅发现1件残破的牙齿（表4-7）。第4B层的标本量最大且最具代表性，是研究的重点。本节第二和第三部分的描述、统计和分析均针对该层出土的动物化石进行。

表4-7 徐家城遗址各文化层出土编号化石的数量

层位	对应"水平层"	骨骼化石（含角心）/件	牙齿化石/件	总计/件
4A	L1~L6	45	0	45
4B	L7~L11	472（1）	21	493
4C	L12	31	4	35
5	L13、L14	0	1	1
总计/件		548	26	574

二、典型化石简述

遗址出土的动物化石非常破碎，可鉴定者甚少，典型动物化石简述如下（图版二一）：

奇蹄目 Perissodactyla Owen，1848

马科 Equidae Gray，1821

马属 *Equus* Linnaeus，1758

蒙古野驴 *Equus hemionus* Pallas，1774

材料　右侧P3/4（2009XJC4557），左侧m1/2（2009XJC5410）

描述　2009XJC4557（图版二一：5）为右侧上前臼齿，因颊侧破损无法确定其齿序。它的嚼面视近似长方形，无马刺。原尖不大，其前后端圆钝，内凹宽且浅。颊侧的前附尖、中附尖、后附尖、前尖与后尖均破损严重，无法判别其形态。后窝前角明显高于前窝后角，前窝舌侧发育有两个细小的釉质褶皱，后窝褶微弱。次尖宽短，无次尖收缩，次尖沟浅。因中附尖破损，只测量到牙齿长度，为24.6mm，其原尖长为

8.7mm。

2009XJC5410（图版二一：3）为左侧下臼齿，因其小次小尖破损无法确定其齿序。其嚼面视近于长方形，下前尖短，下原尖宽且短，下次尖与下原尖发育状况相似，但更接近D形。双叶肥大，下后尖与下后附尖均近似圆形，下内尖有破损，但其残余部分也显示较圆钝的形态。下外中谷深，几乎到达双叶谷的颈部，双叶谷也较深，但更圆钝，下马刺不发育，下前谷为长条形，下后谷窄且长。

比较与讨论 该类标本上颊齿没有马刺，前窝褶不明显；下颊齿双叶的下后附尖圆钝，下马刺不发育，下外中谷未深入双叶的颈部，这些特征与蒙古野驴（*Equus hemionus*）一致（童永生等，1979；邓涛和薛祥煦，1999）。蒙古野驴是晚更新世期间广泛分布于中国北方的一个种类，在东北的阎家岗遗址（黑龙江省文物管理委员会等，1987）和古龙山遗址（周信学等，1990）、西北的萨拉乌苏遗址（祁国琴，1975）和水洞沟遗址（张双权等，2014）以及华北的许家窑遗址（贾兰坡等，1979）、丁村遗址（裴文中，1958）、峙峪遗址（贾兰坡等，1972）和山顶洞遗址（Pei，1940）等均有报道。

牛科 Bovidae Gray，1821

 羚羊亚科 Antilopinae Baird，1857

  ？原羚羊属 *Procapra* Hodgson，1846

   ？普氏原羚 *Procapra przewalskii*

（=*Gazella przewalskii* Büchner，1891）

材料 残断角心标本（2009XJC5566，图版二一：1）。

描述 仅残余角尖部分，残余形态侧扁，横断面近椭圆形而无棱角，表面虽风化严重，但仍可观察到纵沟和纵棱。角残长2.5cm左右。

比较与讨论 该角心尺寸很小，应属于1种个体较小的牛科成员。从其形态来看，表面有纵纹，横截面又无棱角，符合羚羊角心的特征。然而，徐家城遗址发现的羚羊标本仅此一例，目前没有更多的证据确认其究竟属于哪类羚羊。普氏原羚（*Procapra przewalskii*）、蒙古瞪羚（=黄羊，*P. gutturosa*）与藏原羚（*P. picticaudata*）是中国北方地区晚更新世动物群中曾报道过的种类。其中，普氏原羚最为常见。在分布区域上，它与适应高山荒漠的藏原羚几乎不重合，而在形态上，它的角心弯曲度比蒙古瞪羚小得多。鉴于此，我们倾向于把徐家城遗址的这块角心残段归入普氏原羚。

牛亚科 Bovinae Gill，1872

 牛属 *Bos* Linnaeus，1758

  原始牛 *Bos primigenius* Bojanus，1827

材料　右侧m1/2（2009XJC5565，图版二一：2）

描述　牙齿保存状况较好，齿冠高，由四个亚新月形的主尖组成，尺寸为35.44mm×20.86mm，宽度从根部向顶部稍有缩小。舌侧主尖的宽度比颊侧大，且形态更圆钝。牙齿前后叶的形态基本相同，下前附尖和下内附尖发育，齿柱（即下外附尖）很发育，虽然还未被磨耗，但其凸出程度大于颊侧各尖。后谷的下次尖后棱上发育有小的釉质褶皱，这一特征经常出现在m2上。

比较与讨论　该标本的齿冠高，颊齿嚼面呈复杂的新月双叶形，是典型的大型牛亚科动物的下臼齿。对于大型牛亚科动物而言，很难通过下臼齿的形态来判断其究竟属于哪种牛，但从其尺寸的测量值看，更加的接近许昌灵井（董为和李占扬，2008）报道的大型牛亚科动物，因此我们将其归入原始牛。原始牛在更新世的分布范围非常广，从欧洲向东在整个欧亚大陆均有报道，其向西南甚至扩散到北非。在中国东北的榆树（徐余瑄和薛祥煦，1959），西北的楼房子（黄万波，1991），华北的许家窑（贾兰坡等，1979）、丁村（裴文中，1958）和萨拉乌苏（祁国琴，1975）均有报道。

三、动物考古学简析

遗址出土的动物化石十分破碎，为了更为给清晰地了解动物群的组成状况，我们将解剖学分类的标准放宽，不仅判断动物化石的解剖学具体部位与其所属的动物类型，而且按解剖学部位所处的位置，进一步将化石归入性质不同的四个类别。从动物化石的解剖学类型来看，有附肢骨和中轴骨的残段，还发现有牙齿与角心。其中，附肢骨残段最多，共301件；牙齿共26件；中轴骨残段9件；头骨与角心残段共2件；其他为无法判断解剖学类型的碎块。

在附肢骨标本中，只有1件可以确定属于马类动物肩胛骨的残段（肩胛颈），其余全为无法判定解剖学部位的长骨骨干碎片。在中轴骨标本中，有1件羚羊角心残段。在牙齿标本中，有12件可以粗略地判断动物种类及牙齿类型。其中，啮齿类门齿1件；马类动物上前臼齿2件，上臼齿1件，下前臼齿1件，下臼齿2件；牛科动物上臼齿2件，下臼齿3件。综上，徐家城遗址出土的动物化石中，能够鉴定到种属与骨骼部位的标本（NISP）只有14件，马类动物最多，共7件，占50%；牛类动物共5件；羚羊1件；啮齿类1件。

对于无法判定解剖学部位的长骨骨干碎片，可以根据其残存的骨壁厚度、弧度及残长比例等信息推断其所属动物的相对体型大小。依据上述可鉴定的动物种类，包括啮齿类、羚羊类、马类及牛类,可划分三个相对的动物体型大小级别。我们将啮齿类称为Ⅰ类动物,羚羊类称为Ⅱ类动物,马类及牛类称为Ⅲ类动物。在徐家城遗址,能够根据其形态推断其所属动物体型大小的附肢骨残段共218件,占附肢骨残段总数的72.43%(表4-8)。在加入附肢骨相关信息后,Ⅱ类动物的所占比超过了Ⅲ类动物,这与牙齿所反映的可鉴定标本数(NISP)的信息是不同的。

表4-8 徐家城遗址动物骨骼所反映的动物相对体型大小

动物体型级别	附肢骨/件	牙齿及角心/件	总计/件
Ⅰ类动物	0	1	1(0.43%)
Ⅱ类动物	148	1	149(64.5%)
Ⅲ类动物	70	11	81(35.07%)
总计/件	218	13	231(100%)

在所有牙齿标本中,只有牛类动物牙齿的磨耗状况可以反映它们的相对死亡年龄。在5件牛牙中,有2件几乎没有磨耗的臼齿,有2件经历过磨耗并出露齿尖齿质的臼齿,它们应属于较年轻的个体,还有1件磨耗严重的臼齿,应属于年龄稍大的个体。

为了说明动物骨骼所受的埋藏作用影响,我们对附肢骨一类中的所有长骨骨干表面状况及其破碎方式、程度进行了观察。由于徐家城遗址后两类标本的相对数量太少,这些观察并没有涵盖中轴骨及牙齿,部分标本的保存状况和其性质无法进行下文所述的观察。

首先,记录长骨骨干的风化状况。风化等级的划分标准(依据张云翔和薛祥煦,1995修改)如下:0级,骨骼风化裂;1级,与长轴平行的裂纹开始出现;2级,骨骼表面开始出现片状剥离;3级,片状剥离大面积出现,部分骨皮已经脱落;4级,骨骼表面呈粗糙的纤维状;5级,骨骼已风化破碎,原来骨骼的形态可能已较难辨认,往往暴露出海绵质。有223件长骨骨干可以用来判别风化等级,其中,处于0级的2件(0.9%);处于1级的116件(52.02%);处于2级的54件(24.22%);处于3级的30件(13.45%);处于4级的21件(9.41%)。这些长骨骨干在地表暴露的时长不同,超过四分之三的化石仅短时间暴露。长骨骨干表面保存有两类自然作用所产生的痕迹(图版二一:6、7),分别是黑色斑点(205件,91.93%)及植物根系的压痕(112件,50.22%)。

其次,记录长骨骨干表面的疑似人工痕迹,主要为砍砸痕,共发现8件标本,全部表现为长骨骨干端口的螺旋状破裂(图版二一:6)。

最后,统计长骨骨干两端断口的形态,包括其断口外轮廓形状、断口质地及断口内角度（表4-9）。结果显示，超过一半的长骨骨干断口外轮廓呈U/V形，超过三分之一的长骨骨干断口质地光滑。并且，85%以上的长骨骨干断口的内角度不是直角。这些说明，长骨骨干在破碎时处于比较新鲜的状况，并没有长时间地脱水。

表4-9 徐家城遗址长骨骨干破碎状况

长骨断口形态		数量/件	出现频率
断口外轮廓形状	U/V形	202	57.39%
	中间	102	28.98%
	平直	48	13.63%
断口质地	光滑	128	36.36%
	中间	112	31.82%
	粗糙	112	31.82%
断口内角度	锐角	156	44.32%
	中间	141	40.05%
	直角	55	15.63%

四、小　　结

徐家城遗址2009年发掘出土的哺乳动物化石共有3个种，分别是原始牛（*Bos primigeniuss*）、蒙古野驴（*Equus hemionus*）和普氏原羚（*Procapra przewalskii*）。它们都是晚更新世中国北方半干旱地区常见的哺乳动物种类。除了这三种食草类动物之外，还发现1件啮齿类动物的牙齿标本，但由于并没有更多的相关标本出现，我们倾向于认为这件标本应是后期的埋藏过程带来的。另外，所有层位都未发现食肉类动物的相关标本。遗址中能够鉴定到动物种属或解剖学部位的化石材料数量很少，系统的动物考古学分析无法有效地进行。即便如此，我们还是尽可能多地采集了主要层位（4B）的附肢骨化石，特别是长骨骨干碎片风化状况及破碎状况等方面的信息。

遗址大量石质碎屑（本章第二节）的存在及相关的遗址过程分析（第七章）表明遗址内的遗存主要是人类活动的结果。动物化石初步分析表明遗址未发现食肉类化石、仅发现1件啮齿类化石、4B层超过四分之三的动物化石仅经受过短时间的暴露过程。结合这几个方面的证据，我们认为徐家城遗址4B层出土的动物化石应该主要是人类活动的结果。部分化石标本上保留了砍砸痕、多数长骨骨干在比较新鲜的状态下破碎，这些证据指示古人类可能对动物长骨进行了一定程度的利用。然而，由于缺乏其他更为系统的证据，徐家城遗址古人类的肉食资源获取和消费行为特点目前还不十分清楚，此方面的认识将寄希望于将来对遗址的进一步发掘和研究工作。

第四节　讨论与小结

　　考古材料的完整报道、信息发表的有效性是遗址发掘报告的主要目的。旧石器时代考古材料具有一定的特殊性，其大宗的考古遗物——石制品的形态变异较大，同一类型的石制品常常具有非常不同的形态特点。文字描述有时难以有效地表述不同石制品的差异；而限于篇幅，每件石制品都配备线图或照片又不现实。因此，旧石器时代遗址发掘报告中考古遗物描述时的取舍有时比较困难：仅描述少量标本不能全面反映石制品的面貌；大量描述单体标本则会占用过多的篇幅，且仅使用文字描述读者难以得到有效的信息。石制品研究的重点之一是古人类的技术行为，人类技术行为的表现常常体现在石制品生产中打制者的选择上（原料、毛坯、剥片方向、修理方式，等等）。以探究人类行为选择为目的形成的石制品各项特征观测表格可全面地表现一个石制品组合的特点，结合石制品线图和各种统计图的使用可以事半功倍。这种发掘报告的撰写策略在近年来发表的多部旧石器时代遗址报告中有所体现，如洛南龙牙洞遗址（陕西省考古研究院和洛南县博物馆，2008）、山西丁村遗址群（山西省考古研究所，2014）等。

　　本报告对单体标本的描述较少，石制品的特点使用文字、图、表相结合的方式加以表现。遗址出土的材料多为脉石英石制品，石制品线图在表现该类遗物时存在诸多困难，如片疤的界限不清等。故而，本文未绘制石制品的线图，而采用照片的形式展现遗物的面貌。

　　本章我们尽可能多地提供了遗址出土考古材料的原始信息，但毋庸讳言，这些原始数据的公布仍不够充分。近年来，有学者将石制品观测的原始数据作为附表公布（山西省考古研究所，2014；内蒙古博物院和中国科学院古脊椎动物与古人类研究所，2015），这是全面、有效地公布石制品组合原始信息的一种良好趋势。目前，电子化或部分电子化的出版物十分流行，尤其是在期刊论文的发表中表现充分。今后，旧石器时代考古发掘报告的编写中，将石制品观测数据、石制品的三维模型等原始材料作为电子附件的形式发布应是值得考虑和逐步实践的工作。本书中我们在此方面做了一定尝试，发布了两件标本的三维模型数据（见图6-7）。

　　徐家城旧石器遗址出土的遗物种类虽然只包含石制品、动物化石等，但遗物数量丰富；对遗址的埋藏学观察显示遗址主要文化层4C、4B层未受到强烈的自然营力改造，保留了古人类的生活面等完整的考古学信息，可支撑我们对诸如遗址形成过程、原料利用、石器技术分析、流动性等多个方面进行分析。本阶段性研究主要对遗址主要文化层的原料利用、石器技术等进行重点分析，同时结合最小原料单元分析和拼合研究的结果对遗址过程和技术组织等做简要分析。其他方面的分析有待进一步的研究。

第五章　石制品原料开发与利用方略

石器原料是史前人类制造工具和从事生产、生存活动的最重要的生产资料。其可用量与质量对人类工具制作技术的发挥、发展和石器文化特点的形成有着很大的影响。同时人类对特定的石料资源的利用程度与开发方略又可反过来揭示人类群体的石器制作水平和对所处生态环境的适应能力（高星，2001a）。

早在19世纪末20世纪初，学者便对原料开采遗址进行调查和研究（Church，1994）。早期学者注重原料对石器技术的影响，多关注使用了何种原料、其剥片效果如何等问题（陈淳，1996；王幼平，2006）。直到20世纪五六十年代，石制品原料的研究才逐渐流行起来，这主要取决于文化资源管理（Culture Resource Management）、新考古学（New Archaeology）的形成和发展以及地球化学方法在考古学中的应用等（Church，1994）。在宾福德（Lewis Binford）建立的理论框架下，学者们注重原料所表现的经济形态，更多的根据对原料的获取、搬入、利用等方式进行研究，了解古人类的流动性、土地利用、贸易和交换、占地方式、认知能力以及社会和再生产网络等方面（高星，2002；Kuhn，2004；王幼平，2006）。

在我国的旧石器考古学研究中，长期以来原料对石器工业的影响未受到足够的重视。大部分研究报告中，它们仅作为石器工业的附属特点来予以介绍（陈淳，1996）。20世纪80年代以来，随着国外考古学理论和方法的引入，原料的研究倍受重视，并涵盖了原料选择与岩性的关系（胡松梅，1992）、原料的分类与命名（裴树文，2001）、原料与石器工业面貌的关系（李炎贤，1999；陈淳等，1999；谢光茂，2001；黄慰文，1999）、原料对文化传统的影响（王幼平，1998）、原料利用方式（裴树文和侯亚梅，2001；杜水生，2003；王益人，2004）、原料经济形态（高星，2001a）等各方面的研究。

不少学者归纳总结了原料分析的一般流程（Odell，2004；Church，1994），彻奇（Tim Church）认为对石器原料的分析主要涉及两个层面的研究：其一为以单个遗址为中心的研究；其二为以区域为中心的研究。两者皆包括共时性和历时性的分析。以单个遗址为中心的研究为例，既包括同一文化层内古人类对原料的开发和利用；也包括不同文化层古人类对原料开发利用的历时性变化。

原料分析的两个层面又都可分为两个相互联系的过程：其一为原料的开发方略；其二为原料的利用方略。原料的开发方略主要是产地与开发方略分析，主要的研究手段有光学分析（手标本的鉴定、岩相学）和地球化学分析（X射线荧光分析、中子活化分析、X射线衍射分析、原子吸收光谱法等）。原料的利用方略主要体现在对毛坯选择性、倾向性以及原料的消耗程度上（石核消耗程度、石片加工成器的比率、加工长度和深度指数、单个标本刃口数量等）（高星，2001a）。考虑到遗址主要文化层4C、4B层保留最为完整的考古学信息，本章对上述两个层位的原料开发和利用方略进行分析。

第一节　原料开发方略分析

原料开发方略的研究主要是确定遗址石料的来源以及获取方式，它是研究古人类对资源的认知、人群组织、流动性等方面的重要基础。

一、产地及古人类活动范围

本书的分析主要采用岩石手标本鉴定的方法。在发掘过程中，我们对该区域的原料分布进行了取样调查和采集[①]。调查的结果显示本区域主要的石料来源有砾石层和基岩。河滩砾石包括脉石英、花岗岩、闪长岩、石英岩等，基岩主要为花岗岩。

徐家城遗址4C、4B层石制品原料以脉石英、花岗岩为主，此外石英岩、闪长岩、砾岩等也占有一定比例，砂岩、大理岩、硅质灰岩等较少。

砾石面的存在与否及统计是确定石制品原型的主要依据。据此我们以选自遗址附近河滩的脉石英砾石为素材进行剥片实验，以确定其剥片后产生的各种石制品中保留砾石面者的比例，并与遗址中石制品的砾石面保留状况进行对比，从而推断遗址石制品生产前的原型。5组实验剥片产品中，其中3组原型为砾石，1组为不含砾石面的断块，1组为含部分砾石面的断块。以全砾石面的砾石为原型进行剥片后，石制品保留砾石面者比例较大，多大于50%，平均值为61.7%。当加入部分为砾石面和无砾石面实验

---

① 原料调查由陈福友副研究员、刘德成博士、李锋、李罡等完成。

组后，石制品保留砾石面者比例明显下降，平均值为46.9%（表5-1）。石核原型不同比例的砾石面最终影响整个石制品组合中保留砾石面石制品的比例。然而，考虑到本书的目的是判断遗址石制品的主要原料来源，而非计算石核不同原型的比例，我们未对此进行细致的运算。

表5-1 锤击剥片实验产品砾石面分布（保存砾石面标本数量/全部）

类型编号	原型	石核 数量（件）	石核 百分比（%）	石片 数量（件）	石片 百分比（%）	断块 数量（件）	断块 百分比（%）	碎块/片 数量（件）	碎块/片 百分比（%）	总计 数量（件）	总计 百分比（%）
E1（脉）	砾石	0/0	0	7/9	77.7	1/2	50	7/10	70	15/21	71.4
E2（脉）	砾石	1/1	100	5/7	71.4	2/2	100	13/23	56.5	21/33	63.6
E3（脉）	砾石	1/2	50	2/5	40	9/11	81.8	14/34	41.2	26/52	50
E4（脉）	断块	0/1	0	0/7	0	0/0	0	0/7	0	0/15	0
E5（脉）	断块（含部分砾石面）	1/1	100	3/5	60	1/7	14.3	1/11	9.1	6/24	25
总计			50		49.8		49.2		35.4	68/145	46.9

从遗址4C、4B出土的标本状况来看，皆存在一定比例的自然砾石，剥片产品中保留砾石面者多在30%以上（表5-2）。结果显示，各个类型保留砾石面者与实验数据的平均值较为接近。据此，我们推测遗址内石制品的原型绝大部分应为砾石和对部分砾石断块的再利用，不排除存在极少量的岩块。

表5-2 第4C、4B层剥片产品砾石面统计

类型 层位	石核 数量（件）	石核 比例（%）	石片[①] 数量（件）	石片 比例（%）	断块 数量（件）	断块 比例（%）	碎块/片 数量（件）	碎块/片 比例（%）	总计 数量（件）	总计 比例（%）
4B	61/108	56.5	323/667	48.4	212/542	39.1	572/1850	30.9	1168/3167	36.9
4C	3/7	42.9	44/67	65.7	32/60	53.3	54/157	34.4	133/291	45.7
总计	64/115	55.7	367/734	50	244/602	40.5	626/2007	31.2	1301/3458	37.6

---

① 因观测过程中未统计裂片、断片的砾石面保存情况，此处仅包括对完整石片的统计。

我们对遗址周围区域进行调查后，在二级阶地底部发现砾石层，暂未发现更高阶地的砾石层出露。故而，我们选取与遗址同一地貌位置的二级阶地底砾层进行岩性组成统计，在1m×1m的范围内选取约500件砾石，对岩性、尺寸等进行了记录。为了扩大石料采集的覆盖范围，我们在遗址附近现代河滩进行踏查，采集各种岩性的砾石，包括花岗岩、脉石英、大理岩、砾岩、石英岩等，遗址中的硅质灰岩暂未见到。调查显示，除了遗址中仅有的一件硅质灰岩制品外，遗址所使用的原料在二级阶地砾石层中皆可见到。这表明古人类主要从二级阶地砾石层，也就是当时的河滩采取砾石作为生产石制品的原料。虽然遗址出现的硅质灰岩石制品未在本次调查中发现，但该件石制品保留了较大面积的砾石面，表明其来自河流砾石层。

以上分析显示，从古河滩上选取砾石是当时人们采集石料的主要策略，然而砾石层分布的均一性使得我们很难将遗址中的砾石来源确定到一个固定的地点上（Minichillo，2006）。也就是说一条覆盖流域相对较小的河流的砾石层不同河段在岩性组成上基本类似，从遗址附近的古河滩上选取砾石和从距遗址一定距离的古河滩上选取砾石，可获得的原料岩性组成基本是一致的。故而，根据石料的来源暂时无法准确估算徐家城遗址古人类的活动范围。但是，遗址内存在较多自然砾石（搬入石材），其中部分砾石的重量较大（>5kg），这暗示古人类应主要就近采集砾石生产石制品。

二、选择倾向性

对不同尺寸原料的选择和不同岩性原料的选择是古人类石料采集策略的重要内容。遗址中的剥片产品和石器因打制过程导致石料减缩，所以较难反映原型的尺寸。然而搬入石材和石锤/石砧多为自然砾石，保存了完整的砾石形态，对砾石层砾石尺寸的对比可反映古人类对原料尺寸的选择性。我们对4C和4B层完整的自然砾石的最大长与二级阶地砾石层的最大长进行了对比，发现4C层、4B层完整砾石最大长的均值与二级阶地砾石层中砾石（≥5cm）最大长的均值无明显差异（表5-3）。这表明古人类在采集原料时未对特定尺寸进行明确选择。

表5-3 第4C、4B层完整砾石与二级阶地砾石层最大长对比

层位	数量（件）	均值（mm）	方差	t值	P值
4B	293	77.5	23.4	−0.989	0.323
二级阶地	476	75.4	31.6		
4C	24	82.3	42	−1.018	0.309

图5-1显示，二级阶地砾石层以花岗岩（63%）和闪长岩（17%）为主，石英岩（9.4%）也占有一定比例，其他岩性者较少，脉石英比例最低，仅为2.8%。遗址4B、4C出土石制品的岩性统计显示，两层原料皆以脉石英为主，脉石英石制品比例分别为67.1%和72.7%，花岗岩比例也较高，其他岩性者较少。仅从脉石英和花岗岩两种主要的原料来看，无论是4C层还是4B层，古人类都表现出了对脉石英明显的选择倾向性。

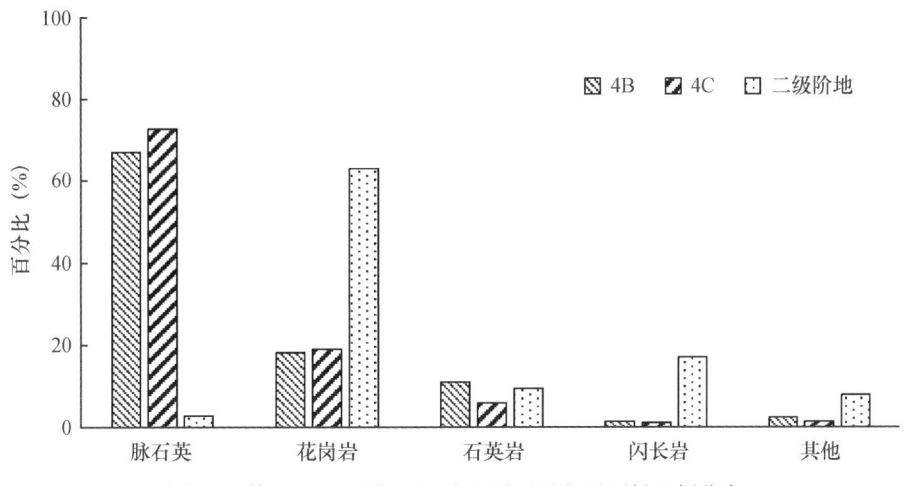

图5-1 第4C、4B层与二级阶地砾石层主要原料比例分布

以石制品数量计算的百分比是遗址出土石制品原料组成的直观反映，但不能全面反映古人类的原料采集策略。从遗址出土标本来看，脉石英制品尺寸一般较小，而花岗岩制品普遍较大，并存在较多的完整砾石（表5-4）。除搬入石材、石锤、石砧外，4C层每件花岗岩石制品平均重量为56.9g，而每件脉石英石制品平均重量仅为12.5g；4B层每件花岗岩石制品平均重量为24g，而每件脉石英石制品平均重量仅为9g。打制实验过程中我们也发现，由于脉石英多裂隙且易碎，同样重量的脉石英砾石产生的石制品数量远远大于花岗岩产生的石制品数量。换言之，选取同样重量的一件脉石英和花岗岩砾石，古人类剥片后产生的脉石英石制品的数量要远大于花岗岩石制品数量。以数量为基础统计遗址出土石制品的原料组成得出的比例会得出古人类在原料选择时以脉石英原料为主，但事实可能并非如此。

古人类搬入遗址的砾石、岩块、结核等的数量和重量是古人类原料采集时是否有意选择的最直观反映。所以我们在此通过进入遗址的砾石数量和重量的统计，来评估古人类对脉石英和花岗岩选择的倾向性（表5-4）。4C层出土花岗岩剥片制品和石器共计51件，总重量为3014.3g，以平均每件砾石295.1g（4B、4C层出土花岗岩砾石平均重量）计算，共有花岗岩砾石10件，该层出土花岗岩砾石（包括搬入石材和石锤/石砧）21件，总计31件。脉石英制品共计271件，总重3377g，以平均每件砾石171.2g（4B、

4C层出土脉石英砾石的平均重量）计算，共有脉石英砾石约20件，该层出土脉石英砾石1件，总计21件。从两种原料石制品的重量和砾石个数看，古人类带入遗址的花岗岩原料多于脉石英原料。

4B层花岗岩剥片制品和石器共计468件，总重量为11219.2g，以平均每件砾石295.1g（4B、4C层出土花岗岩砾石平均重量）计算，共有花岗岩砾石38件，该层出土花岗岩砾石263件，总计301件；脉石英制品共计2701件，总重24218.1g，以平均每件砾石171.2g计算，共有脉石英砾石141件，该层出土脉石英砾石5件，总计146件。4B层与4C层相似，古人类选择数量更多的花岗岩砾石并带入遗址，从两种原料石制品的重量看，古人类带入遗址的花岗岩原料也明显重于脉石英原料。仅从剥片产品看，脉石英的砾石个数和脉石英石制品的重量都大于花岗岩者，这与遗址出土大量的搬入石材、石锤、石砧等多为花岗岩原料者有关。

表5-4 徐家城遗址脉石英和花岗岩石制品数量、重量

层位	类型		石核	石片	断块	碎块/片	石器	石锤/石砧	搬入石材	总计
4B	脉石英	数量（件）	87	687	475	1362	90	0	5	2706
		重量（g）	3760.8	5583	6536.7	7027.7	1309.9	0	939	25157.1
	花岗岩	数量（件）	10	129	15	306	8	21	242	731
		重量（g）	2992.3	2186.7	334.7	4177.6	1527.9	10095.3	59588.6	80903.1
4C	脉石英	数量（件）	6	76	53	124	12	0	1	272
		重量（g）	621.3	613	1228	740.9	173.8	0	88.3	3465.3
	花岗岩	数量（件）	0	19	3	27	2	2	19	72
		重量（g）	0	672.5	121.1	265.6	1955.1	8675	5445.6	17134.9

遗址4C层花岗岩砾石数量是脉石英者的1.5倍，而4B层花岗岩砾石数量是脉石英者的2.1倍。二级阶地砾石层中花岗岩与脉石英砾石数量的比值为22.5：1，远大于遗址4C、4B层中两者的比例。这表明古人类在石料采集时，并非随机地选择河滩上可见的砾石，而是特意选择脉石英原料带入遗址。然而，4C和4B层花岗岩砾石的数量和重量

皆高于脉石英砾石，表明古人类带入遗址的花岗岩砾石多于脉石英砾石。这与仅仅通过石制品数量统计结果反映的脉石英产品占绝对优势的情况不同，表明石料采集阶段古人类对花岗岩砾石的采集也十分重视。这反映了徐家城遗址的古人类对该地区两种主要的原料有明确的认识，石料采集行为具有较强的目的性和选择性。

三、原料开发方略

石料资源条件不仅取决于其数量，也在于其质量。而质量的衡量标准既包括断口的规则程度，又包括原料的形态和大小（高星，2001a）。从岩性统计可知徐家城遗址附近的花岗岩砾石富集程度很高，占63%。虽然单位面积内脉石英含量较低，仅占2.8%，但我们踏查的结果显示，在河滩上长约500m的范围内1个小时可采集到可用的脉石英砾石（>5cm）约100件，显示区域内脉石英是相对丰富的。花岗岩较少被用作石器原料，因其颗粒较粗、块状断口、颗粒间胶结不紧密等特点决定其无法产生锋利的刃口，其并非优质原料。脉石英因多节理和裂隙也被认为是不易控制和不理想的材料（高星，2001a）。在遗址中我们发现少量的相对优质的原料类型，4C和4B层都出土有一定数量的石英岩石制品，该类原料虽含有裂隙，但质地较为细腻，是该区域内相对优质的原料。此外，一件硅质灰岩石片的存在也表明了遗址附近的砾石层中存在较为优质的原料。4C层石英岩石制品比例为5.9%，4B层为11%，二级阶地砾石层中石英岩的比例为9.4%。4B层、4C层石英岩比例与阶地砾石层石英岩比例皆无明显差异（4C层：$\chi^2=0.75937$, df=1, $P=0.3835$；4B层：$\chi^2=2.7163$, df=1, $P=0.09933$）。这显示了古人类并未特意选择优质原料。

古人类的流动性与组织方式等是原料研究者关注的重点。豪里（Cherle E. Haury）参照宾福德的聚落组织论，尤其是其对食物资源获取方式的分类，将原料的获取方略分为4类：①偶遇式（Encounter Strategy），采集者在原料区采集石料，因为石料的分布并不均一，所以遇到什么便采集什么。有时一些不必需的原料也被采集，并且不储存原料，随用随采。②嵌入式（Embedded Procurement），原料采集作为附属工作包含在另一主要工作之内，如在狩猎时顺便采集石料。为搬入方便，原料常被简单修整，并存在储存。③后勤式（Logistical Strategy），有一专门队伍到特定区域采集石料，并将其运回至中心营地。可能会在原料产地附近形成考古遗址。其最大特点便是计划性和储存，存在一定的劳动力专有化和群体组织性。④间接获取式（Indirect Procurement），通过交换或贸易获取原料（Haury，1994）。同时该作者又介绍了3种原料采集时的技术：①矿井开采（Quarrying）；②基岩露头处开采（Extraction），常与偶遇式和嵌入式原料获取方略相联系；③权宜性采集（Expedient Procurement），如从基岩风化、河滩砾石处采集等，主要与偶遇式原料获取方略相联系。

徐家城遗址原料主要采自河滩砾石，以花岗岩和脉石英为主，并未对区域内的优质原料给予特别关注，原料开发方略主要特征符合权宜性的采集模式。然而，遗址中脉石英与花岗岩的比例与自然界存在较大差异，显示了古人类在原料采集时对脉石英原料的选择具有目的性。

第二节　原料利用方略分析

原料利用方略的分析是原料开发方略分析的继续，主要以遗址内原料的利用方式和利用程度为研究重点，涵盖古人类对原料利用的选择性和原料消耗程度的探讨，可揭示古人类对石料资源的利用方式和能力。

一、选择倾向性

对不同原料的利用方式和利用程度可以揭示人类对不同原料的认知性、选择性和开发能力（高星，2001a）。在徐家城遗址，花岗岩和脉石英被大量选用，用来生产石片、制作石器；石英岩、闪长岩、砾岩等原料的使用相对较少。从图5-2、图5-3可以看出，古人类对不同原料有着不同的利用方式。石核、石片、断块、碎块/片、石器等代表了剥片和石器制作过程中的产品。从4C、4B层各类型石制品的岩性组成来看，脉石英是古人类剥片和制作石器的主要原料，花岗岩次之，其他原料较少。石锤、石砧原料的选择倾向于花岗岩、闪长岩等，基本不使用脉石英。从两种主要原料脉石英、花岗岩的利用方式上看，4B层与4C层无明显差异（脉石英：$\chi^2=0.79516$，df=1，$P=0.3725$；花岗岩：$\chi^2=0.58897$，df=1，$P=0.4428$）。

图5-4显示，徐家城古人类在制作石器时对不同原料有着不同的选择倾向性。4C层石器数量较少，不同类型的石器多仅有1件，统计意义较差，所以我们仅对4B层出土的石器进行分析。4B层出土石器116件，其中刮削器（包括边刮器、横刃刮削器、聚刃刮削器）、锯齿刃器、尖状器、石锥、凹缺器等小型石器以脉石英、石英岩为主，少见花岗岩等其他原料类型，而砍砸器、似薄刃斧等大型石器则以花岗岩、闪长岩为主，

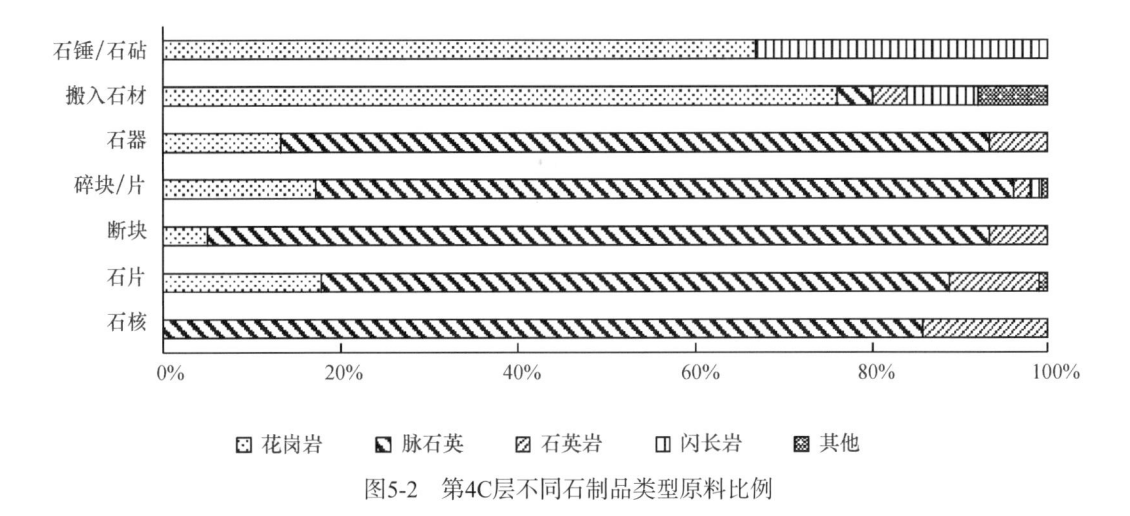

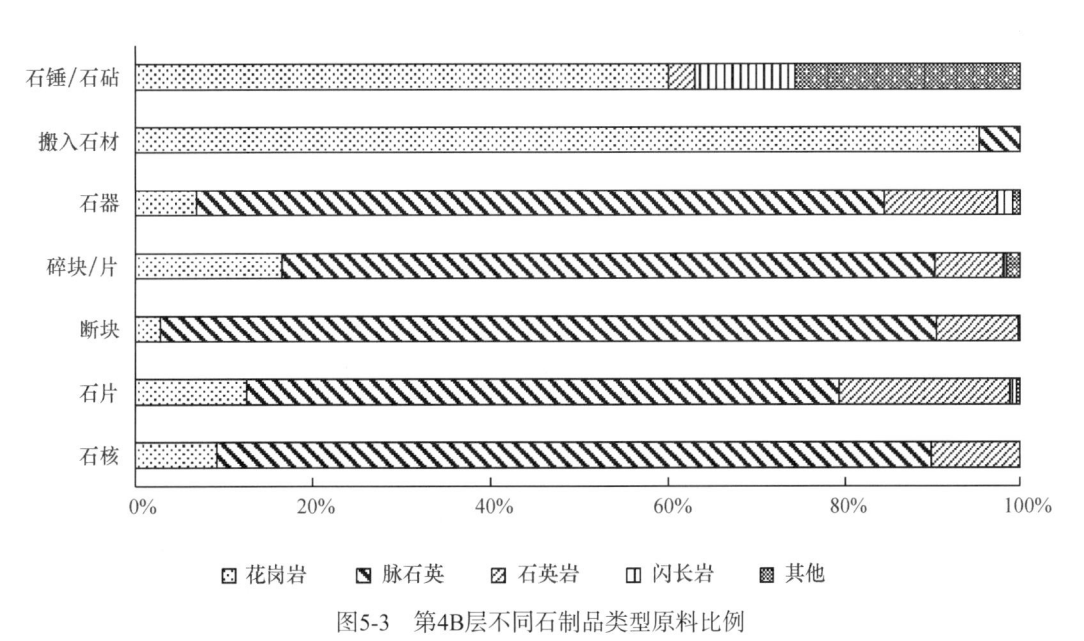

图5-2　第4C层不同石制品类型原料比例

图5-3　第4B层不同石制品类型原料比例

不见脉石英原料。

对不同原料利用的选择倾向反映了古人类对当地的原料性质有较好的认知，古人类选择最为合适的原料从事各类生产活动。花岗岩、闪长岩等因其颗粒较粗、质地不够细腻，剥离较小的石片时难以获得薄锐的刃缘，即使获得，对其加工和使用时也十分容易破损；但使用扁平砾石或剥离大且厚的石片并加工石器时，可利用其厚度增强刃缘的牢固性和耐久性，满足砍砸等活动的需要。另外，其用作石锤、石砧也能有效发挥其韧性较强、脆性较弱的特点。脉石英因多裂隙、易碎性等特点难以用作石锤和制作较大的石器，但用于剥离小型石片并加工石器可获得锋利的边缘，可满足切割、

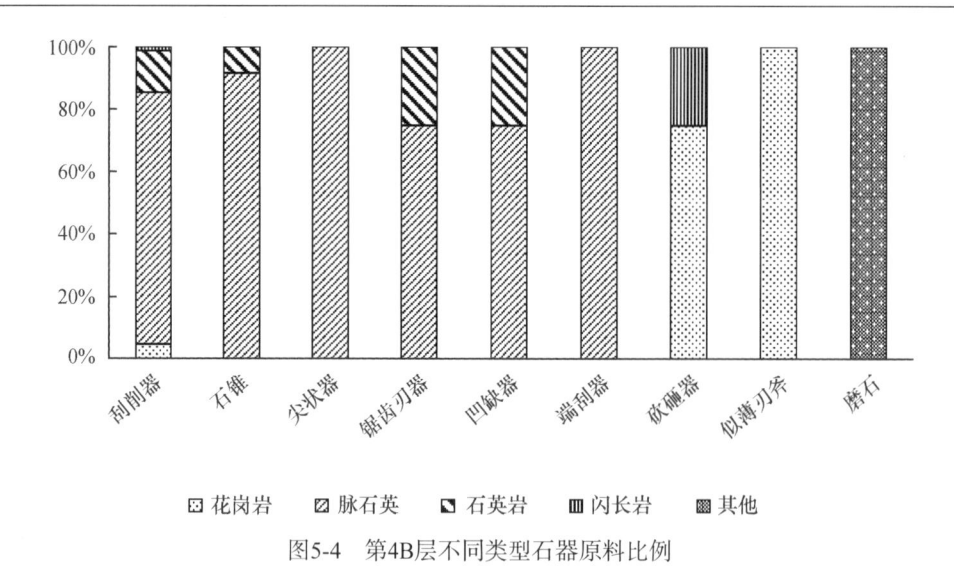

图5-4 第4B层不同类型石器原料比例

肢解等对锋利刃缘的需求。脉石英原料在很多旧石器时代遗址被使用，且多用于生产小型石制品，如北京周口店第1地点（裴文中和张森水，1985）、第15地点（高星，2001a、b），许家窑遗址（贾兰坡和卫奇，1976）等。这与脉石英原料易碎的物理特性是密切相关的。

二、原料消耗程度

石器的制作是一个减缩的过程，本书利用高星博士使用和说明的"消耗"一词来表示石器原料被利用的过程，从石核的消耗程度、石片加工成器的比例、单个标本刃口数量来探讨该遗址古人类对原料的消耗程度（高星，2001a）。加工深度指数也是常用的评估原料利用程度的指标，然而徐家城遗址多数石器原料为脉石英，修疤边界有时不甚明显，不便精确地统计加工深度。总体上看，遗址石器多数修疤不连续的分布于边缘，且多为单层修疤，显示加工程度较低。

1. 石核的消耗程度

反映石核消耗程度的手段之一是比较遗址石核组合中的不同利用率。一般认为简单剥片石核可分为单台面、双台面和多台面石核。其中单台面石核被认为是低效石核，双台面、多台面者被认为是高效石核（裴树文和侯亚梅，2001）。然而具体问题应具体分析，对不同的剥片模式而言，其利用效率需要分别评估，比如单台面石核如利用周边连续剥片则可认为是高效石核。石核的构成要素除台面外，还有另一个重要者便是剥片面。台面是剥片的基础，剥片面则是剥片的载体，其数量是衡量石核利用效率的重要指标。当然，每个剥片面上片疤的数量也是石核利用效率的重要指标。然而徐家城遗址多数石核单个剥片面保留的片疤数量较少，且因原料为脉石英的缘故，片疤界限往往不明显，数量较难准确统计。所以，本书主要利用石核尺寸和剥片面数量等评估遗址4C层和4B层石核的利用效率。

在原料来自相同原料产地时，石核的残存尺寸受原料原型的影响可以忽略，其残留的尺寸应主要受剥片程度的控制。此时，石核的最大长度可粗略评估不同层位石核的开发程度。徐家城遗址4C层石核的平均长度为50.5mm，略大于4B层石核的最大长度平均值（47.5mm）（图5-5），但t检验显示两层石核最大长的均值无明显差异（$t=-0.398$，$P=0.691$）。

遗址石核包括简单锤击石核和砸击石核，以简单锤击石核为主，砸击石核数量很少。我们将简单锤击石核分为6类，其中将≥3个剥片面的石核称为高效石核，2个者为中效石核，1个者为低效石核。4C与4B层皆以相对高效的石核占比最高，表明遗址石核的利用效率相对较高，暗示古人类尽可能地将搬入到遗址的石料进行剥片利用。这一行为特征也体现在古人类对脉石英的使用上，遗址内4C、4B层存在数量很少的脉石英砾石，大部分脉石英砾石被使用。从两个层位石核的利用效率看，4C层与4B层各类石核的比例相近，未观察到明显的差异（图5-6）。

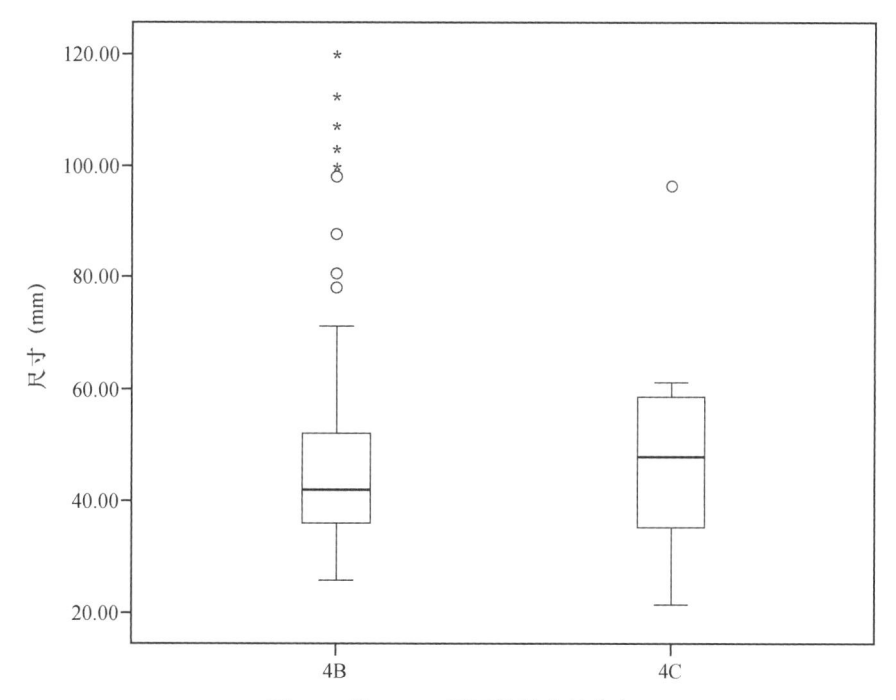

图5-5　第4B、4C层石核最大长分布

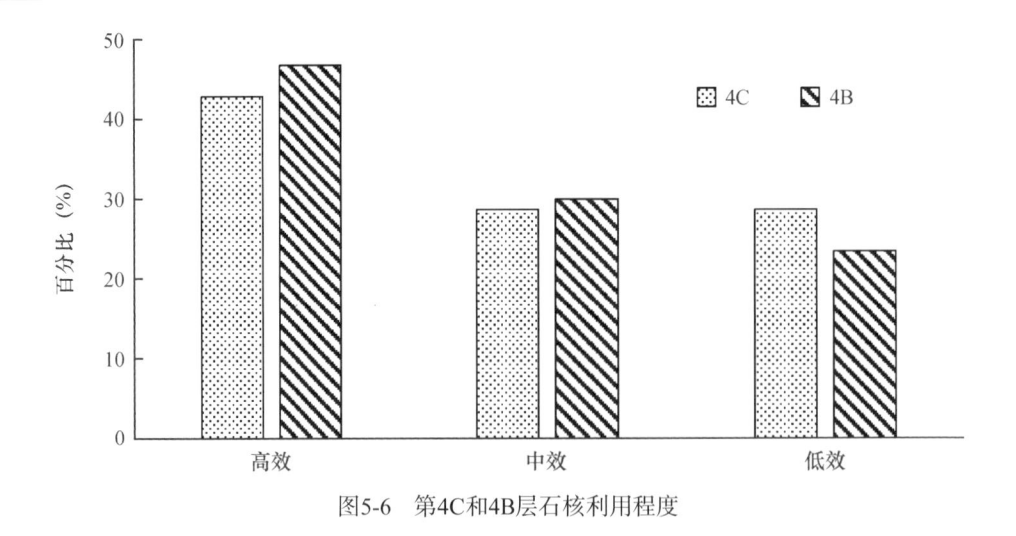

图5-6 第4C和4B层石核利用程度

简单石核剥片的主要目的在于剥离可用的石片，石核与石片的比例可反映石核生产石片的能力，是评估古人类对石料利用程度的重要指标。4C层出土锤击石核7件，完整石片67件，以石片为毛坯加工的石器9件，平均每件石核的石片生产数量为10.9件。4B层出土锤击石核107件，完整石片667件，以石片为毛坯加工的石器69件，平均每件石核的石片生产数量为6.8件。4C层石核的石片生产率显著高于4B层。

2. 石片被加工成器的比例

加工过的石片石器与未被加工的石片的比例是对比和衡量一个石器工业对原料利用程度的重要标志之一（高星，2001a）。完整石片、裂片、断片等皆可作为加工石器的毛坯，故而此处的统计包含所有的石片。徐家城遗址4C层未被加工的石片有107件，以石片为毛坯的石器共计9件，以石片为毛坯的石器与石片（石片+以石片为毛坯的石器）之比为7.76%；4B层石片被加工成器的比例为6.29%（69/69+1028）。4C层石片加工成器的比率略高于4B层，但两者无明显差异（$\chi^2=0.17162$，$df=1$，$P=0.6787$）。这意味着两个文化层都有大量的石片未被加工成器。遗址中的未加工石片部分可作为使用石片（高星，2001a；裴树文和侯亚梅，2001），徐家城遗址中的部分石片经初步观察显示出了直接使用的特征，但比例并不高。大量未加工石片的存在一方面反映每次石核剥片后，人们仅选用适用者，剩下的便当做废品；另一方面也反映了当地原料相对充足，人们倾向于开发新的原料来满足下一步的需求，而非利用以前剥片的产品。

3. 单个标本刃口的数量

单个标本被加工出的刃口数量是表明原料供给的条件和衡量原料是否被充分利用

的一个重要指标（高星，2001a）。4C层共有完整边刮器7件，全部为单个刃缘；4B层共有完整边刮器59件，其中单刃者51件（86.4%）、双刃者7件（13.6%）。遗址两个主要文化层高比例的单刃边刮器表明了古人类制作工具时并不倾向于开发多个刃口，反映石器原料相对充足，不需要高强度利用单个石器毛坯。

三、原料利用方略

徐家城遗址古人类对原料的利用有相对较强的选择倾向性，对不同的岩性也有着不同的认识和使用策略。古人类倾向于选择脉石英砾石进行剥片和石器加工。在剥片过程中，石核的利用率较高，反映古人类尽量利用搬运到遗址的石料。这一行为特征也反映在对脉石英的使用上，遗址内4C、4B层存在数量很少的脉石英砾石，大部分脉石英原料被剥片，暗示遗址内不存在存储原料（脉石英）的现象。石器加工的过程中，未发现较高石料利用率的现象，这反映当时不存在高强度利用单个石器毛坯的压力，表明石料相对充足。在石器加工过程中，古人类对不同的石料具有不同的使用策略。对于大型石器的制作，倾向于选择花岗岩、闪长岩等，利用刃缘厚度克服此类原料颗粒粗、难以形成锋利切割刃缘的缺点；而对于边刮器等小型石器类型，古人类主要选择脉石英等石料，发挥其锋利切割刃缘的优势。

整体而言，4C层与4B层原料的利用程度无明显差异，但4C相较于4B层而言，单个石核的产片率较高。这种现象可能与古人类在遗址停留时间有关，4C层石制品相对较少，表明古人类短期在此遗址停留，采集到合适石料后尽可能地进行剥片。但两个层位石片利用方面无明显差异，皆显示了相对较低的利用程度，反映古人类在不同层位所进行的活动可能多与遗址内或附近的活动相关，不存在原料短缺的压力。

第三节 小结与讨论

一、小　　结

上述分析表明，徐家城遗址4C、4B层的古人类对原料的开发和利用采取了相近的方略：

（1）从古河滩上选取砾石是当时人们采集石料的主要策略，原料采集时对脉石英有较强的选择性。

（2）区域内相对优质的原料，如石英岩、硅质灰岩等存在，但古人类未特意增加对优质原料的采集和利用。

（3）对遗址附近主要原料的特点有着明确的认识，并以此发展出了不同的使用方式，脉石英主要用于剥片和加工小型石器（如边刮器、石锥等），花岗岩、闪长岩等主要用作石锤、石砧和制作大型石器（如砍砸器等）。

（4）剥片过程中，对石核的利用程度相对较高，暗示古人类尽可能地将搬入到遗址的石料进行剥片利用，反映遗址内不存在石料存储现象，属于随用随采型的原料采集策略。石器加工所反映的原料利用率不高，表明古人类不存在原料短缺的压力，其所从事的活动可能多为遗址内或遗址附近的活动。

二、讨　论

原料与石器工业面貌间的关系是研究者关注的重要方面。安德烈夫斯基（Andrefsky，1994）提出了原料决定论，认为石料的质量和数量决定了石器工业的特点（图5-7）。优质原料的缺乏也常成为解释中国旧石器遗存独特性的一剂良方（王幼平，1998）。对于早期文化的异常现象，原料的特殊性也是研究者常常选择的解释，如小长梁遗址石制品形态较小显示的进步性便被认为是原料多节理的原因（陈淳等，1999；王幼平，2006）。诚然，不同原料对于打制技术的发挥以及石器的特征都有着重要的影

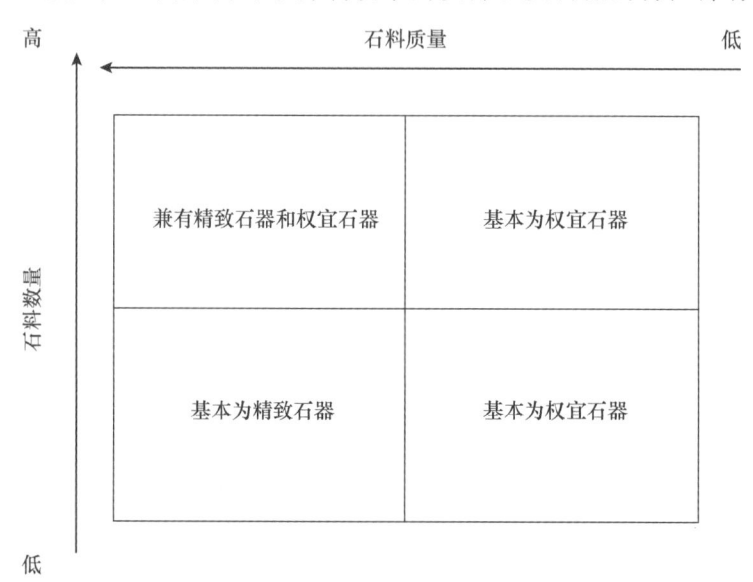

图5-7　石料供给量、质量与石器特点关系

响,这已被中外学者的打制实验所证明(陈淳,1996;Inizan等,1992)。但需要进一步讨论的是,原料是否决定石器工业特点,换言之,原料是否决定古人类采取何种石器技术。

我们认为,对于区域石器工业总体特点而言,石料的影响可能不是决定性的。古人类对石料的开发是在使用功能的需求和文化习惯的双重作用下进行的。石料本身没有任何文化特征,其发挥的作用是对古人类施加的外在作用力进行反映。不同的原料有着不同的反映方式,然而古人类施加的人为作用应是一致的。换言之,有着同一文化习惯和功能需求的古人类面对不同质量的原料时采取的策略可能没有明显的差别,但石制品的面貌却可以因原料的差异而差别很大。从徐家城遗址石制品的特点来看,不同质量的原料(如脉石英和石英岩)有着相同的利用策略。宁夏水洞沟遗址第1、2地点相距不到100米,时代接近,存在相同的石料资源背景,然而其石器技术有着天壤之别。水洞沟第1地点旧石器时代文化层的石制品以生产石叶的勒瓦娄哇技术为主,而第2地点主要文化层位则以简单石核石片技术为主(Li等,2016)。这说明是否存在优质石料并非某区域复杂技术存在的直接原因。这也从侧面表明石料因素并非中国多数旧石器遗址流行简单石核石片技术的决定性因素,当然此问题仍需要进一步探讨。

第六章 石器技术分析

第一节 术语说明与研究方法

《辞海》中将"技术"解释为人类在利用自然和改造自然的过程中积累起来并在生产劳动中体现出来的经验和知识，也泛指其他操作方面的技巧（夏征农和陈至立，2010）。从这个解释看，技术涵盖的内容十分广泛。在旧石器考古学研究中，石器技术的研究从学科发展之初就一直存在，然而中国学者很少去探讨技术所代表的深层意义，多采用其狭义的含义——"泛指其他操作方面的技巧"，将剥片技术总结为锤击技术、砸击技术、碰砧技术等。学者常将其作为文化特征的重要条目罗列，并且以此为参数对比不同的石器工业，探讨中国旧石器文化传统（李炎贤，1993）。这种简单的取意使得其效力大大减弱，就中国发现的千余处旧石器遗址和地点而言，硬锤锤击技术是主要的剥片和修理技术，然而其文化关系和适应生存表现可能十分复杂。石器制作技术是一个复杂的概念，不仅涉及古人类剥片、修理时所采用的工具类型（软锤或硬锤），同时还包含剥片和修理时的设计、程序以及技艺的发挥等。以此为基础的技术研究，才能最大限度地反映古人类的行为特征、认知能力等多方面的信息，所以我们在此采用广义的"技术"内涵，将其看作是古人类在适应和改造自然的过程中积累的经验、知识和操作技巧。

石器技术研究作为一种较新的研究手段，在法国有着完善的理论体系和操作程式。在60多年的历史中，经历了从初创、发展到深入三个阶段（李英华等，2008）。法国学者将技术体系定义为理念（concept）、方法（method）、技艺（technique）、程序（technical procedure）四个层次（李英华等，2009a；Inizan等，1992）。其中"理念"指人脑中对某种物体的意向，是对实现特定目标的抽象、宏观的构思，如勒瓦娄哇理念等；"方法"指为实现特定目的而运用的技术知识的总称，如勒瓦娄哇循环剥片方法；"工艺"指特定工具的使用和技巧的发挥等，诸如软硬锤的使用、间接或直接打击、对剥片原理的认识等；"程序"指动作程序，如剥片面的组合方式、剥片的顺序等。

技术研究较为流行和有效的方法之一是"技术分析图",其并非石制品的直观展示,而是技术阅读的结果(李英华等,2009a;李英华,2017)。该分析图不反映石制品阴影和透视效果,仅对表面打击片疤的方向、顺序和数量进行展示。该方法应用的前提是可以准确识别石核上打击片疤及其方向、数量和顺序。如何更有效、准确地辨认这些内容,是技术分析可信与否的关键。本书研究石制品的原料多是脉石英制品,破裂特征难以准确辨识,所以我们结合打制实验分析,增强辨别能力。

技术分析图更多地关注石核的剥片技术,同时也涉及对石片和石器的技术分析。理论上,每一个成功剥片所需的技术特征主要包括台面和剥片面(李英华等,2009b)。石核剥片面上的特征,如疤痕方向、顺序等,反映了古人类在石核生产过程中的组织和管理。然而剥片是一个动态变化的过程,每件石核剥片面的特征都是该石核"生命史"最后阶段的体现,往往不能反映剥片的全过程,一些剥片特征也会随着石片的剥离而在石核上消失。就石片而言,在其被剥离石核之前,是狭义石核[①]的重要组成部分,背面特征反映了剥离前石核的剥片面特征,其疤痕的方向、关系反映了剥片前古人类对剥片面的利用方式。

徐家城遗址4B层出土的石制品丰富,本章主要针对此层石制品进行分析,选用疤痕特征清晰[②]的石核、石片和石器,讨论该层古人类的剥片和修理技术。

第二节　脉石英原料模拟打制实验

模拟实验作为考古学的重要研究手段,常被用来解释考古遗址中难以理解的问题。考古学研究的是过去,而考古学家却生活在现在,现在和过去之间的鸿沟一直是困扰考古学的重大难题(马修·约翰逊,2005)。宾福德提出中程理论以期搭建过去与现在的桥梁,其中最重要的方法之一便是实验考古学(路易斯·宾福德,2009)。通过模拟实验能够给考古学提供了解过去的启示,然而我们也应该知道,启示不是结论,任何实验都是在现代条件下进行的,不可能完全复制原始的环境和条件,因而其结果对考古研究只能提供启发与参照,而非简单的类比和对应(高星,2002)。

---

① 石核上被开发的有用的部分(李英华等,2009b)。
② 由于脉石英破裂特征复杂,故仅选用特征清楚者。

一、实验原则与目的

模拟实验都有一些共同点,一般采用以下步骤:提出问题—设计实验—进行实验—分析结果—评估实验(王春雪,2010),可重复性是实验的基本原则。有些学者在使用机械装置探讨石片大小与台面厚度、台面外角的关系时(如Dibble和Whittaker,1981),可重复性较强。然而就多数实验而言,可重复性是困难的。以脉石英的剥片实验为例,由于其裂隙发育且每块砾石情况不同,很难在两次独立的实验中使用相同状态的原料;同时每位实验者的技术水平是不同的,甚至同一位实验者在不同时间、不同状态下表现的技术也是不同的。因此重复的实验不一定产生重复的结果。不少学者采用可掌控性实验来弥补可重复性差的缺陷,强调对模拟实验中各个变量的控制性和详细的记录(沈辰,2008)。本书采用可掌控实验原则设计实验。

本实验的主要目的首先是通过对脉石英的剥片实验,了解其破裂过程,掌握其破裂特征,以便准确辨别考古标本中石核片疤的界限、方向和顺序等。其次,观察剥片产品的特征,进而与考古标本对比,讨论石制品组合的特点和原因。最后,探讨实验者的设计理念、工艺水平等与终极产品的联系,从而评估古人类的行为特点。

二、实验材料与设计

模拟实验的重要条件便是尽量模拟古人类的生活场景,通过使用相似的原料和设备,来评估古人类的生存行为。本书实验所采用的原料皆为徐家城遗址附近现代河滩砾石,包括脉石英、花岗岩砾石。实验场地在中国科学院脊椎动物演化与人类起源重点实验室——石器打制实验室(205室)。

以剥片实验为例,设计如下:

(1)分别选取脉石英砾石进行剥片和修理,以花岗岩为石锤。

(2)剥片过程中标注每次打击产生的石制品数量和每件石制品的顺序号,并将其保留在原地;同时记录打击前的决策过程。

(3)测量最大长≥1cm石制品的分布,按每20cm×20cm为一方格收取<1cm的石制品。照相记录其分布范围。

(4)盲测。在不查阅实验记录的前提下,由本书作者之一李锋对实验石制品进行分析,尤其是对石核、石片进行技术分析,然后将每件砾石产生的石制品进行拼合,同时查阅实验记录，以评估分析结果。

（5）将实验数据与考古标本进行对比。

三、实验过程与结果

（一）实验过程

实验的有效性往往与数据量的大小相关。鉴于时间所限，本研究仅进行13个序列的锤击剥片实验（每件砾石为一个序列）。参加实验人员皆来自中国科学院古脊椎动物与古人类研究所，多数具有一定的打制实验理论和实践基础（本次打制实验的时间为2009年）。有学者提出不同技术水平的实验者进行同一实验时，结果不尽统一（Andrefsky，2007），甚至有学者通过实验手段发现不同性别、不同审美能力的实验者所制作的产品也明显不同（Stahl，2008）。但本研究并不在此着力，故未对实验者的技术水平等级进行评估。

实验前记录被选砾石（石核和石锤）的形态、尺寸、重量（表6-1）。每个序列实验由两人一组进行，其中一人进行锤击剥片，另一人记录。记录内容包括打制者剥片前的思考和设计、每次剥片产生的最大长≥1cm石制品的数量、每次剥片后石核等的照相记录等。剥片结束后测量最大长≥1cm石制品的坐标，并按每20cm×20cm为一方格收取最大长<1cm的石制品。本书主要分析者（李锋）回避非亲自操作的所有剥片实验过程。

表6-1　锤击剥片实验石核选材基本属性统计[①]

项目 编号	岩性	原型	形态	尺寸 （mm）	重量 （g）	打制者
E6	脉石英	砾石	次棱角	96.2×69.1×37.9	314.2	王春雪
E7	脉石英	砾石	次棱角	79.8×57.7×55.6	366.5	王春雪
E8	脉石英	砾石	次圆	83.8×78.7×71.3	633.6	周振宇
E9	脉石英	砾石	次圆	90.2×79.6×61.8	720.3	周振宇
E10	脉石英	砾石	棱角	112.1×67.1×38.8	374.5	马宁
E11	脉石英	砾石	次棱角	126.5×103×68.3	977.8	马宁
E12	脉石英	砾石	棱角	105×76.4×73.4	693.5	李锋
E13	脉石英	砾石	棱角	100.5×79.2×72.6	854.1	蒋顺兴

① 1~5号未测量分布状态，暂未在此表列出。

(二) 实验结果

本次实验共对13件砾石或断块进行硬锤锤击剥片，编号为E1～E13。E1～E3、E6～E13的原型皆为砾石，E4、E5皆为E3剥片过程中产生的断块。

实验共产生编号石制品334件，其中石核19件、完整石片83件、裂片28件、断块67件、碎块/片137件以及尺寸十分小的石屑。多数石制品分布在离打制中心（打制者双脚站立处）1.5米的范围内，仅有约24%的石制品超出此分布范围。

石核　19件。其中单台面者11件、双台面者6件、多台面者2件。石核大小以中型（≥50mm，<100mm）为主，占78.9%；重量以轻型（≥25g，<100g）和重型（≥100g，<500g）为主，各占47.3%、52.6%。台面为砾石面者15个，节理面者5个，打制台面者6个，砾石面和节理面结合者2件，不确定者1件。台面角集中在70°～100°之间。

石片　111件，其中完整石片83件，裂片28件。完整石片可分为6型，以I2型和II3型居多；裂片的比例较大，占25.2%（图6-1）。完整石片长度范围10.5～85.1mm，平均值为30.9mm；宽度范围9.2～90mm，平均值27.2mm；厚度范围1.9～31.5mm，平均值9.3mm；重量范围0.2～286.6g，平均值14.1g（图6-2）。

台面为砾石面者40件，节理面者8件，打制者16件，砾石面和打制结合者3件，台面碎裂者16件。碎裂者中有背面刃状者9件、两面刃状者2件、破碎者2件。石片角范围67°～120°，台面外角范围59°～110°。腹面有打击点者72件，有打击泡者16件，有锥疤者8件。远端为羽翼状者44件、阶梯状者37件、内卷状者2件。

断块、碎块/片　断块67件，形状为片状者9件、块状者16件、三棱状者38件、不规则者4件。表面未保留砾石面者7件、保留节理面者11件、仅砾石面者16件、保留砾石面和节理面者33件。长度范围8.4～75mm，平均值为36mm；重量范围0.4～150.6g，平均值20.1g（图6-3）。碎块/片137件，形状为片状者61件、块状者14件、三棱状者55

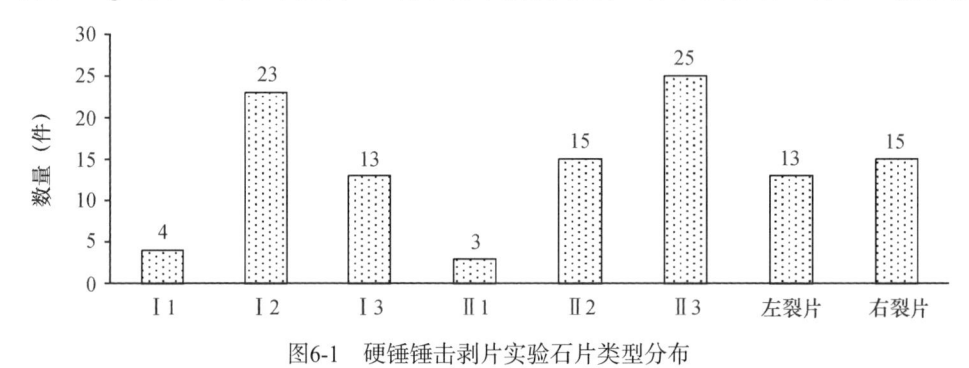

图6-1　硬锤锤击剥片实验石片类型分布

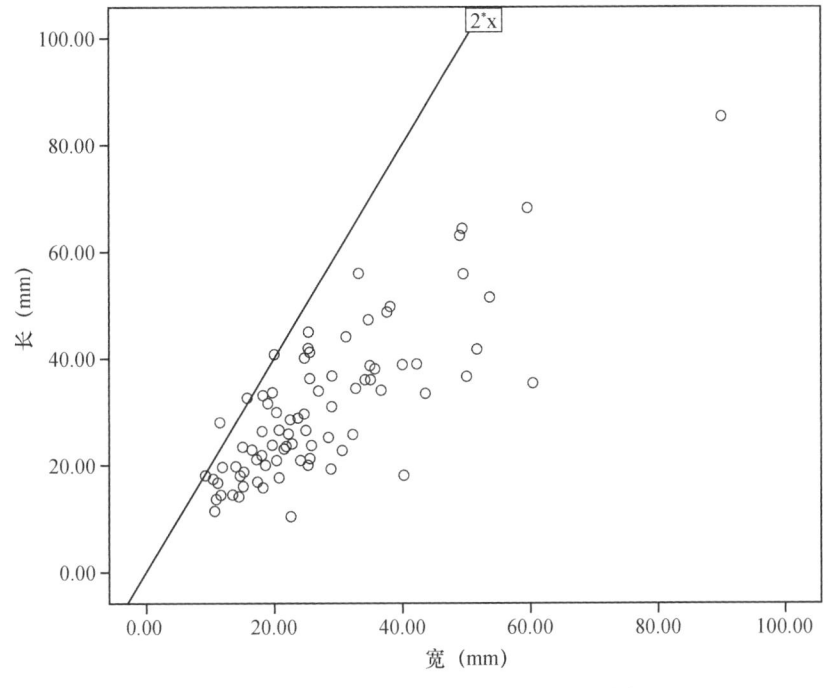

图6-2 硬锤锤击剥片实验完整石片长宽分布

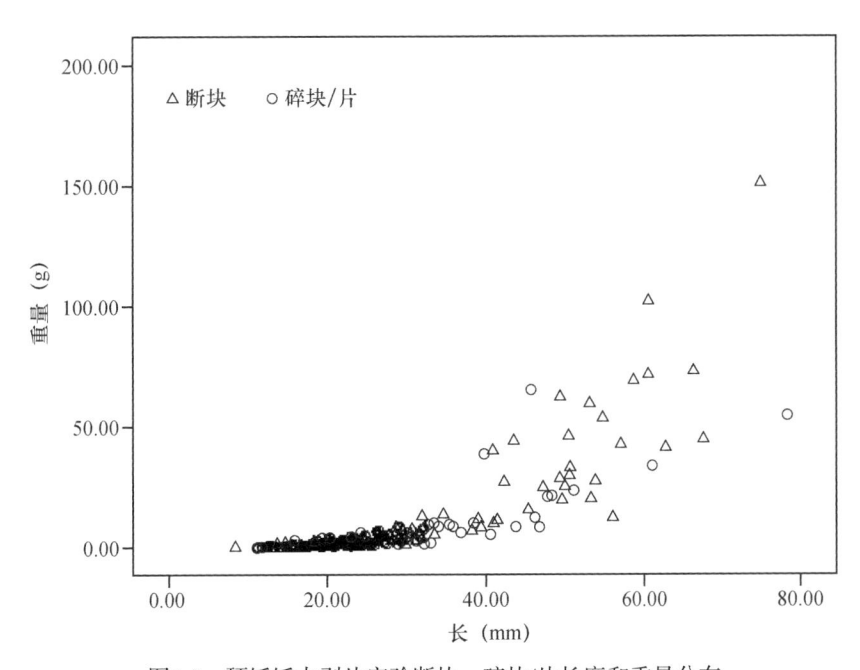

图6-3 硬锤锤击剥片实验断块、碎块/片长度和重量分布

件、不规则者7件。表面保留全为破裂面者37件、保留节理面者33件、仅砾石面者28件、保留砾石面和节理面者39件。长度范围11.1～78.4mm，平均值为24.8mm；重量范围0.1～65.1g，平均值4.5g（图6-3）。

石锤　4件，均为花岗岩砾石（表6-2）。其中H3、H4为遗址中出土的搬入石材。实验所用石锤重量在250～650g，磨圆度以次棱角为主。破碎痕迹多集中在端部，部分延伸至棱部。破碎部位分布多比较集中，少数散漫。

表6-2　实验石锤属性表

观测项目 编号	岩性	原型	尺寸 （mm）	重量 （g）	磨圆度	破碎位置	破碎状态
H1	花岗岩	砾石	69.2×65.8×60.1	416.3	次圆	端部、棱部	集中
H2	花岗岩	砾石	78.5×59.9×51.8	268.1	次棱角	端部	集中
H3	花岗岩	砾石	82×67.6×46.9	311.6	次棱角	端部、棱部	散漫
H4	花岗岩	砾石	99.1×94.9×49.9	604.8	次棱角	端部、棱部	集中

硬锤锤击剥片石制品特征

石制品类型包括石锤、石核、石片、断块、碎块/片和石屑。其中碎块/片、石片的数量最多，各占41%、25%。

石锤破碎多集中在端部，部分延伸至棱部。破碎部位分布多比较集中，少数散漫。

石核中以单台面者为主，双台面和多台面者皆占一定比例。石核数量大于参与剥片的砾石的数量。一方面，剥片过程中产生的断块或碎块等作为石核进行剥片，形成新的剥片序列；另一方面，石核在剥片过程中碎裂，形成石核断块，然而在石制品独立分类时无法分辨其断裂是剥片前行为还是剥片中行为，这些石核断块在具体操作时会被认为是以断块为原型的石核。

石片以完整石片为主，约占74.8%；裂片比例较大，约占25%；断片难以辨认。完整石片类型中Ⅰ1（4%）、Ⅱ1（3%）型较少，Ⅰ2（21%）、Ⅱ3（23%）型比例较高。大小以小型为主，重量以较轻型为主。腹面以保留明显、集中的打击点为特征，而打击泡、半锥体、锥疤、放射线、同心波较少见到。石片远端以羽翼状和阶梯状为主，分别占53%、44.6%。

断块以三棱状者居多，保留有节理面者占63.8%；碎块/片以片状、三棱状者为主，分别占44.6%、40.1%，保留节理面者占52.6%。断块的确定因存在可辨识的打击点或者片疤一般尺寸和重量大于碎块/片。较高比例节理面的保留体现了断块、碎块/片的形成与脉石英多裂隙有关。

四、盲　　测

"盲测"是微痕分析中常用的手段，用于验证微痕分析者所观察微痕结果的准确率（侯亚梅，1992；张晓凌，2009）。废片分析中也采用"盲测"手段，用以评估废片研究者的观察和分析能力（王春雪，2010）。

本书使用"盲测"方法，目的在于训练研究者识别石制品片疤边界、方向、顺序等的能力，增强石器技术分析的准确性，进而评估古人类的剥片技术和认知能力。具体操作步骤如下：①实验者进行锤击剥片实验，收集所产生的石制品，石制品打制过程中分析者回避；②分析者在不查看实验记录的前提下，从台面、剥片面等角度分析石核、石片，以评估实验者的剥片技术；③分析者查看打制者的实验记录并对比分析结果；④分析者对石制品进行拼合，评估实验者的剥片技术和剥片过程中的失误等。参加盲测的标本共有6件，编号为E6～E11（表6-3）。

表6-3　脉石英锤击剥片策略分析结果

项目编号	石核反映的剥片策略	石片反映的剥片策略	实验记录
E6	对台面、剥片面皆没有特殊要求，选择合适角度进行剥片，剥片较少，相互独立	台面选择无特殊要求，剥片面选择要求有引导力传播的棱脊，其可以是自然的、人工的；存在同一位置多次打击剥片	起初选择角度较小的边缘剥片，未考虑剥片面脊的存在与否；之后一直选择有引导力传播的棱脊的剥片面剥片；剥片中存在更新台面、转换台面、修理脊的动作，存在多次重复打击剥片的行为
E7	砾石面为台面，片疤形成的面为剥片面	节理面为台面，砾石面为剥片面，但无引导力传播的脊；同一位置多次打击剥片	未关注台面性质，选择有引导力传播的棱脊的剥片面剥片；存在多次重复打击剥片的行为
E8	台面无特殊要求，主要以自然砾石面为剥片面，同时有自然面和片疤形成脊进行剥片的情况，并且对向剥片	台面无特殊要求，初始剥片以砾石面为剥片面，同一位置多次打击剥片；其后以砾石面和片疤形成者为剥片面，考虑引导力传播的脊	存在台面预制，选择角度较小的部位和有引导力传播的棱脊的剥片面剥片；存在多次重复打击剥片的行为
E9	台面无特殊要求，序列1剥片面不明；序列2以自然面为剥片面，远端折断后放弃剥片	台面、剥片面皆无特殊要求；存在以砾石面和片疤形成的脊引导力传播进行剥片的情况	存在台面预制，选择有引导力传播的棱脊的剥片面剥片；存在多次重复打击剥片的行为

续表

项目编号	石核反映的剥片策略	石片反映的剥片策略	实验记录
E10	台面无特殊要求，主要以砾石面为剥片面，较少使用棱脊引导力的传播剥片；沿石核周边剥片，各个剥片基本独立；存在多次重复打击剥片的行为	台面无特殊要求，剥片面较多选择有引导力传播的棱脊，其可以是砾石面和片疤、两片疤形成的	起初选择角度较小的部位打击，后一直选择有引导力传播的棱脊的剥片面剥片；存在多次重复打击剥片的行为
E11	台面无特殊要求，剥片面较多选择有引导力传播的棱脊者，沿石核周边剥片；存在多次重复打击剥片的行为	台面无特殊要求，剥片面多以无棱脊存在者为主，少量选择有棱脊者；存在多次重复打击剥片的行为	起初选择角度较小的部位打击，后一直选择有引导力传播的棱脊的剥片面剥片；存在多次重复打击剥片的行为

E6

石核[①]，2件。

E6-16

序列1：节理面为台面，阴疤为剥片面，可见2个片疤，剥片独立。
序列2：打击面为台面，节理面为剥片面，可见2个片疤，剥片独立。

E6-25

序列1：砾石面为台面，片疤为剥片面，单个片疤。
石片5件。
1件为砾石台面，自然砾石面形成的棱脊为引导力的传播，同一位置多次打击剥片；
2件为砾石台面，片疤和砾石面形成的脊引导力的传播；
2件为节理面台面，两石片片疤形成的脊引导力的传播。

E7

石核，1件。

---

① 仅选用片疤特征清晰者进行分析，下同。

E7-12

序列1、2、3：砾石面为台面，片疤为剥片面，剥片数量不明。

石片，1件。

1件利用节理面为台面，自然砾石面为剥片面，同一位置多次打击剥片。

E8

石核，2件。

E8-12

序列1：节理面为台面，2个片疤。剥片1以砾石面为剥片面，远端折断；剥片2以石片片疤为剥片面，未剥离有效石片。顺序从右往左。

E8-13

序列1：节理面为台面，砾石面为剥片面，单个剥片。

序列2：打击台面，砾石面和片疤形成脊引导力的传播。

序列1与序列2台面相对。

石片，3件。

1件为砾石台面，自然砾石面为剥片面，同一位置多次打击剥片；

1件为砾石台面，砾石面和片疤形成的脊引导力的传播剥片。

1件为节理面台面，砾石面和片疤形成的面为剥片面，剥片面上无明显的脊。

E9

石核，1件。

E9-31

序列1：砾石面为台面，剥片面不明，片疤数量不明。

序列2：打击台面，砾石面为剥片面，单个剥片，远端折断。

序列1和序列2台面相交。

石片，6件。

1件为砾石面台面，砾石面剥片面，其上无脊。

2件为砾石面台面，砾石面和片疤形成的脊引导剥片。

1件为节理面台面，以片疤为剥片面，背面无脊。

1件为砾石面台面，以节理面为剥片面，其上无脊。

1件为打击台面，以片疤为剥片面，其上无脊。

E10

石核，2件。

E10-10

石核断块。

序列1：砾石面为台面，剥片面起初为砾石面，后为阴疤。

E10-26

序列1：砾石面为台面，砾石面为剥片面。沿石核周边进行剥片，每个片疤基本独立，前一个片疤和砾石面未形成可引导力传播的棱脊。同一部位多次打击剥片。

序列2：砾石面为台面，节理面和自然面形成的脊引导剥片。后一个剥片未成功使用前一个片疤和砾石面形成的棱脊。

石片，9件。

4件为砾石面台面，砾石面和片疤形成的脊引导剥片。

2件为以砾石面为台面，以两片疤形成的脊引导剥片。

1件为以砾石面为台面，以砾石面为剥片面，其上无棱脊。

1件为以节理面台面，以片疤剥片面，其上无棱脊。

1件为以打击面为台面，以砾石面和片疤形成的脊引导剥片。

E11

石核，4件。

E11-15

序列1：砾石面为台面，砾石面为剥片面。同一部位多次打击，但因台面角度过大未剥离有效石片。

序列2：台面不明，砾石面为剥片面。

E11-27

序列1：砾石面为台面，砾石面为剥片面，其上有砾石面形成的棱脊。同一部位多次打击剥片。

E11-29

序列1：砾石面为台面，节理面为剥片面，其上有与片疤形成的棱脊。

序列2：节理面为台面，剥片面不明。

序列1在序列2之前。

E11-30

序列1：砾石面为台面，砾石面为剥片面，存在以自然面与片疤形成的棱脊引导力的传播进行剥片的行为。沿台面周边进行剥片，但顺序不明。

石片，9件。

5件为以砾石面为台面，以片疤为剥片面石片。剥片面上无明显的引导力传播的棱脊。存在多次重复打击剥片的行为。

1件为以砾石面为台面，以砾石面为剥片面石片。剥片面上无明显的引导力传播的棱脊。

1件为以节理面为台面，以片疤为剥片面石片。剥片面上无明显的引导力传播的棱脊。

1件为以砾石面为台面，以片疤和砾石面形成的棱脊引导力的传播剥片。

1件为以节理面为台面，以片疤和砾石面形成的棱脊引导力的传播剥片。

从表6-4可以看出，通过石核观察和分析，分析者对实验者在台面性质、台面的变换等方面的选择策略的判断准确率较高，而在剥片顺序、剥片数量、棱脊等方面准确率较低；通过石片的观察和分析，分析者对实验者在台面性质、棱脊选择、重复性打击行为等方面的判断较为准确，但在台面变换、剥片顺序、剥片数量等方面准确率较低。实验中技术分析在剥片顺序和数量方面的局限与脉石英多裂隙、片疤界限不明显有关。实验过程中及其后的拼合分析，作者发现石核上片疤打破关系的存在并不一定反映剥片者对前一个剥片边缘和剥片面形成背脊的特意选择和利用。

表6-4 脉石英锤击实验剥片策略盲测结果

盲测 选择策略	石核 数量（件）	石核 百分比（%）	石片 数量（件）	石片 百分比（%）
台面性质	4/6	66.7	4/6	66.7
台面变换	5/6	83.3	0/6	0
剥片顺序	0/6	0	0/6	0
剥片数量	0/6	0	—①	—
棱脊	1/6	16.7	5/6	83.3
重复打击行为	2/6	33.3	4/6	66.7

第三节 石制品技术分析

本节主要借用李英华等学者（李英华，2017；李英华等，2009b，2011）所介绍的法国石制品技术分析的方法尝试对遗址的石制品进行分析。

一、剥片技术分析

（一）理念和方法

石器技术研究有着众多的术语，诸如理念、结构、方法等。"理念"和"方法"是技术分析中两个难懂且容易混淆的词汇。勒瓦娄哇技术的研究者认为，勒瓦娄哇是一种理念，其下存在着"线性"和"循环"两组方法。就这种例证而言，"理念"是一种剥片之前的总体设计、对整个剥片行为的规划以及对最终产品的预设；"方法"则是为实现特定的剥片目的而进行的一系列设计和动作。可以说"方法"是理念到剥片产品之间的桥梁。举例而言，楔形石核的剥片设计可以看作是一种理念，而学者们所确定的包括阳原技法、涌别技法、河套技法等应属于方法的范畴。

"理念"是人脑中对某种物体的意向，是对实现特定目标的抽象、宏观的构思。其确定一般从台面准备、剥片面准备以及最终产品的预设等方面识别。台面观察显示，徐家城遗址的石核台面主要有三类，分别为砾石面、节理面、片疤形成的破裂面，未见修理台面者，基本上是利用其自然状态。可辨识的剥片面中，不存在剥片面

---

① 石片的数量往往就是存在的剥片数量，故不存在盲测的必要性。

的预制，其中节理面和破裂面占绝大部分，砾石面者比较少，这可能与多数石核处于剥片阶段的后段[①]有关。从石核剥片面和石片背面来看，不存在对剥片面的预制行为。石片形态、特征各异，表明不存在对最终产品的预设。由此可见，该遗址古人类在剥片方面未显示出有组织的理念框架，属于简单剥片的思路，即以有效剥片为目的，不考虑最终产品的形状，未对台面、剥片面进行预制以控制目标产品的形态。

"方法"是为确保剥片的成功，从理念到最终产品剥离前的一系列设计和动作。剥片的过程可分为石核的准备和石核的生产两个阶段。剥片的"方法"是石核准备阶段所涉及的术语，因为对于已准备好的石核而言，其后的剥片都是一种预想的最终产品。如果存在剥片过程中的台面修整、剥片面修整等行为，则被看作是新一轮的石核准备工作，代表了新方法的实施。石核生产阶段主要涉及剥片程序的问题，下文讨论。

方法的识别主要依靠台面、剥片面的选择和准备。石核和石片均未发现台面和剥片面的修理等预制行为。据此，其存在的方法应有两种：

（1）台面选择无特殊要求，剥片面选择砾石面，从台面俯视呈弧形凸出。背面全为砾石面的石片基本无明显的背脊，古人类未使用凸出的纵脊引导同心波的传播。

（2）台面选择无特殊要求，剥片面选择破裂面，引导同心波传播的纵脊不凸出。

考虑到脉石英破裂特征的变异性大，以及遗址中存在以断块、碎块为毛坯的石核，其可能存在的方法为：

台面选择无特殊要求，剥片面由两个或两个以上的平面构成，平面可以是节理面、砾石面、破裂面。因不同的面相交形成凸出的棱脊，引导同心波传播的纵脊比较凸出。

（二）工艺

"工艺"主要是石核准备和石片生产中所使用的工具、技巧，诸如石锤、石砧、中介物的使用、对剥片原理的认识等。"工艺"的确定一般通过石核、石片的破裂特征确定，而这些破裂特征的认定往往与实验考古学相联系。一些特殊的剥片工艺都是通过实验方法论证的，如砸击工艺（裴文中和张森水，1985）、扬子工艺（高星等，2008）、锐棱砸击工艺（曹泽田，1978）等。

本书所讨论的工艺主要包括石核准备和石片生产中所使用的打击工具。通过脉石英硬锤直接打击剥片实验，我们发现台面上的打击点集中且多呈粉碎状态，打击

---

① 石核尺寸较小、剥片面多并保留较少的砾石面，表明石核多处于剥片的后段。

泡、同心波、放射线等少见。遗址中发现的石核和石片的破裂特征与实验制品基本吻合，尤其是打击点的特征基本体现了集中且粉碎的破裂状态[①]。石片台面以砾石面（36.7%）、素台面（26.5%）和节理面（21.7%）为主，未见明确的修理台面者。

石锤上的破裂特征基本集中在端部，少量向棱部延伸，破裂或集中或散漫，但都分布在一个不大的范围内。这与实验石锤的破裂特征一致。以上证据表明，徐家城遗址4B层石制品体现的"工艺"应以硬锤直接打击工艺为主。

遗址还发现三件特殊的石核，其中4C层1件、4B层2件。石核与主要打击台面相对的一面存在比较密集碎裂痕迹，这些痕迹多未形成片疤。这种密集的碎裂痕迹是多次受力的结果，多集中于所在面的中部，与剥片时形成的多次打击痕迹[②]相区别。通过受力及破裂特征分析，我们认为这种石核的剥片应是以石砧为支撑，用硬锤进行直接打击剥片（图6-4）。该工艺与硬锤直接打击工艺的区别在于支撑石核的载体不同，前者为石砧，后者为人手。与打击方向相对的面上密集的碎裂痕迹应是与石砧接触后反作用力的结果。据此分析，我们选择脉石英为原料进行了剥片实验。结果如下：使用这种工艺可有效剥离石片，与硬锤锤击工艺相比，剥片时打击力对手的冲击比较小。两者产生的石片相似，都有明显的打击点，少见打击泡、同心波等（图版二二）。本次实验产生的石片以台面破裂者居多，并且石片的产出率比较低，这可能与实验者的熟练程度有关。

有学者将上文所述的这种工艺称为"砸击工艺"（Diez-Martín等，2011），并将砸击工艺定义为应用石砧的剥片工艺。中国学者所定义的砸击工艺一般指将石核置于石砧上，以石锤的平面砸击石核，生产石片（裴文中和张森水，1985），这种工艺可称为平面垂直砸击，与锐棱斜向砸击相区别（图6-4）。作者认为徐家城遗址所体现的这种工艺与砸击工艺在剥片方法、剥片产品等方面有着明显的区别，笼统地将之称为砸击工艺不利于解释不同工艺所产生的石制品组合的多样性。故暂将之称为一种单独的剥片工艺——石砧-硬锤锤击工艺或称"水洛工艺"。徐家城遗址中发现的此类产品比较少，表明此工艺并非一种稳定存在的工艺。

此外，3件普通砸击石核以及石砧的存在表明了遗址内也存在平面垂直砸击工艺，但数量较少。

[①] 石核剥片面的确认基本是以明显的打击点为依据，所以所观察的石核绝大多数具有明显的打击点。

[②] 剥片时的多次打击痕迹体现了剥片者在同一部位剥片失败后的重复行为，其多处于台面边缘、分布范围较小。

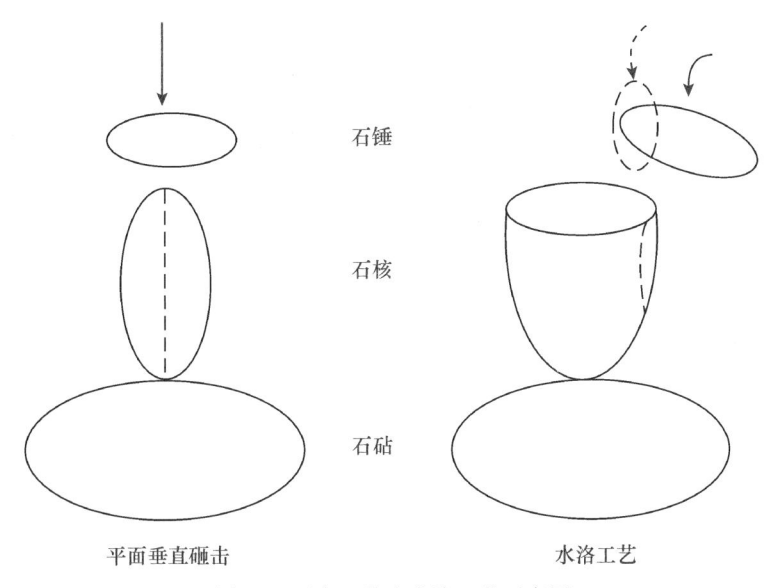

图6-4　砸击工艺和水洛工艺示意图

（三）程序

"程序"指动作的顺序，如剥片序列组合方式、剥片的顺序等。剥片序列组合方式体现了剥片者对石核剥片面的利用模式，不同的剥片序列组合方式反映了不同的石核利用模式；剥片的顺序是同一剥片序列中剥片的顺序，体现了剥片的组织方式。

由于遗址石制品的原料多为脉石英，片疤顺序辨识困难，故而我们主要采取简化的技术分析图探讨遗址4B层石核的剥片程序。

简单石核剥片序列组合方式大致可分为四类：同向、对向、向心、复向。其下又可简单地分为7种（图6-5）。

A：单一同向。一个台面，一个剥片面。

B：复合同向。一个台面，两个及以上剥片面。

C：单一对向。两个相对台面，一个剥片面。

D：复合对向。两个相对台面，两个及以上剥片面。

E：单一多向。两个及以上台面，一个剥片面。

F：复合多向。多个剥片面，每个剥片面上皆为向心剥片，典型者如盘状石核。

G：复向。采用锤击修理方式术语"复向加工"中"复向"的含义（张森水，1987），指剥片方向不稳定者。

徐家城遗址4B层107件石核的剥片面组合方式有A、B、C、G四种，其中以G类为主，A类次之（图6-6）。剥片方向不稳定者占54.2%，表明了古人类在剥片方向上没有

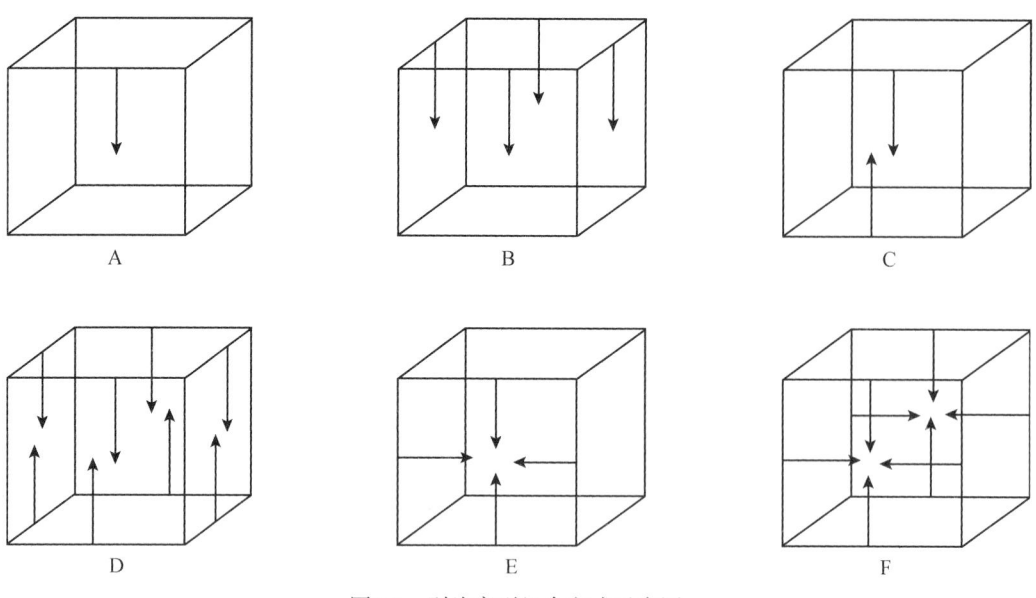

图6-5 剥片序列组合方式示意图

一个固定的模式，基本上是选择合适的台面和剥片面进行剥片。单一同向者占23.4%，复合同向者占20.6%，表明古人类也较多沿着一个台面对石核一面或周边多面进行开发。4B层石片背面疤向中，仅有少数为对向（23/292=7.9%）和多向（9/292=3.1%），其余背疤方向清楚者为单向（149/292=51%）或者转向（111/292=38%），这与石核所观察到剥片面组合方式相近。

同一剥片序列的剥片顺序体现了古人类在剥片过程中的安排和习惯。由于原料多为脉石英，多裂隙、易碎，石核上的片疤的轮廓和打破关系并不十分清楚，给片疤关系的识别带来了很大难度，而片疤顺序的识别则更加难以实现。本书通过对可辨识的标本进行分析，总结其剥片顺序大致分为三类：a：叠压，前一个片疤与后一个片疤相叠压，是在台面的同一位置打片的行为。b：相交，后一个片疤与前一个片疤相交，

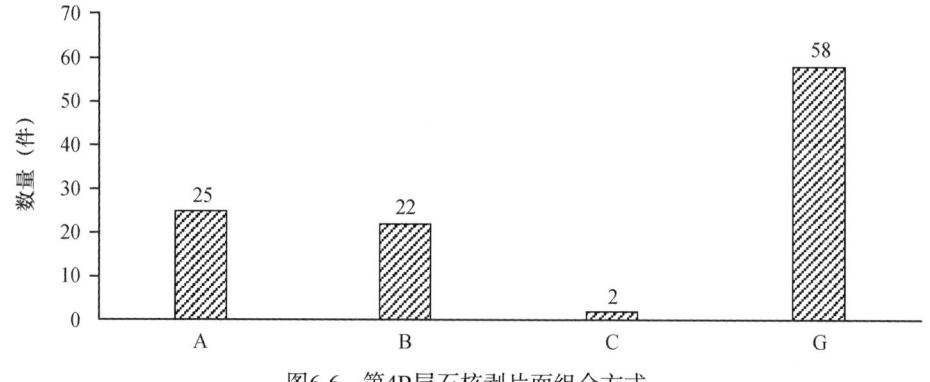

图6-6 第4B层石核剥片面组合方式

是沿台面顺序剥片的行为。c：独立，片疤相互独立，是同一台面相互独立的剥片行为（见第七章第二节）。

二、修理技术分析

修理是以加工工具或对工具再修理为目的剥片活动（王幼平，2006；Inizan等，1992），同样也可包括概念、方法、工艺、程序等。学者们常以毛坯的选择、修理的工艺（硬锤锤击、压制等）、部位（近端、远端等）、方向（正向、反向、交互等）、刃口的形态（直、凹、凸等）、状态（平齐、锯齿等）等为参数，对石器的修理技术进行分析。这些参数可归入技术分析的各个层面。

（一）理念

理念是制作者对工具的总体设计和宏观构思。工具生产的目的可以看作是理念的具体体现，理念的初步确定主要通过刃口的特点来确定，主要包括刃口的形态、刃口的关系等。

从4B层的石器特点来看，修理存在三种明确的理念：一是延伸型，指修理在直线方向上延伸的刃缘；二是凹缺型，指修理在局限范围内凹缺的刃缘；三是汇聚型，指修理两边相交的尖刃。同时存在一定的复合理念的工具，即同一刃缘上存在两个不同特点的刃口，因数量较少，暂不将其看作一种明确的修理理念。

本书选择4B层96件完整石器进行观察和统计，延伸型刃口者75件，占78.1%；汇聚型刃口者15件，占15.6%；凹缺型刃口者占4件，占4.2%；复合型刃口者共2件，占2.1%。从各种工具修理理念的分布比例看，徐家城古人类倾向于延伸型和汇聚型刃口工具的开发和利用，类型主要有各式刮削器、石锥和尖状器等。

值得一提的是，4C层的一件砍砸器与4B层的一件"似薄刃斧"具有特点（图6-7）。2009XJC5731出自第4C层，毛坯为大石片，石片远端及侧边上四个大的修理疤组成一个凿形刃口，侧边修疤类似修型，石器上所保留的使用痕迹表明使用部位为一个大的片疤形成的断口，与多个片疤修理刃缘不同；2009XJC4505出自第4B层，毛坯为大石片，使用痕迹表明其利用了花岗岩石片远端的自然边缘，石片的一侧缘有修理痕迹。这两件石器的修理理念与薄刃斧的制作理念有相似之处，如第二步修理并非修理使用刃缘，真正地使用刃缘为自然边缘。但从具体的技术细节而言，两者也有本质的区别，徐家城遗址的这两件石器侧缘修理的程度非常低，未改变石片的整体形态，

2009XJC4505

2009XJC5731

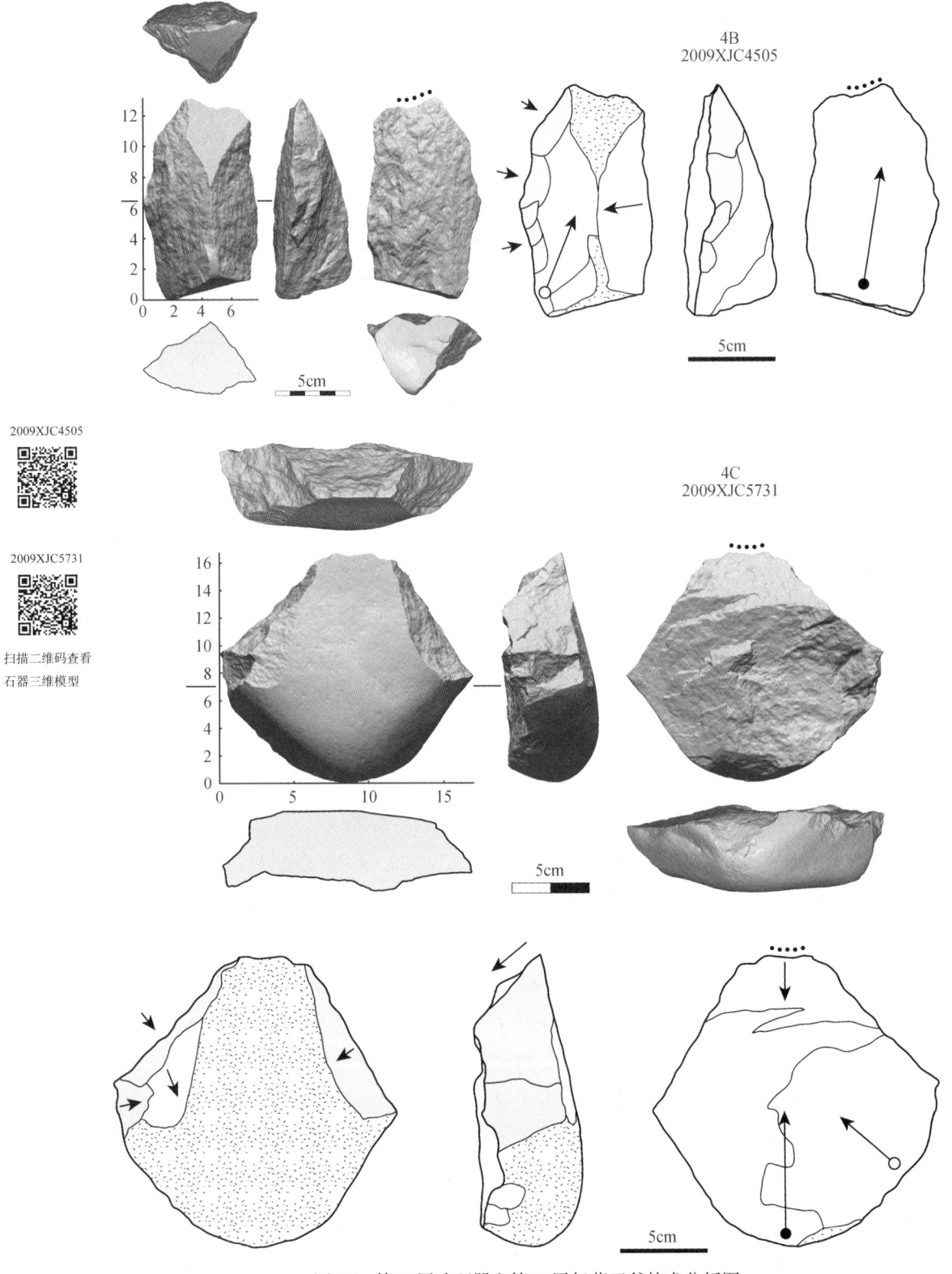

扫描二维码查看
石器三维模型

图6-7 第4C层砍砸器和第4B层似薄刃斧技术分析图

故而并非典型的修型理念。其使用石片自然边缘为刃缘与花岗岩原料颗粒粗、难以形成小型修疤等性质有关（详见第五章），应是对特殊原料功能需求的适应结果。

（二）方法

"方法"作为实现特定目标的手段，其是从概念到工具成型前的一系列动作，主要涉及毛坯的选择、修理基础面①和工作面（李英华，2009b）的确定、刃缘的形态等。

1. 毛坯的选择

加工石器的毛坯有砾石、岩块、各种类型的石片、石核、断块、碎块、碎片等。4B层的完整石器毛坯以片状毛坯为主，其中完整石片占59.6%，碎片和裂片较少，分别占10.6%和7.4%；块状毛坯次之，占20.2%，其中断块、碎块居多，其他少见（图6-8）。各类石器在毛坯选择上没有显著不同，多以石片为主，以砾石为毛坯者非常少见。遗址附近河滩砾石层中不少砾石具有扁平的形态，具备加工大型延伸型刃口和汇聚型刃口工具的基础，但遗址内的大型石制品皆以石片为毛坯，可见古人类具有强烈的石片毛坯选择意识。

毛坯尺寸也是石器加工时古人类关注的重要内容。以毛坯为完整石片的石器为例，其平均尺寸为37.2mm×35.5mm×15.1mm，大于遗址出土的石器的平均尺寸（27.5mm×27.2mm×11.3mm）。t检验表明（表6-5），两者长、宽、厚的均值都具有

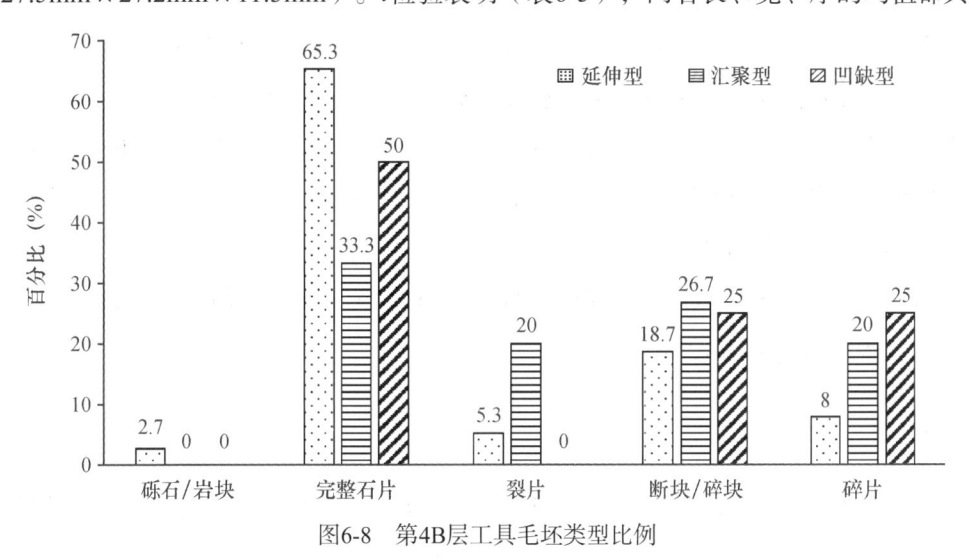

图6-8 第4B层工具毛坯类型比例

---

① 工具加工以这个面为基础向另一个面加工（李英华，2009b）。

统计学的差异，显示徐家城遗址的古人类通常选择较大尺寸的石片制作石器。

表6-5　完整石片及以完整石片为毛坯石器的尺寸平均值 t 检验

		平均值（mm）	标准差	t值	P值
长	完整石片（n=809）	27.5	10.7	3.918	0.000
	石器（n=56）	37.2	18.3		
宽	完整石片	27.2	10.4	3.332	0.002
	石器	35.5	18.4		
厚	完整石片	11.3	4.6	3.991	0.000
	石器	15.1	7.1		

2. 基础面和工作面的选择

石器毛坯可以简化为两面结构（李英华，2017），一个是打击落点所在的面，一个是修疤剥离的面。这两个面可以是自然的平面，也可以是打击形成的面。其中打击落点所在的面称为基础面，工具加工以这个面为基础向另一个面加工。修疤剥离的面称为工作面，刃口的技术特征主要在这个面上形成。每个面可分为三个类型：平、凹、凸。

基础面、工作面的选择体现了打制者对石器毛坯表面状态，以及对修理后刃缘适用性的评估过程。如从平整的一面修理，石片疤留在另一面，刃缘以平整的一面与物体接触可减少阻力（对于刮、削等使用方式而言）；同时从平的一面修理易于控制刃缘形态（王建等，1978）。基础面和工作面的选择与修理方向相联系，4B层石器刃缘的修理方向以正向为主（79.8%），反向次之（17.5%），其他较少。然而，石器的修理方向往往不能完全体现古人类的选择策略。对于一些毛坯而言，无论是正向，还是反向修理，皆是为了寻求平整的一面向另一面加工（李锋，2008）。4B层石器（可辨识两面结构者共计103件）毛坯的二面选择方式以平-凸型（50.5%）为主，平-平型（31.1%）次之，平-凸型（13.6%）、凸-凸型（3.9%）和平凹型（0.9%）较少。虽然4B层石器修理方向为正向者占79.8%、反向者占17.5%，但石器基础面的选择基本以较平整的一面为主，占总数的96.1%。

3. 刃缘形态

刃缘形态主要分为直刃、凸刃、凹刃、锯齿刃和不规则刃。4B层完整石器延伸形刃缘的形态以直刃为主（40.2%），锯齿刃次之（35.4%），凸刃（18.3%）、凹刃（4.9%）、不规则刃（1.2%）等较少（%）；汇聚形刃缘形态以直刃（53.9%）为主，凹刃（7.7%）、凸刃（11.5%）、锯齿刃（15.4%）和不规则（11.5%）比例相近；凹缺形刃缘形态皆为凹刃。

（三）工艺

"工艺"主要是石器修理中所使用的打击工具、技巧等。与剥片工艺的确认相同，石器的修理工艺也主要通过与打制实验的结果对比来确认。4B层石器的修理疤痕较短深、在不少修疤的端部可见明显的打击点，且多呈粉碎状。本文通过硬锤锤击修理实验表明，遗址中石器的修疤特点与实验制品接近，推测其使用的修理工艺为硬锤锤击工艺。遗址中发现的一些尺寸、重量较小的石锤可能曾被用作修理石锤。

（四）程序

"程序"指动作的顺序，如刃缘的组合方式、修疤排列的顺序等。

从遗址4B层出土的完整石器来看，单个刃缘者占79.2%，刃缘相交者占14.6%，刃缘相邻者占6.2%，表明古人类主要制作单个刃缘的石器。石器修疤的排列方式有叠压、相邻、交互、双向、不连续等。4B层完整石器修疤以相邻为主，占71.7%，导致刃缘形态多为锯齿形；其次为叠压，占17.7%；另有少量不连续者。4B层仅有1件石器显示交互排列的修疤，但不典型（修理边一侧为多个片疤，另一侧仅为一个片疤）；2件石器为双向修疤，但修疤仅分布在局部刃缘。

从部分修疤特征明显的石器来看，石器边缘修疤的排列相对稳定，修疤间的距离大体相同，体现了较稳定的加工程序。这类石器在类型学上多被分类为锯齿刃器，显示徐家城4B层古人类有目的生产锯齿形的刃口。这可能与特殊的功能需求有关，今后需要结合系统的微痕分析结果进行讨论。

第四节 小结与讨论

脉石英砾石剥片实验表明，石片以完整石片为主，但裂片比例较大，约占石片总数的25%，石片腹面以保留明显、集中的打击点为特征，而打击泡、半锥体、锥疤、放射线、同心波较少见到。石制品组合中断块、碎块/片比例较高，约占61%。遗址出土的石制品组合与实验数据相近，断块、碎块/片比例较高，石片中裂片的比例也较大。这主要与脉石英多裂隙、易碎的物理性质有关。

徐家城遗址4B层出土石制品的技术分析表明，遗址剥片技术采用简单的剥片理念，以有效剥离石片为目的，不存在对剥片产品的预制。通常选择合适的台面、剥片面、台面角度进行剥片，台面不固定、剥片面也不固定，并且不存在对台面、剥片面的修理。剥片工艺以硬锤锤击剥片为主；砸击工艺很少应用；存在石砧-硬锤锤击剥片工艺。石器加工以生产单边延伸形刃口和双边汇聚形刃口为主。毛坯选择以片状为主，从较平整的一面向另一面加工。修理工艺为硬锤锤击修理。修疤排列以相邻为主，使得刃缘形态多呈微弱的锯齿形。

石制品技术分析是旧石器时代考古的重要组成部分，在操作链分析理念的指导下，技术分析重点在于将石制品的生产过程进行分解，理解打制者在石制品生产的不同阶段所采取的行为决策。对于复杂石器技术而言，其涉及的生产程序较多，如石核整体预制、台面修理、剥片面预制和维护等等，故而技术分析易于实践，研究成果丰硕，大大丰富了我们对旧石器时代复杂石器技术的理解，如针对勒瓦娄哇技术、石叶技术、细石叶技术等的研究。中国多数遗址的石制品为简单的石片生产技术，其本身涉及的生产程序较少，往往不存在预制。对这些石制品的技术研究往往得出相近的结论——简单石核石片技术。这种相似性是否显示遗址间存在一定的文化关系或者具有相近的适应需求是今后值得深入讨论的问题。

本章采用技术分析方法对徐家城遗址4B层出土的石制品进行了研究，取得了一定的成效。虽然简单石核石片技术生产程序较少，但采用技术分析方法仍可揭示出一些技术特殊性，如书中所识别出的石砧-硬锤锤击剥片工艺、石器修疤相邻导致锯齿状刃缘较多等。然而，需要说明的是，本章研究是在探索石制品技术分析应用于简单石核石片组合方面所做的尝试，仍有较大的深入研究的空间。另外，由于本书研究材料的限制，脉石英石制品在片疤顺序的辨识等方面存在困难，技术分析方法的应用存在局限。鉴于此，徐家城旧石器遗址的石制品技术分析将会在今后的研究中继续深化和提升。

第七章 原料最小单元与拼合分析

遗址形成过程、空间利用方式的研究是旧石器时代考古学研究的重要内容。原料最小单位和拼合分析是上述研究的重要方法。将石制品依照石料属性划分单元进行研究，是拼合研究的首要步骤，但拼合组以外同一原料单元内其他石制品对人类行为的解读作用往往被忽略。学者们针对原料最小单元所发展出的原料最小单元分析法可为遗址形成过程和空间利用方式的讨论提供诸多有益的信息。本章将介绍徐家城旧石器遗址石制品的原料最小单元和拼合分析结果[①]，对该遗址的形成过程、石器技术和空间利用方式等进行初步探讨。

第一节 原料最小单元分析

原料最小单元分析（Minimum Analytical Nodule Analysis）是西方学者在拼合研究中逐渐发展出的分析方法。主要依据石料属性（如颜色、质地等）及理化分析（如X射线衍射等）将石制品划分成尽可能小的分析单元，以此为基础讨论遗址埋藏过程、石器技术、遗址空间利用等方面的信息。

一、方法介绍

原料最小单元分析中的"单元"（nodules）是指将石制品按原料的种类、质地、颜色纹理、内含物以及石皮等特征的一致性划分出尽可能小的组群（Larson和Kornfeld，1997）。在此基础上，既可以探讨古人类对各种原料的利用方式和程度、技术组织、空间利用和人群流动性等，又可评判遗址形成中自然或生物的扰动过程。

---

① 本章内容部分曾发表在《人类学学报》2015年第34卷第2期和第3期上。

该分析方法的关键假设在于同一单元内的石制品隶属于同一件砾石、结核或石块。然而，若非将原料最小单元内的石制品全部拼合到一起，该假设是无法令人完全信服的；但如果单元内的石制品可以被完全拼合，那么原料最小单元本身的分析能力也就被拼合研究所取代。石制品的实际研究过程中，一方面囿于发掘面积，无法将遗址完全揭露；另一方面考虑到古人类遗留下的遗物组合本就是不完整的，部分遗物会因种种原因而未在遗址中保存。上述因素最终导致最小原料单元内石制品的可拼合数量是有限的。为了获取更多有效的人类行为和遗址形成过程等方面的信息，学者们针对原料单元本身发展出一套分析方法，即"原料最小单元分析"（Minimum Analytical Nodules Analysis）。弗里森（Frison）曾在研究中根据原料最小单元的分布位置来推测遗址内屠宰区域的分布（Larson和Kornfeld，1997）；凯利（Robert Kelly）在其博士论文中对161处遗址的石制品进行了系统的原料最小单元分析，研究过程中他按照石器技术对原料单元进行了进一步划分，讨论狩猎采集者的移动策略（Kelly，1985）；拉尔森（Larson）等在对传统拼合研究反思的基础上全面总结了原料最小单元分析的方法论，并在考古遗址中进行了系统的运用（Larson和Eric，1992；Larson和Kornfeld，1997）。该方法在中国旧石器考古研究中应用较少，高星在分析北京周口店第15地点的石制品时介绍了该方法，并结合拼合分析进行了尝试（高星，2001a）。

拉尔森和科恩菲尔德（1997）将原料最小单元分为两大类四个类型：原料独特且仅在遗址内发现一件者为一大类，再根据该石制品的类型划分为工具或石片；同一原料包含多件石制品者为第二大类，根据其内部类型组成分为废片类以及废片、工具类。由于徐家城遗址内目前仅发现了一件单件独特原料的石制品，因此笔者对其分类体系进行了修改。本书不再以个体数量为首要标准，而直接依照最小单元内所含石制品类型的多样程度，将最小原料单元分为两大类：单类型单元、多类型单元。

不同的单元类型可能对应着不同的技术组织形式与遗址类型。单类型单元可划分为石核单元、石器单元、石片类（包括完整与不完整石片）单元、断块/碎片类（断块、碎块、碎片）单元等，它们所保留的只是石器由生产到废弃这一全过程的某个片段。比如，仅有石核却无剥片产品，抑或是仅有石器而没有加工过程中的副产品，都预示着这些石制品应由发掘区或遗址外携带而来；仅有石片类或断块/碎片类而未发现能够产生这些石制品的石核或石器，则说明虽然遗址存在过剥片以及器物的维护等行为，但石核可能在遗址内完全消耗抑或是被带到其他地方继续剥片，而石器以及部分石片则可能被带出发掘区或遗址进行加工或使用。多类型单元则由不同的石制品类型组合而成，组合方式多样。比如，"石核+石器+石片类+断块/碎片类"显示古人类在遗址进行剥片和石器加工，反映了遗址内存在完整的石器生产过程，但导致这些石制品无法完全拼合的原因可能是部分石片或石器被带出遗址进行加工或使用。需要说明的是，上述推论都是建立在发掘所获得的石制品能够充分反映遗址的整体面貌的假设之上的。客观而言，没有人能保证将一个遗址尤其是旷野类型的遗址充分完整地揭露出来。故而，原料最小单元并非保证我们完全精确地复原人类行为，而是为我们思考石制品在遗址内及遗址间的生产与流动提供视角，有助于我们深入理解古人类的技术组织模式。

原料最小单元的平、剖面分布对于解释遗址的形成过程同样具有重要意义。理论上，原料最小单元内各石制品隶属于同一件砾石，其形成应具有相对同时性。故而对原料单元平、剖面的分析与拼合分析一样，可以反映考古材料在遗址内的移动过程，进而探讨这些移动背后的自然或人为推动力。

二、遗址原料最小单元划分

本书以颜色、质地、内含物以及砾面状态等为基础，对石制品的原料进行最小单元划分。遗址第3、5层出土石制品数量很少，无法获取有效的原料最小单元样本，故未作为本章的研究对象。第4层标本数量大，且多为破碎的脉石英断块以及石片，在质地和颜色上无法加以细致区分。故而我们仅选择表观特征特殊的原料进行了分析，包括石英岩、花岗岩、硅质灰岩以及部分脉石英制品。本项研究进行原料最小单元分析的标本共计346件，占石制品总数的7%，涵盖石制品的各个类型。最终确认了11组（Group1-11）最具特征的原料最小单元进行分析，包含124件石制品。原料涉及石英岩、花岗岩、硅质灰岩、辉长岩，本节对部分最小原料单元进行举例介绍（图7-1）。

1单元：硅质灰岩，黑色，质地细腻均一，有砾石面。

2单元：石英岩，灰色，微弱油脂光泽，无包含物，节理发育不显著。

3单元：石英岩，乳白色，微弱油脂光泽，节理发育，含黄褐色与褐色斑纹，夹杂少量黑色团块。

4单元：石英岩，灰黑色，含肉眼可见的石英颗粒，断口粗糙。

5单元：石英岩，深灰色，微弱油脂光泽，节理发育不显著，质地较细腻均一（图版二三）。

6单元：石英岩，灰色，微弱油脂光泽，节理发育，石皮表面部分呈红褐色，内含海藻绿色斑纹。

7单元：花岗岩，灰黄色，节理发育不显著，部分石皮呈红褐色，内夹杂黑色细粒物质。

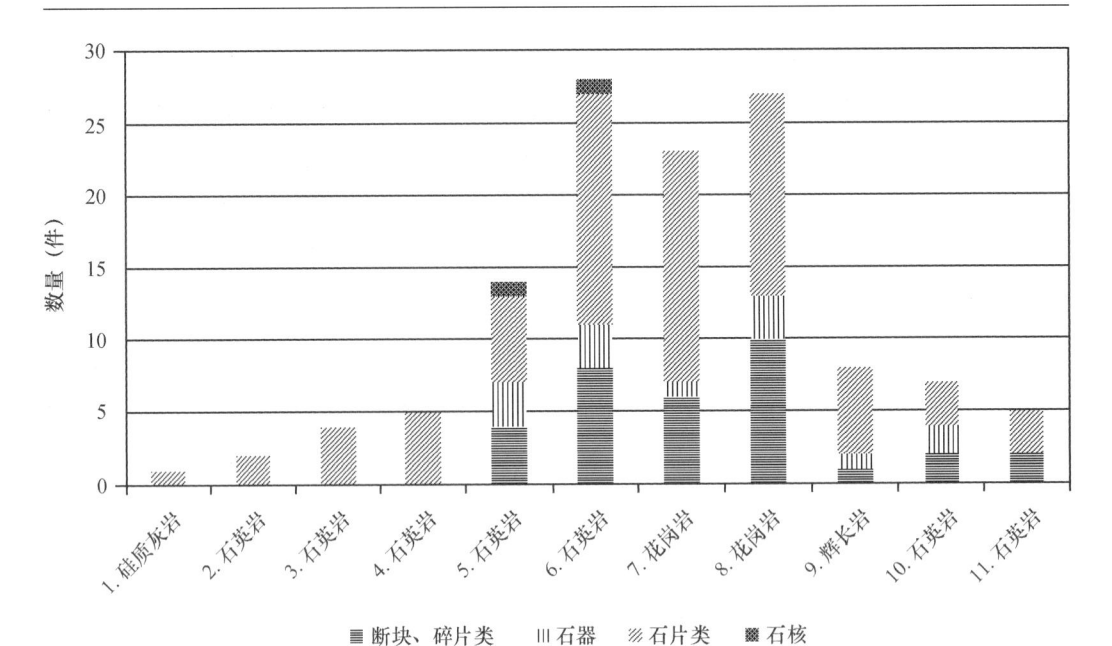

图7-1 徐家城遗址原料最小单元内石制品类型和数量

8单元：花岗岩，灰紫色，石皮光滑，内含物颗粒粗糙。

9单元：辉长岩，灰黄色，风化面成白黄色，断口粗糙。

10单元：石英岩，灰黄色，微弱油脂光泽，节理发育不显著，质地较为均一无杂色。

11单元：石英岩，灰黄色，微弱油脂光泽，节理发育，含黄色斑纹。

根据本项研究采用的原料最小单元分类体系，可将11组石制品分为两大类。其中，单类型单元（A类）共四组（1、2、3、4）均为石片类单元（A1）。多类型单元（B类）中，B1"石核+石器+石片类+断块/碎片类"包括5、6两组；B2"石器+石片类+断块/碎片类"包括7、8、9、10四组；B3"石片类+断块/碎片类"包括第11单元。在其中6个B类最小单元内识别出了12对拼合组，含29件石制品，占原料最小单元内石制品总数的23%（表7-1）。

表7-1 原料最小单元内的拼合情况

拼合组	所属单元	石制品组合	数量（件）	石制品之间距离（平均值m）
1	5	断块（2）+石核（1）+石片（1）	4	1.36
2	5	完整石片（1）+裂片（1）	2	0.06
3	6	石核（1）+裂片（1）+石器（1）	3	1.1
4	6	裂片（2）	2	0.04
5	6	完整石片（1）+碎块（2）	3	1.74

续表

拼合组	所属单元	石制品组合	数量（件）	石制品之间距离（平均值m）
6	7	完整石片（1）+断块（1）	2	1.94
7	8	裂片（1）+石器（1）+碎片（1）	3	0.14
8	8	裂片（1）+碎块（1）	2	1.38
9	8	完整石片（2）	2	2.16
10	9	裂片（2）	2	0.39
11	9	完整石片（1）+石器（1）	2	1.95
12	10	裂片（2）	2	0.57

三、原料最小单位内石制品的空间分布

纵向分布

图7-2显示，各最小单元的石制品纵向分布相对密集，大部分集中分布在两个区域：其一是在海拔1494.9~1495m的10cm范围内遗址北侧，主要由第8单元的大部分石制品构成。其二在海拔1495.05~1495.4m的范围内，石制品由南向北展布于一个倾角约15°的面上。除第5、6单元的个别石制品相对于组内其他成员的主要分布区发生了较大位移外，其余各个单元内石制品间纵向垂直距离最大值主要集中在5.9~37.9cm的区间范围内（表7-2），平均距离17.1cm。

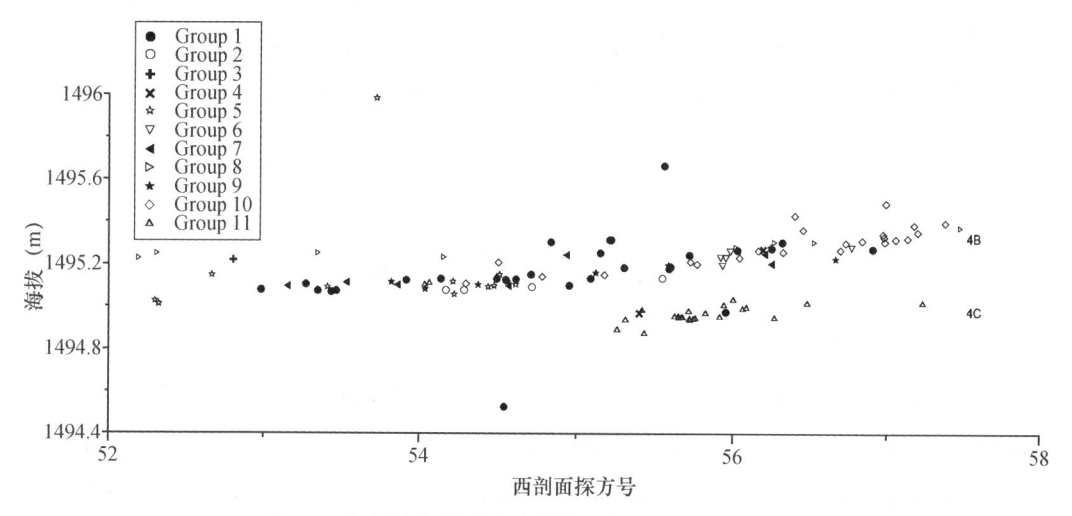

图7-2 徐家城遗址原料最小单元内石制品的剖面分布

表7-2 原料最小单元内石制品间各个方向的最大垂直距离

单元编号	类型	单元内石制品数量	纵向垂直距离（m）	东西垂直距离（m）	南北垂直距离（m）	面积（m²）
1	A1	1	0	/	/	0
2	A1	2	0.304	0.224	0.794	0.178
3	A1	4	0.059	1.482	1.384	2.051
4	A1	5	0.143	2.042	2.845	5.809
5	B1	14	0.974	2.489	3.947	9.824
6	B1	28	1.138	3.645	3.926	14.31
7	B2	23	0.379	2.481	3.081	7.644
8	B2	27	0.263	3.285	3.191	10.482
9	B2	8	0.15	2.42	1.048	2.536
10	B2	7	0.155	2.332	3.097	7.222
11	B3	5	0.085	0.785	0.849	0.666

平面分布

从平面分布图（图7-3）来看，发掘区内各类拼合单元的分布范围相互交错。从单元内石制品之间的平面距离来看，东西向垂直距离最大者约3.65m，最小者约0.22m，南北向垂直距离最大者近4m，最小者近0.8m。将两个方向的垂直距离相乘，估算其最大覆盖面积，结果显示最大者14.31m²，占据整个发掘区的95.4%。A1类型单元平均分布面积2.01m²，多类型单元中B1类型平均面积约12.07m²，B2类型约6.97m²，B3类型约0.67m²（表7-2）。从单元内石制品数量与其分布范围来看，数量与面积并不一定呈正比。但各类单元相比较，整体而言，单元内石制品类型越丰富、数量越多，单元的平均分布面积越大的关系基本成立。

第二节 拼合分析

拼合分析（Refitting analysis）是旧石器时代考古学的重要研究方法之一，早在19世纪末便被应用（Spurrel，1880；Smith，1894）。20世纪60年代，随着田野发掘、记录方法的改进和"操作链"等研究理念的兴起，学者们开始在石器分析中较为频繁地使用该方法（Leroi-Gourhan和Brezillon，1966；Cahen等，1979；Villa，1982），使之成为石器分析中的一个标准方法（Standard method）（Cziesla等，1990；Schurmans

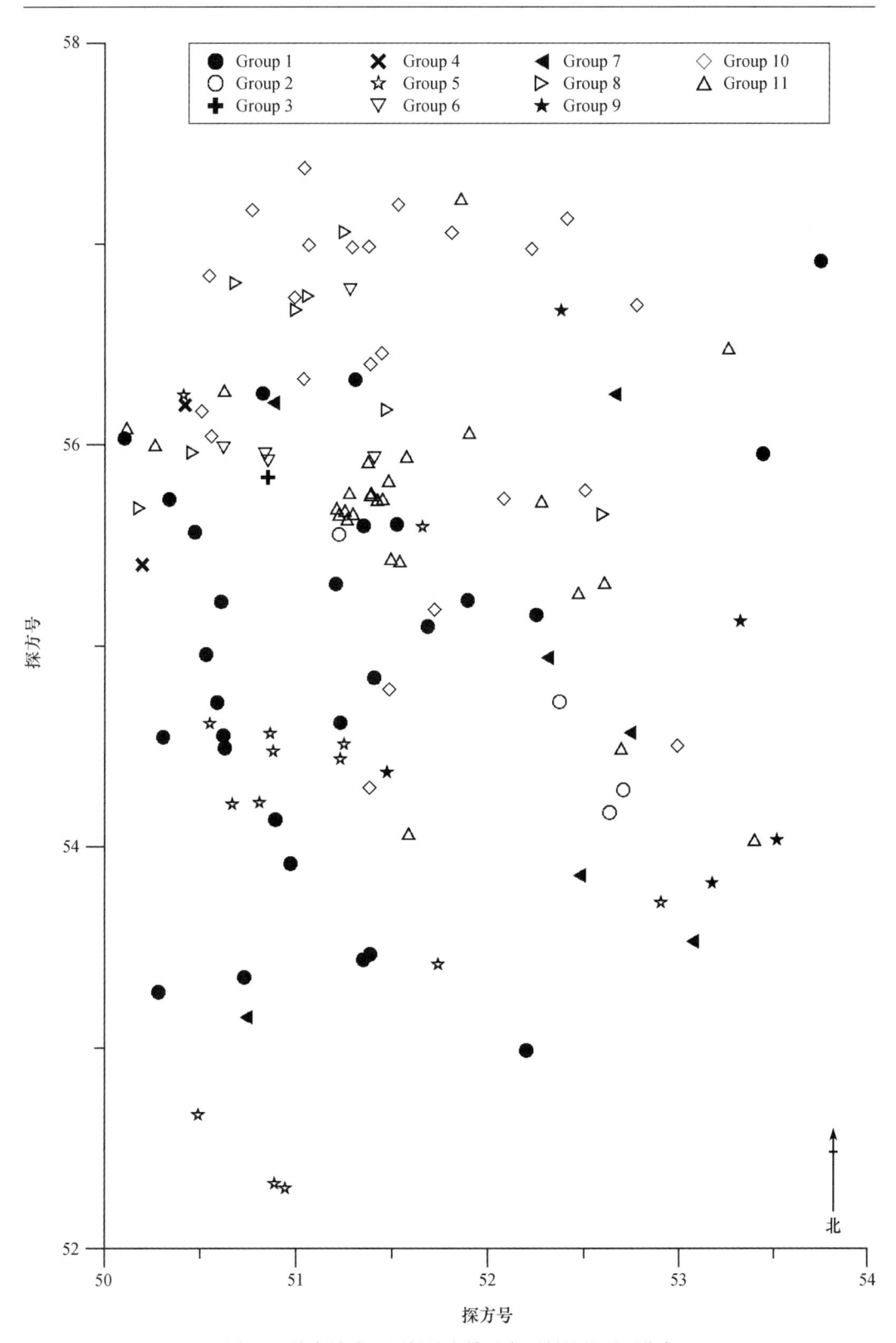

图7-3 徐家城遗址原料最小单元内石制品的平面分布

和De Bie，2007）。目前，该方法在国际旧石器考古学研究中应用十分普遍，既包含具体遗址的石制品拼合研究，也有动物化石拼合研究，以及利用计算机模型建立和评估影响拼合成功与否的实验研究等（López-Ortega等，2011；Sisk和Shea，2008；Waguespack，2002；Hofman和Enloe，1992；Cooper和Qiu，2006；Laughlin和Kelly，2010）。20世纪90年代初，中美泥河湾国际合作项目开始，研究者采用详细记录遗物三维坐标的科学记录方法，同时也拓展了诸多新的研究领域，石制品拼合研究开始应用在中国的旧石器时代考古材料上（谢飞和李珺，1993、1995；谢飞等，1994）。随后，中国学者在不同地区陆续独立开展了诸多石制品拼合研究（王社江，2005、2007；冯小波，2008；马宁等，2010；李罡，2009；李超荣和郁金城，1999）及骨制品拼合研究（李超荣等，2004），为探讨遗址埋藏过程、古人类技术和遗址功能等提供了重要启示。

一、方法介绍

拼合分析是以石制品的岩性、颜色、纹理、质地等特征为依据，尽可能地将各种类型石制品拼回到生产它们的母体上，并以此为信息单元分析遗址形成过程、石器技术、遗址空间利用等（Cziesla，1990；Schurmans，2007）。通过对这些信息单元的解析，拼合分析可帮助回答两个方面的考古学问题：其一，遗址埋藏后过程和埋藏学方面；其二，人类行为方面。人类行为方面又可分为技术（剥片和石器加工）和空间组织（遗址内和遗址间）。虽然实验研究表明，拼合经验、石器打制经验和个人对三维空间的感知能力等都可能影响拼合的成效（Laughlin和Kelly，2010），但总体而言，拼合是一项相对简单的程序，所需要的是充足的时间、足够的空间和合适的黏合剂。面对庞杂的石制品材料时，原料的可归类性，即石制品原料的多样性，可使拼合分析事半功倍；而大量同质性原料的存在会使得拼合分析消耗研究者大量的时间和精力。因而该方法的应用需要考虑投入产出比，视遗址石制品原料多样性的具体情况而定。

切斯拉（Cziesla，1990）将拼合的形式分为3种：生产过程产品拼合（production sequence refit）、破裂产品拼合（break refit）、石器修理或再修理产品拼合（modification or resharpening refit）。中国学者则常采用拼接（join）和拼对（conjoin）来描述拼合产品（王社江，2005）。前者等同于破裂产品拼合，体现了打制过程中非人力控制的破裂产品的拼合，常指裂片、断片、断块及沿解理或裂隙断裂者等的拼合；后者包括石制品生产过程及石器修理拼合，指受打制力控制而破裂产品的拼合，常指石核、石片等以及石器与修理碎片之间的拼合。两者的区分比较重要，因为只有具备拼对关系的石制品才真正反映打制者的决策。

就产生的时间先后关系而言，具有拼接关系的石制品是在打制或埋藏过程中同时产生的，在某种意义上讲它们是共时关系。拼对组的个体则是不同剥片或石器加工步骤的产物，具有清晰的时间先后次序（王社江，2005）。拼接关系产品具有共时性的特征，产生后多共同保存在相近或小范围的区域，其分布能更多地反映遗址形成过程方面的信息。如考古遗址中，多数拼接关系的产品之间的水平和垂直距离普遍较小，则反映遗址形成后可能未经历明显的后期扰动；如断裂的各个部分基本还处在原始的拼接状态时，那更有可能是石制品遭受后期作用力改变而导致破碎的结果（如人类或动物的踩踏、堆积本身的重力等）。因为若石片打制时便已破裂，石片的各部分应多数散落在打制者附近，而极少完全连接在一起；若处于原始连接状态，则表明了石片在落地之后才因某种作用力而破裂。拼对关系石制品在遗址的分布更多地反映古人类的剥片、石器加工和使用行为等过程。一方面，它清楚地记录了剥片程序和方法，据此我们能更加准确地判断古人类的剥片策略、打制者的技术水平等；另一方面，它记录了石器加工的方式和再加工的程度，可为我们理解古人类的石器加工策略、原料利用程度、流动组织等提供依据；再一方面，具有拼对关系的各类石制品的分布还可反映古人类对遗址空间利用的方式，为讨论遗址功能分区、遗址空间组织模式和人群社会组织等提供可能。

二、拼合结果

徐家城遗址石制品主要原料为白色的脉石英，外表特征十分相近，拼合研究不易。与原料最小单元分析一样，本研究选择外表特征变异性大的原料类型进行拼合研究，主要选择石英岩、花岗岩和一些带有颜色的脉石英等石制品进行分析。于346件石制品中获得26个拼合组，共计61件，拼合率为17.6%。考虑到遗址大量的石制品未进行拼合分析，实际拼合组的数量可能远大于此，但遗址石制品组合的总体拼合率可以通过我们分析的样本（346件）得到反映。26个拼合组中，20组为2件石制品组成，包括石核与石片、石片与石片的拼对和裂片与裂片、碎块与断块的拼接组合；4组为3件石制品；1组为4件石制品；1组为5件石制品。其中部分拼合组同时包含拼接和拼对关系（图版二四）。

部分拼合组标本举例如下：

拼合组1：4件，原料为石英岩。其中石核断块3件、完整石片1件。3件断块拼接为石核，其后与石片形成拼对关系。

拼合组2：2件，原料为石英岩，与拼合组4可能隶属于同一件砾石。其中石片1件、裂片1件。两者形成拼对关系。

拼合组3：3件，原料为石英岩。其中石核1件、石片边刮器1件、裂片1件。边刮器与石核为拼对关系，与裂片形成拼接关系。

拼合组4：5件，原料为石英岩。其中石核1件、石片3件、断块1件。石核与断块形成拼接关系，与3件石片形成拼对关系。

拼合组5：2件，原料为脉石英。两者为拼接关系，形成一件正向加工的尖状器。

三、拼合产品的空间分布

（一）平面分布

图7-4是遗址内拼合组的平面分布状况，表7-3是拼合石制品之间横向上的直线距离。未经扰动（人为、自然）的前提下，石制品的直线距离反映剥片时石制品的散布状况。石核与石片等、石片与石片等拼合组的平均距离略大于其他类型，平均距离分别为135.2cm、159.4cm。采用遗址附近砾石层脉石英的剥片实验显示砾石剥片后石制品多数分布在距剥片中心约150cm的范围内，拼合石制品的平均距离大部分包含在内。拼接组中裂片、断块等之间平均距离最短，部分裂片基本保存在相近的位置。对于距离很小或基本连接在一起的裂片组合而言，其发生一方面是石片落地时因碰撞破裂而原地埋藏（技术行为影响）；另一方面，可能与埋藏前暴露于地表，因人为或自然营力导致破碎（人类或动物的踩踏等），或者埋藏后因上部地层挤压或地层扰动有关（埋藏过程影响）。

表7-3 徐家城遗址拼合组平面距离

拼合类型	数量	百分比（%）	最大距离（cm）	最小距离（cm）	平均距离（cm）	标准差（cm）
石核与石片（工具）等	14	24.6	300	37.2	135.2	72.2
石片与石片（裂片、工具）	12	21.1	277.4	14.3	161.7	89.6
裂片、断块等	30	52.6	286	3	117	97
石器与石器	2	3.5	377.5	377.5	—	—

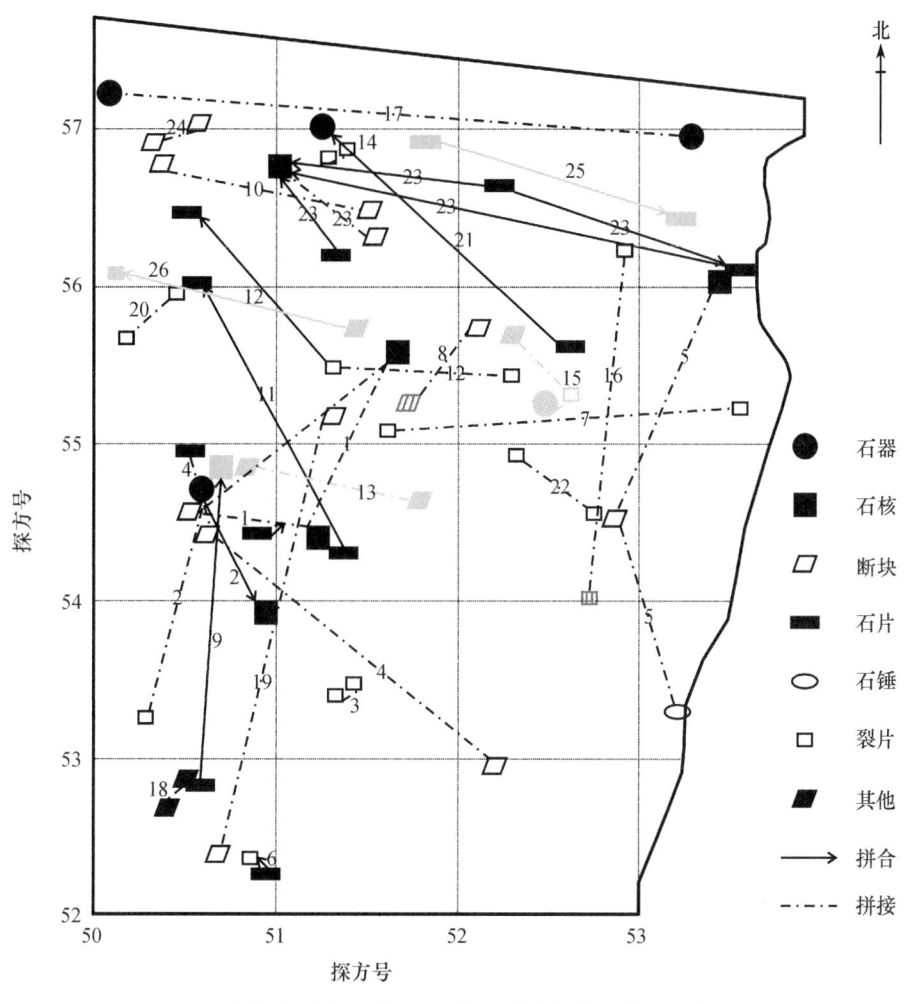

图7-4 徐家城遗址拼合组平面分布

（二）剖面分布

图7-5是遗址内拼合组的剖面分布状况，表7-4是拼合石制品之间纵向上的垂直距离。石制品产生后，应分布于当时地面。未经扰动（人为、自然）的前提下，石制品的纵向分布应该反映了当时地面的形态。理论上，旷野遗址中古人类居住的地面大体上是平整的，不会出现小范围内大起大落的现象，石制品应集中分布于一定的平面上。与石制品平面上的分布相比，纵向上垂直位移的大小能更多地反映遗址在埋藏前和埋藏后的改造程度。

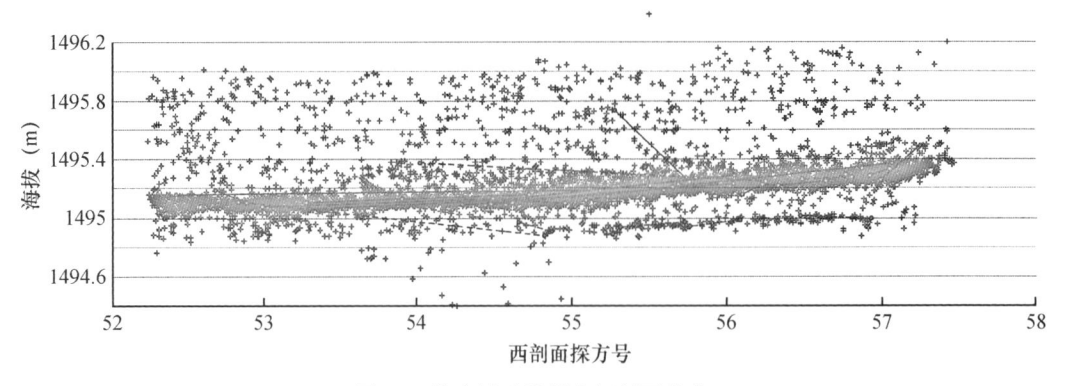

图7-5 徐家城遗址拼合组剖面分布

表7-4 徐家城遗址拼合组垂直距离

拼合类型	数量	百分比（%）	最大距离（cm）	最小距离（cm）	平均距离（cm）	标准差（cm）
石核与石片（工具）等	14	24.6	24	0.3	6.53	5.73
石片与石片（裂片、工具）	12	21.1	15	2	7.47	5.46
裂片、断块等	30	52.6	49	0	11.4	12.9
石器与石器	2	3.5	22.7	22.7	—	—

从表7-4可见，各拼合类型的石制品平均垂直距离都比较小，其中裂片、断块拼合组的垂直距离略大于石核与石片等、石片与石片等拼合组，个别拼合组的垂直位移大于20cm。图7-5显示，大部分拼合组集中分布在两个区域：其一在海拔约1494.9m的位置，其二在1495.05~1495.3m的位置。多数拼合组分布在倾角约15°的面上，这与原料最小单元分析的结果一致，也与遗址石制品集中分布的4B、4C层的纵向分布相吻合，这表明当时古地面应自北向南微倾。

第三节 遗址形成过程、石器技术组织

一、遗址形成过程

研究表明，多种因素会影响石制品的水平和垂直分布状态，如穴居动物、植物根系、石制品制作方法、剥片者的个人习惯（剥片时手距地面的高度、站立位或坐位、加工过程中是否移动等）、践踏以及工具使用的策略、遗址的原始地面状况、堆积物干湿变化、冻融作用等（Cahen和Moeversons，1977；Villa，1982；王社江，2005；Hofman，1986；Villa和Courtin，1983；Hiscock，2007）。

徐家城遗址的原料最小单元和拼合分析显示，石制品在平面上的分布距离多数落在剥片实验石制品密集分布的范围内，其中拼合石制品中36.9%的石制品平面距离超过150cm（图7-3、图7-4）。拼合组内石制品的平面分布一方面反映石制品产生时的分布；另一方面也反映人类使用和加工石器时的移动。然而对于部分裂片和断块而言，其可用刃缘少，产生后经人类有意移动的可能性较低。原料最小单元及拼合石制品的平面分布显示（图7-3，图7-4），多数断块、裂片拼合组间的平面距离较短，少有超过150cm者，表明遗址保留了古人类的原地行为信息。这与遗址不同尺寸、重量的石制品相间分布、大量小于1cm的碎屑的存在所反映的遗址埋藏信息相吻合。多重证据显示，遗址主文化层（4C、4B）形成后未经历较大强度的水流分选等自然营力改造，基本保留了原生的人类行为信息。

剖面上，各原料单元、拼合组垂直位移皆较小，且多数集中分布。集中分布区内拼合组的垂直距离多小于15cm。在古地面倾斜的情况下，石制品在堆积中的绝对垂直距离并不能反映石制品的垂直位移。遗址多数拼合石制品剖面分布与遗址石制品密集区展布相吻合，反映其相对垂直位移很小，因而我们推测主文化层（4C、4B）所受的扰动较小，剥片等人类行为应是石制品分布状态的主要原因。然而，个别拼合组垂直位移较大，且一件在集中分布区，另一件则脱离集中区，这可能反映了各文化层交界位置有过一定程度的扰动。4A层石制品分布零散，不存在完整的拼合组，然而地层堆积仍是细颗粒的粉砂，且石制品大小混杂，未表现出明显的水流分选等自然营力改造的特点。由此我们推测该层零散分布可能反映此时遗址处于古人类活动的边缘地带，且延续的时间相对较长。

二、遗址剥片及石器加工技术

剥片和石器加工技术是拼合分析的主要目的之一。本次研究未对石器与修理碎片进行拼合，所以暂时无法通过拼合所得信息推断石器的具体加工方式。然而1件尖状器拼合组可对石器加工过程中的破碎方式提供线索。拼合组中石核与石片、石器，石片与石片、石器等的拼合可为石核的剥片技术提供有益信息。

拼合组5为一件尖状器，毛坯为脉石英石片，周边经过正向修理，在中间位置折断。尖状器右侧中部断裂处有一个较大的修理疤，该修疤的尺寸大于尖状器上的其他修疤，且该修疤打击点的位置正位于断裂处。由此，可以推测该片疤导致了此件尖状器断裂，可能是修理过程中断裂，也有可能是因为这个较大的修疤造成的内凹边缘形成了一个薄弱点，在埋藏前（如使用时）断裂（见本节第三部分）。

拼合组中包含石核者计4组，3组为石核与1件石片的拼合，1组为石核与3件石片拼合。单件石片的拼合中，一组为石核与石片拼合成一件完整的砾石，其余两件石核都保存除拼合所在剥片面之外的其他剥片面，反映了石核曾进行转向剥片。多件石片与石核的拼合组中，石核剥片同样存在转向。打制者在一个剥片面剥离一件石片后，进行90°转向选择相邻的剥片面继续剥片，剥离的石片断续分布在一个相对较宽的剥片面上。这反映了古人类对原料进行多面开发。拼合组为石片与石片或石器者计4组，虽然其中基本为两件石片或石片与裂片的拼合，但反映了古人类对石料同一个剥片面多层的开发。由于石片与石片（石器）拼合组较少且其所含的石制品数量较少，目前难以就此数据讨论石核对同一剥片面多层次开发的顺序，如石核旋转的顺时针或逆时针方向等。

通过石核与石片等的拼合还可以看出，石核的大小可能与其原型的大小相差甚远，如拼合组3，石核原型的尺寸至少是该石核废弃时的两倍。因而研究遗址中石核所得的数据可能并不能完整地反映石核剥片策略及原料的利用程度。

三、遗址内考古材料分布和移动所反映的技术组织

考古材料的移动过程反映人类行为的组织形式，原料最小单元和拼合石制品的平面分布将对遗址的空间利用方式提供有益的信息。对于垂直位移较大的单元而言，其空间位置经历了后期改造，平面关系可能被改变；遗址4C层原料最小单元和拼合组较少，不能有效地反映人类行为。在此仅讨论4B层中剖面上未经强烈扰动者。

原料最小单元的各个多类型单元内断块/碎片类器物的分布主要集中在发掘区东北区域，但是它们的分布纵横交错，跨度少则近1m，多则超过4m，并没有明显的分区现象。多类型单元B1、B2类不仅包含了断块、碎片类石制品，同时存在石器，且部分石器可以与同一单元内的其他石制品进行拼合，从而保留了较为完整清晰的石制品生产流程，反映出遗址内曾经存在完整的剥片行为以及石器的加工。最小单元中废片类器物的组合形式多以石片、断块、碎块等为主，反映了遗址的石器技术类型以简单的剥片行为为主而非精细工具的加工。废弃进而遗留在遗址原料最小单元内的石器均为形制简单的刮削器等，反映出遗址内权宜工具的生产、使用与废弃的行为。

拼合分析的结果更加直观地反映了古人类对遗址空间的利用。石核与石片拼合组反映剥片过程中石制品的分布，但古人类在剥片与石器加工过程中都有可能移动石核或石片，因而其平面分布包含了剥片及人类对遗址材料移动的复杂过程。拼合组4由1件石核与1件断块、3件石片组成，其中2件石片、1件断块与石核的距离较近，而1件石片分布在距离石核257cm的位置。虽然该件石片未超出剥片实验范围，但不排除人类移动的可能。拼合组3由1件石核、1件裂片及1件刮削器组成，刮削器与裂片拼接后与石核拼合。3件石制品分布的距离较近，反映了古人类原地剥片后进行了石器加工。拼合组1由3件石核断块与1件石片拼合，且多分布在相对较小的范围内，可能反映了原地的剥片行为，且剥片后古人类未对其进行大范围移动。石核与石片等的拼合组平面分布显示，古人类在遗址内进行剥片和石器加工，剥片与石器加工基本在相同区域进行，形成两个相对集中的剥片区域（图7-2、图7-3）。这与石制品碎屑的平面分布特点相吻合（第四章，图4-31）。

石片与石片、工具等的拼合组中拼合产品的顺序可以反映石制品的流动方向。遗址中发现的此类拼合组数量较少（拼合组11、12、21），然而多指示从发掘区中部向西北部的移动方向。虽然这些拼合组不存在石核，不能证明其剥片的原始位置，但可能反映了古人类有意识地将部分石片或石器移动到发掘区的西北部进行使用。

破碎工具拼合组反映了工具破碎后古人类的应对策略。拼合组5为尖状器残段的拼合，如若工具在埋藏时断裂，遗址未经强烈扰动的情况下，其应分布在相对较近的位置。故而，此件尖状器更有可能是在修理时或埋藏前（如使用时）断裂。该尖状器残段相距约377cm，显示破裂后古人类对其进行了移动。尖状器底部边缘经过了修理，然而无法断定是断裂前修理抑或断裂后修理。无论何种情况，古人类对尖状器残段的移动，预示了对断裂部分的再利用。

由于遗址发掘的面积较小，故而石制品的移动方向主要针对发掘区范围来推测石制品的带入带出问题，进而推测古人类的流动组织形式。单类型的石片类单元（A1）可能反映了发掘区外的石片生产和古人类将石片带入发掘区的行为。多类型单元内仅有部分石制品能够拼合，显示其存在某些石制品的缺失。以单元1和6为例，第1单元仅包含一件硅质灰岩石片，石片边缘薄锐可直接使用（边缘存在细小片疤，推测可能存在使用痕迹），在遗址所有大于等于20mm的石制品中同类原料仅此一件，应属于遗址发掘区以外带入的产品。单元6包括28件石制品，原料为石英岩，类型包括石核（1）、石器（3）、石片（8）、裂片（8）、断块（2）、碎片（6）。其中包含3个拼合组，数量占全部石制品的28.6%。拼合组与其他石制品之间的缺环，可能暗示古人类将部分产品有意识地带离了发掘区。

石制品的带入与带出行为反映了古人类在遗址周边从事不同的活动，并存在不同的活动中心。然而无论带入的石制品还是留在遗址内的石制品都以河滩砾石为原料，原料开发程度较轻，技术投入程度较低，显示了较为权宜的技术特征，暗示了当时古人类可能并不存在目的性较强的特殊任务小组，这符合迁居式的流动组织方式。徐家城遗址4B层遗物密集，原料最小单元类型多样，可能代表相对稳定的活动事件；而4C层遗物分布稀疏，原料最小单元单一暗示了相对短暂集中的石器生产与使用行为，可能代表了古人类在这一时期仅做短期停留。

第四节　最小原料单位与拼合分析的有效性和局限性

面对大量的石制品，拼合分析无疑会耗费研究者大量的时间。即便完成拼合研究，最终得到的拼合组数量也不一定能保证获取理想的信息。对于石制品原料类型丰富且辨识度高、石器类型多样的遗址，原料最小单元分析方法便可发挥一定的研究潜力，提取拼合分析所得信息之外的人类行为信息。在无法精确拼合时，原料最小单元的划分相对于单个原料大类而言能反映更为精确的人类行为信息，同时为我们提供相对于单个器物或是拼合组而言更为有效且全面的研究视角。一方面，原料最小单元的分析可以看作是一种"宏观拼合"，它可以避免精确拼合所耗费大量时间与不理想拼合成功率的风险，更为有效地反映古人类对于某件原材料开发、利用甚至是再利用等信息，有助于更加全面地了解遗址的石器工业全貌。另一方面，通过观察单元内的器物类型不仅可以知道保留了怎样的石制品组合，也可以得知缺失了哪些类型。

当然，原料最小单元分析存在一些问题。该方法的有效性取决于所分析的单元是否代表真正的最小单元。在没有拼合分析数据的支持下，最小单元的认定总是易于被质疑的；同时该方法对于原料同质化程度较高的石制品组合基本无效，如黑曜岩石制品组合。拼合分析前，将石制品原料尽量地划分为最小单元是拼合分析的基础。当拼合组数量不足，无法获取理想人类行为信息的情况下，将已划分出来的原料单元进行分析，可以提供诸多有效的关于遗址形成过程、遗址技术组织、空间利用等方面的信息。

拼合分析可为我们理解人类行为和遗址形成过程提供诸多有益信息。其作为一种分析方法，主要作用是为我们提供解析人类行为的信息单元，而非一种考古解释方法；并且不存在拼合结果与人类行为一一对应的解释模式。随着石制品拼合研究在中国旧石器考古学界的开展，学者们将拼合率高低作为衡量遗址埋藏性质的重要砝码,并在一定程度上将拼合率的高低作为原地埋藏与否的决定性证据。然而石制品拼合单元的存在并不能直接推导出遗址为原地埋藏。举例而言,砾石剥片后,包含大大小小的石制品,弱水流的分选作用可能会带走较小的石制品,而较多大型石制品的搬运距离可能并不远,这些大型石制品完全有被拼合的可能性。三峡地区池坝岭遗址的遗址堆积过程和遗物分布显示石制品为近距离搬运的结果,但拼合研究却获得了4.5%的拼合率(马宁等,2010)。另外,一些迅速再堆积作用会将已形成的遗物重新堆积,如滑坡、崩塌等。有学者(Sisk和Shea,2008)对非洲埃塞俄比亚KHS地点的研究显示,大量的拼合标本来自于已有发掘探方的崩塌堆积中。旧石器时代的地质过程相对比较复杂,小规模的地质作用在野外发掘中并不确保可以被分辨出,这些地质营力的改造是不得不考虑的。石制品的拼合率会受到多方面的影响,如石制品原料的多样性、拼合研究者的经验和禀赋、石制品剥片技术、石制品大小、拼合所投入时间等(Laughlin和Kelly,2010;Schrumans,2007),将其作为单独证据论证遗址为原地埋藏并不合理。

　　拼合分析是一项耗时耗力的工作,应考虑其投入产出比,进而决定在具体分析时是否被应用。对于原料颜色、质地特征多样的石制品组合而言,拼合分析相对简单有效,会给认识古人类的行为和遗址形成过程带来意想不到的良好效果;然而对于原料颜色、质地单一的遗址而言,拼合分析将耗费大量时间,且不能保证拼合信息的有效与否。拼合分析方法应用时应具体问题具体分析,虽然学者们将其称为"标准方法",但并非必须应用。对于原料主体相对单一的遗址而言,可尝试在部分可拼合性高的原料单元中进行拼合研究并以此拼合率粗略代表遗址的整体拼合率,进而讨论其反映的人类行为特征。

第八章　石器工业对比

石器工业的对比是旧石器时代考古学研究的重要内容。许多学者对中国旧石器时代各个时期的文化特点进行了总结（如邱中郎，1989；张森水，1985、1990、1997；李炎贤，1989、1993），学者们对中国北方旧石器时代考古学的文化特点进行了以下概括：以石片石器为主；使用锤击法打片和加工；石器类型以刮削器为主、尖状器为辅；形态不规则；刃缘不平齐等。这些描述性状对于大多数中国北方的旧石器时代早、中期遗址和部分晚期遗址几乎是"放之四海而皆准"的（高星，1999）。徐家城遗址的石制品也基本符合上述特征，然而这种相似性是否反映它们属于同一种文化传统是需要结合众多材料深入讨论的复杂问题。本书暂不详细分析徐家城遗址在中国北方石器主工业中的地位，而主要探讨其在区域内的位置。本书选取遗址所在的陇西黄土高原东部及陇东黄土高原的部分遗址进行对比。

旧石器时代石制品组合对比主要依照石制品技术特点进行对比和研究。然而选取哪些项目来进行组合间的比较研究，会对研究结论有着直接影响（高星，1999）。李炎贤（1993）主张以素材、技术和类型作为旧石器时代晚期文化比较的重要参数，标本的大小和类型的组合只能作为次一级的分类依据。高星（1999）提倡选取反映古人类石器技术和文化面貌的信息单元来进行文化的对比分析，包括对原材料的开发和利用、打片的方法、毛坯的选择、加工的方法、加工的方式、器物类型、器物的形态和大小等。本书根据以上标准，选取原材料的开发和利用、剥片技术（剥片概念、方法、工艺等）、石器加工技术（毛坯选择、刃缘形态选择等）、石器类型等作为对比研究的重要参数，上述项目基本反映了石制品生产过程中的主要阶段。

第一节　石制品组合区域对比

近年来，随着陇中盆地旧石器考古调查的展开，旧石器时代遗址的数量大大增加。本书选择位于水洛河沿岸的长尾沟1号地点、苏苗塬头地点和清水河沿岸的大地湾旧石器时代文化层、石峡口1号地点等，与徐家城遗址进行对比。同时选取陇东黄土高原的刘家岔遗址进行对比，以观察六盘山东西两侧的晚更新世旧石器组合的异同。本书所选取的对比遗址部分经过了发掘，但材料多发表于20世纪80年代；多数遗址材料为试掘或调查所得，石制品数量有限。故而，本章所获得的信息并不完整，结论也有一定的局限性。但通过对区域内重要遗址石制品组合的简要概述，可以窥探徐家城遗址石制品组合在区域内的技术演化位置。

一、与长尾沟1号地点比较

长尾沟1号地点位于庄浪县朱店乡长尾沟沟口，即1991年谢骏义等报道的长尾沟地点，出土石制品层位的年代约3.2万~2.9万年（^{14}C，27100±600年，谢骏义，1991）。2009年中国科学院古脊椎动物与古人类研究所等对长尾沟遗址进行考查，从当地砖厂负责人处收集到部分石制品，主要来自含大量钙结核的砾石层，与谢骏义等发现的层位相当。本章主要以2009年采集的石制品为基础进行讨论。

该地点地表采集石制品52件，包括石核11件（1件砸击石核）、石片20件（1件砸击石片）、边刮器1件、凹缺刮器1件、断片3件、裂片1件、断块15件；地层取得石制品2件，包括石片1件、碎屑1件。原料主要是脉石英砾石，初步分析其应采自长尾沟的砾石层或水洛河的砾石层。剥片以简单剥片为主，存在对向剥片石核，硬锤锤击工艺为主，砸击工艺也有所应用。石器数量较少，主要是以边刮器和凹缺器为代表。

与徐家城遗址相比，原料采集策略大体相近，但长尾沟存在一件对向剥片的石核，这与徐家城遗址不同。据报道，白廷格（R L.Bettinger）等考察该地点时从砾石层采集了一件不完整的阿舍利手斧（incompelete Acheulean handax）以及具有勒瓦娄哇预制风格的石片（Barton，2008）。这些石制品报告时未发表线图且笔者未观察到这些石制品，暂无法对其评论。对向剥片石核的存在及其他特殊技术产品存在的可能性，表明长尾沟1号地点与徐家城遗址石制品技术有一定的差别。今后增加对长尾沟1号地点适当的野外工作，可为详细的石制品技术对比分析提供详实的材料基础。

二、与苏苗塬头地点比较

苏苗塬头地点，又称庄浪5号地点（ZL05或ZL005），发现于2002年（Borton等，

2007；张东菊等，2011）。石制品主要埋藏在灰黄色马兰黄土中的一个长约1.3米、厚约0.1米的透镜体中。2002、2004年采集和试掘出土石制品2000余件，多数为小于1厘米的碎片和碎屑，长度大于1厘米者仅占所有石制品的13%。人类活动层位的^{14}C年代约2.4万~1.8万年。石制品原料主要为脉石英砾石，反映了古人类从当时河滩上采集原料。石制品类型有石核、断块、石片等，具有第二步加工的石器数量很少。遗址石核剥片主要为砸击法，并且发现一件石砧，其分布在石制品透镜体的中央位置。这些特征显示遗址石制品可能为古人类短期停留所产生。

徐家城遗址所发现的砸击法产品数量较少，与苏苗塬头地点大量的砸击产品迥异。造成这种差别的原因可能与苏苗塬头的遗址性质相关。

三、与石峡口1号地点比较

石峡口1号地点发现于2009年，调查者从地层中取得石制品42件，包括石核2件、石片19件、两面尖状器1件、断块9件、碎屑9件和小砾石2件；取得动物化石52件。该地点剖面上可见两块灰烬集中区，野外编号为Z1、Z2，其中Z1被多块砾石所环绕。2015年，中国科学院古脊椎动物与古人类研究所、甘肃省文物考古研究所等对该遗址进行了试掘。年代经AMS^{14}C测定，距今约1.9万~1.6万年（任进成等，2017）。

石峡口1号地点试掘发现的遗物丰富，包含石制品406件、动物化石201件、古人类牙齿化石1件、串珠装饰品2件以及烧骨、大量的石质碎屑和碎骨等。遗址共有两个文化层，石制品组合面貌基本一致，类型主要有石锤、普通石核、细石核、石片、细石叶、石器、断块、碎屑以及较多经人工搬运的砾石。石制品原料多选自河滩砾石，但存在少量的外来原料。石制品原料总体以石英为主，燧石次之，另有少量的石英岩、凝灰岩、砂岩、页岩、玛瑙、白云岩及粗面岩；简单石核剥片主要采用硬锤锤击法，存在少量修理台面石核；细石核类型主要有楔形、锥形、柱形及不规则细石核，多数细石叶形态规范，部分细石叶台面背缘存在琢磨痕迹。加工石器主要采用硬锤锤击修理，石器类型以边刮器、端刮器为主，尤以小型两面尖状器具有特色。

该遗址与徐家城遗址石制品相比，具有明显的不同。石峡口遗址第1地点基本上属于一个细石叶技术组合，存在两面器，代表了这一区域末次盛冰期后的石器技术特征。

四、与大地湾旧石器文化层比较

大地湾遗址位于甘肃省秦安县五营乡邵店村，是著名的新石器时代遗址，其"前仰韶"及仰韶文化的遗存十分丰富。2002年以来，甘肃省考古所、兰州大学等单位在其附近进行旧石器调查，发现了旧石器文化遗存。2004、2006、2009、2014年，考古工作者对该遗址进行了发掘，发现了距今6万年以来的文化遗存（吉笃学，2005；张东菊等，2010）。

原研究者将含旧石器时代文化遗物的地层分为两部分：下部为"石英打制技术"产品，上部为细石器技术产品。前者年代跨度为距今6万～2万年，后者于距今2万年左右逐步出现。

大地湾旧石器文化层的发现，以及其同一剖面上文化遗物的连续分布，为研究该地区石器技术的演变及人类的适应生存策略提供了基础。然而，目前遗址发掘面积有限，出土石制品的数量较少，已发表的材料中缺乏关于石制品的描述和分析，给我们的比较研究带来了一定的困难。就现有的材料而言，该遗址下部层位的石英石制品可能与徐家城遗址的材料相近，上部层位的细石器技术产品与徐家城遗址差别较大。

五、与刘家岔遗址比较

刘家岔遗址位于甘肃省环县刘家岔沟，发现于1977年，1978年进行发掘，获得丰富的脊椎动物化石和石制品（甘肃省博物馆，1982），时代距今约4万年（谢骏义，1997）。发现的脊椎动物化石中有鸟类一种，哺乳类有四目13种，能鉴定到种的有7种，其中灭绝种有披毛犀、河套大角鹿、原始牛3种，占可鉴定到种者总数的43%，与萨拉乌苏动物群最为接近。

石制品经过整理共得1022件，其中经第二步加工的石器487件，约占全部石质材料的48%。制作石器的原料90%以上是各色的石英岩砾石，此外还有少量的燧石、硅质灰岩、脉石英、砂岩等砾石。这些砾石来自这个地区早更新世下部的砾石层中，它在遗址东面约800米的狼峁沟便有出露。石核多为多面石核（$n=259$），多使用砾石面或者石片疤为台面进行剥片，石片形态多不规则，多为宽厚的小石片，存在少量修理台面石片；剥片工艺以锤击为主，存在少量砸击工艺制品；毛坯选择以片状为主，刃缘形态多样；石器类型以边刮器（$n=417$）为主，尖状器（$n=37$）数量较多，存在少量端刮器、雕刻器、砍砸器、石球等（甘肃省博物馆，1982）。

与徐家城遗址相比，两者的原料采集策略、石核剥片和石器加工技术相似，体现了较为接近的石器工业面貌，但刘家岔遗址的石器类型更为丰富，包含一些旧石器时代晚期常见的器物，如雕刻器、端刮器等。

第二节 讨 论

限于目前区域内对比材料的数量较少，且不同遗址所获数据量参差不齐，故而该地区不同石制品组合的关系远未得出坚实的结论。随着未来对该区域的调查、试掘以及对重要遗址的发掘和研究的深入，这些问题会得到较好的解决。

就目前的材料而言，陇西黄土高原晚更新世晚期的遗址具有明显的历时性演变过程。

（1）徐家城遗址和大地湾遗址旧石器文化层下部年代跨度约距今6万~2.3万年，与氧同位素3阶段基本重合。此时段石制品显示出比较典型的简单石核石片组合的特点，原料多选择自河滩砾石，未见远距离原料输入的现象；石核多以转向剥片的简单策略为主，未发现明显的预制特征；石片多为形状各异的宽型石片；石器类型以边刮器、锯齿刃器、尖状器等为主。

（2）苏苗源头地点的石制品特征具有特殊性，主要由砸击法生产，距今约2.3万~2万年，年代处于末次盛冰期内。石制品局限分布在一个较小的透镜体内，显示了古人类仅在遗址做十分短暂的停留。这可能意味着古人类因为环境的恶化而开始了频繁的移动，采用十分权宜的砸击法生产石制品以应对短时活动所需。然而，目前此时段内试掘的遗址仅此一处，上述推断需要新材料的补充研究。

（3）距今约1.9万年，在末次盛冰期的末期，此区域开始出现以石峡口第1地点细石叶技术为特点的石制品组合，出现远距离的原料利用、预制石核剥片、小型两面器的加工等典型的旧石器时代晚期较晚阶段的特点。这一特点可能一直延续到距今1万年前后，如大地湾遗址旧石器文化层上部层位仍发现优质原料石髓（很可能为外来原料）所制作的细石核和细石叶等产品。

该区域也可能存在着一些特殊的石制品遗存。长尾沟1号地点存在着对向剥片的石核，以及可能的粗糙手斧、勒瓦娄哇产品等。这些线索指示在氧同位素3阶段，此区域或许存在具有西方特点的预制技术遗存。当然，这些线索需要进一步的野外工作予以确认。

2014年，中国科学院古脊椎动物与古人类研究所与甘肃省文物考古研究所等合作对石峡口遗址第2地点进行了发掘，目前材料仍在整理中。该地点旧石器时代文化层的^{14}C年代为距今约3.3万年。石制品的初步观察显示，类型主要有石锤、石核、石片、石器、断块、碎屑以及经人工搬运的砾石。简单石核剥片主要采用硬锤锤击法，多用砾石的砾面和打击面为台面进行剥片，也有少量修理台面者；存在一定数量的预制剥片石核；石器类型主要有边刮器、锯齿刃器、端刮器等。遗址发现了具有预制特征的石核、加工精制的端刮器、频繁且稳定的用火行为，这些特征显著不同于徐家城遗址的物质文化特点。这些新的文化因素是预示着来自西方的影响还是本土文化的创新，这一问题亟待回答。

学术界一般认为旧石器时代晚期是现代人（晚期智人）所创造的文化，并常常将中国发现的具有欧亚大陆西部旧石器时代晚期文化特点（如石叶技术）的遗址解释为扩散的结果，但具有中国本土特点的旧石器时代晚期文化是如何表现的、它们何时出现是困扰学界的重大科学问题。陇西黄土高原近年来发现和发掘的遗址组成了一个较为完整的晚更新世晚期（距今5万～1万年）相对高分辨率的年代框架，从距今约4.3万～4.1万年的徐家城遗址主文化层，到距今约3.3万年的石峡口第2地点，再到距今约1.9万～1.6万年的石峡口遗址第1地点。这一年代框架和明显的阶段性文化特点为讨论陇西黄土高原晚更新世人类行为演化、人类行为与环境变化的互动关系等重要学术问题提供了关键材料。尤其是为我们回答中国北方旧石器晚期开始的时间及行为标志、早期现代人在中国北方的扩散和演化等重要学术问题提供了重要素材。

徐家城遗址与陇东黄土高原刘家岔遗址的对比显示，两个遗址具有很高的相似性，皆以简单石核剥片技术和刮削器为主的石器组合为特点。虽然，刘家岔遗址的年代仍需要更多的细致工作，但动物群与初步的年代分析显示其可能与徐家城遗址年代相当或略早。陇东黄土高原富含旧石器文化遗存，以往已发现和发掘了大量的旧石器时代遗址，然而年代研究和石器技术分析相对薄弱。进一步的工作可以揭示出与陇西黄土高原相近的石器技术演化序列，这将为我们了解六盘山东西两侧不同时间段古人类的分布范围、区域适应模式、文化演变模式及动因等提供丰富的材料基础。

第九章 结 语

第一节 遗址的环境与年代

徐家城旧石器遗存埋藏于水洛河的二级阶地及其上覆的马兰黄土中，文化层堆积主要为马兰黄土的粉砂沉积物。沉积物粒度、孢粉和动物化石分析显示，遗址区的古环境经历了三个主要的阶段。遗址第6~5层，主要以洪泛期的红色细砂堆积为主，水量相对较大，遗址以开阔的针阔叶混交林、灌丛草原为主体植被，整体上相对温暖湿润。第4层位以黄土粉砂沉积为主，河流水量有所下降，植被中针叶林比例上升，阔叶林比例下降，显示了一个降温的过程，草原植被比例在同期有较大幅度的增加，灌丛的比例显著下降，指示了区域的干旱化过程。该层位出土的动物化石主要为马属和牛属，皆为适应草原环境的种类。第3层为粉砂质的黄土堆积，植被中乔木整体减少，草原比例继续增加，反映了相对干冷的气候环境。

^{14}C测年与地层对比表明，徐家城遗址5层年龄大于4.7万年；4C层年代距今4.7万~4.5万年；4B层年代距今4.3万~4.1万年；4A层上部年代距今2.8万~2.3万年。由于遗址主要文化层（4C、4B）的年代接近^{14}C测年的界限，故而需要细致的光释光测年验证^{14}C年代的准确性。目前，系统的光释光测年正在进行中。

第二节 石制品特点及其反映的人类行为

遗址不同文化层石制品有着相近的特点。形态方面，石制品以中、小型为主，重量主要分布在1~100g；石制品类型有搬入石材、石核、石片、断块、碎块/片、石器等；原料以脉石英和花岗岩为主，此外闪长岩、砾岩也占有一定比例，大理岩、硅质灰岩等较少；石核以锤击石核为主，也有极少量的砸击石核，锤击者可分为单台面、双台面、多台面三个类型；石片以完整石片为主，台面多为砾石面和素台面，基本未见修理台面石片；裂片的比例较大，约占石片总数的30%。石器在石制品中的比例不高，占3%左右，类型有石锤、石砧、边刮器、尖状器、石锥、凹缺刮器、端刮器、砍砸器、似薄刃斧等，其中以边刮器的数量最多，大型石器数量较少。

一、原料采集和利用

古人类主要从古河滩上选取砾石，原料采集时有目的地采集脉石英砾石，对花岗岩砾石采集也十分重视，未特意增加对优质原料的采集和利用。古人类对遗址附近主要原料的特点有着明确的认识，并以此发展出了不同的利用方式：主要应用脉石英进行剥片和加工小型石器（如边刮器、锯齿刃器、石锥等），花岗岩、闪长岩等主要用作石锤、石砧和制作大型石器（如砍砸器、似薄刃斧等）。古人类尽可能地将搬入到遗址的石料进行剥片利用，反映遗址内不存在石料存储现象，属于随用随采型的原料采集策略；古人类不存在原料短缺的压力，反映其所从事的活动可能多为遗址内或遗址附近的活动。

二、石制品技术

遗址剥片技术采用简单剥片的理念，以有效剥离石片为目的。选择合适的台面、剥片面、台面角度进行剥片，并不对台面、剥片面、剥片产品等进行预制。剥片工艺以硬锤锤击剥片为主；存在砸击工艺，但产品较少；可能存在石砧-硬锤锤击剥片工艺。剥片过程中，剥片者对引导同心波传播的纵脊没有明确的生产意识。剥片程序的分析显示，当时古人类没有形成稳定的剥片顺序。石器加工以生产单边延伸形刃口和双边汇聚形刃口为主。毛坯选择以片状为主，从较平整的一面向另一面加工，绝大多数为单面加工。修理工艺为硬锤锤击修理。修疤排列以相邻为主，使得刃缘形态多呈微弱的锯齿形。从部分修疤界限明显的石器来看，其修疤的排列比较稳定，修疤间的距离大体相同，体现了比较稳定的加工。

三、技术组织与流动性

古人类在遗址内进行剥片和石器加工，剥片与石器加工基本同时进行，不存在明显的剥片和石器加工区域的分离；拼合分析显示古人类可能有意识地将部分石片或石器移动到发掘区的西北部。遗址内主要为权宜工具的生产、使用和废弃行为，对部分石器可能存在损坏后的再利用。存在将部分产品有意识带入和带出发掘区或遗址的行为，石制品的带入与带出行为反映了古人类在遗址周边从事不同的活动，并可能存在不同的活动中心。然而无论带入的石制品还是留在遗址内的石制品都以河滩砾石为原料，原料开发程度较轻，技术投入较低，显示了较为权宜的技术特征，暗示了当时古人类可能并不存在目的性较强的特殊任务小组，符合迁居式的流动组织方式。

第三节　石制品技术区域演化位置

陇西黄土高原近年来发现和发掘的遗址组成了一个较为完整的晚更新世晚期（距今5万～1万年）相对高分辨率的年代框架，从距今4.3万～4.1万年的徐家城遗址主文化层，到距今约3.3万年的石峡口第2地点，再到距今1.9万～1.6万年的石峡口遗址第1地点。徐家城遗址文化层最早距今约4.6万年，主要文化层年代距今4.3万～4.1万年。

距今4.5万～4万年常被学术界认为是旧石器时代晚期的开始，然而徐家城旧石器遗址出土的石制品组合中却少有旧石器时代晚期的典型技术特点，如具有预制特征的剥片，端刮器、雕刻器等石器类型。这一现象无疑给我们提出了一个问题：中国北方旧石器时代晚期开始的时间和标志是什么？对本区域石峡口遗址第2地点材料的初步观察显示，该地点距今约3.3万年，开始出现了一定的石核预制特征，且存在旧石器时代晚期常见的端刮器等类型，与徐家城出土的石制品组合有着明显的差别。从其他文化特征上看，石峡口第2地点发现了明确的用火遗迹，多个火塘的出现显示了古人类高频率的用火行为；而徐家城遗址虽然发现了大量的石制品，预示着较长时间的人类活动，但却未发现明确的用火迹象。虽然遗址发掘面积小于石峡口第2地点，但20平方米的区域内基本无炭粒出土，暗示徐家城主文化层的古人类用火可能并不惯常。与本区域内更早的杨上遗址（主文化层距今18万～15万年）相比，石制品特点也有所区别。从剥片特征上看，虽然皆以简单剥片为主，但杨上遗址存在一定量的盘状石核；石器类型上，杨上遗址出土的石器数量较少，类型分化程度低，主要可分为边刮器和锯齿刃器（甘肃省文物考古研究所等，2019），而徐家城石器类型丰富多样。徐家城遗址与杨上遗址出土的石制品总体上更加接近，但徐家城遗址的石器类型显示出了一定的复杂性。

从目前陇西黄土高原区域演化序列上看，徐家城遗址石制品所显示的人类行为特点缺乏旧石器时代晚期常见的特点，表明它似乎处在旧石器时代晚期之前的一个阶段，尚未进入旧石器时代晚期。虽然中国旧石器时代中期的存在与否、分布范围、技术表现特征等还有争议（高星，1999；Li，2014；Li等，2018），但总体上我们倾向于徐家城遗址的石制品组合更接近旧石器时代早期晚段石制品技术的特点。目前，我们所获得的材料仍然相对有限，尤其是石峡口遗址第2地点的材料还未完成，缺乏距今15万~5万年间的遗址，陇西黄土高原石制品技术区域演化序列重建还未完成，所得的结论是初步的。

中国北方晚更新世晚期的技术演化序列有一定的复杂性，既有外来技术的影响，如水洞沟第1地点的勒瓦娄哇石叶技术等；也有本地技术的延续，如较多遗址仍表现出简单石核石片的技术特征（Li等，2019）。限于目前材料的发表程度，区域间石制品技术的定量对比仍存在着一定的难度，亟须不同地区区域演化序列的建立，补充区域对比的材料基础。目前，河南郑州地区（王幼平和顾万发，2018）、河北泥河湾地区（谢飞等，2006）、宁夏水洞沟地区（高星等，2013）等皆有良好的材料基础，将来总结各自区域的技术演化特征，进而在中国北方不同区域进行横向对比，有助于我们了解中国北方旧石器时代晚期开始的时间与表现、旧石器时代晚期形成的复杂性，也有助于我们理解晚更新世晚期中国北方古人类的扩散、区域适应生存模式、文化演变模式及动因等。

参考文献

曹泽田. 贵州水城硝灰洞旧石器文化遗址. 古脊椎动物与古人类, 1978, 16（1）: 67-72.

陈淳. 旧石器研究: 原料、技术及其他. 人类学学报, 1996, 15（3）: 268-275.

陈淳, 沈辰, 陈万勇, 等. 河北阳原小长梁遗址1998年发掘报告. 人类学学报, 1999, 18（3）: 225-239.

邓涛, 薛祥煦. 中国的真马化石及其生活环境. 北京: 海洋出版社, 1999.

董为, 李占扬. 河南许昌灵井遗址的晚更新世偶蹄类. 古脊椎动物学报, 2008, 46（1）: 31-50.

杜水生. 泥河湾盆地旧石器中晚期石制品原料初步分析. 人类学学报, 2003, 22（2）: 121-130.

冯小波. 郧县人遗址石制品的拼合研究//北京大学考古文博学院. 考古学研究（七）. 北京: 科学出版社, 2008: 77-85.

冯兴无. 内蒙古大窑四道沟石器工业研究. 中国科学院研究生院博士学位论文, 2008: 1-111.

盖培, 黄万波. 陕西长武发现的旧石器时代中期文化遗物. 人类学学报, 1982, 1（1）: 18-29.

甘肃省博物馆. 甘肃环县刘家岔旧石器时代遗址. 考古学报, 1982, （1）: 35-48.

甘肃省博物馆, 庆阳地区博物馆. 甘肃镇原黑土梁发现的晚期旧石器. 考古, 1983, （2）: 97-100.

甘肃省地层表编写组. 西北地区区域地层表-甘肃省分册. 北京: 地质出版社, 1980.

甘肃省文物考古研究所, 中国科学院古脊椎动物与古人类研究所, 张家川县文广局. 甘肃张家川县杨上旧石器时代遗址的发掘. 考古, 2019, （5）: 66-77.

高星. 关于"中国旧石器时代中期"的探讨. 人类学学报, 1999, 18（1）: 1-15.

高星. 关于周口店第15地点石器类型和加工技术的研究. 人类学学报, 2001b, 20（1）: 1-18.

参考文献

高星. 旧石器时代考古学. 化石, 2002, （4）：2-4.

高星. 周口店第15地点剥片技术研究. 人类学学报, 2000, 19（3）：199-215.

高星. 周口店第15地点石器原料开发方略与经济形态研究. 人类学学报, 2001a, 20（3）：186-200.

高星, 裴树文, 王惠民, 等. 宁夏旧石器考古调查报告. 人类学学报, 2003, 23（4）：307-325.

高星, 王惠民, 裴树文, 等. 水洞沟——2003—2007年度考古发掘与研究报告. 北京：科学出版社, 2013.

高星, 卫奇, 李国洪. 冉家路口旧石器遗址2005年发掘报告. 人类学学报, 2008, 27（1）：1-12.

黑龙江省文物管理委员会, 哈尔滨市文化局, 中国科学院古脊椎动物与古人类研究所东北考察队. 阎家岗——旧石器时代晚期古营地遗址. 北京：文物出版社, 1987.

侯亚梅. 石制品微磨痕分析的实验性研究. 人类学学报, 1992, 11（3）：202-215.

胡松梅. 略谈我国旧石器时代石器原料的选择与岩性的关系. 考古与文物, 1992, （2）：40-45.

黄万波. 中国晚更新世哺乳动物群//中国科学院古脊椎动物与古人类研究所. 参加第十三届国际第四纪大会论文选. 北京：北京科学技术出版社, 1991：44-54.

黄为龙. 我国最初发现的旧石器地点究竟在哪里. 化石, 1979, （3）：29.

黄慰文. 石器时代人类对工具原料的选择和打制. 龙骨坡史前文化志, 1999, 1（1）：159-163.

黄蕴平. 甘肃省旧石器时代考古//吕遵谔. 中国考古学研究的世纪回顾：旧石器时代考古卷. 北京：科学出版社, 2004：238-244.

吉笃学, 陈发虎, Bettinger R L, 等. 末次盛冰期环境恶化对中国北方旧石器文化的影响. 人类学学报, 2005, 24（4）：270-282.

贾兰坡, 盖培, 尤玉柱. 山西峙峪旧石器时代遗址发掘报告. 考古学报, 1972, （1）：39-58.

贾兰坡, 卫奇. 阳高许家窑旧石器时代文化遗址. 考古学报, 1976, （2）：97-114.

贾兰坡, 卫奇, 李超荣. 许家窑旧石器时代文化遗址1976年发掘报告. 古脊椎动物与古人类, 1979, 17（4）：277-293.

李超荣, 冯兴无, 郁金城, 等. 王府井东方广场遗址骨制品研究. 人类学学报, 2004, 23（1）：13-33.

李超荣, 郁金城. 旧石器时代文化遗物的拼合//英德市博物馆, 等. 中石器文化及有关问题研讨会论文集.广州：广东人民出版社，1999.

李锋.试析石器的加工方式//高星，石金鸣，冯兴无.天道酬勤桃李香——贾兰坡院士百年诞辰纪念文集.北京：科学出版社，2008：304-313.

李锋，陈福友，高星，等.甘肃省徐家城遗址旧石器遗址的年代.人类学学报，2013，32（4）：432-440.

李锋，陈福友，王辉，等.甘肃省徐家城旧石器遗址发掘简报.人类学学报，2012，31（3）：209-227.

李罡.泥河湾盆地旧石器时代晚期二道梁遗址初步研究.河北师范大学硕士学位论文，2009.

李海军，吴秀杰.甘肃泾川化石人类头骨性别鉴定.人类学学报，2007，26（2）：107-115.

李炎贤.关于小长梁石制品的进步性.人类学学报，1999，18（4）：241-254.

李炎贤.中国旧石器时代晚期文化的划分.人类学学报，1993，12（3）：214-223.

李炎贤.中国南方旧石器时代早期文化//吴汝康，等.中国远古人类.北京：科学出版社，1989：159-194.

李英华.旧石器技术：理论与实践.北京：社会科学文献出版社，2017.

李英华，包爱丽，侯亚梅.石器研究的新视角：技术-功能分析法——以观音洞遗址为例.考古，2011，（9）：58-70.

李英华，侯亚梅，Bodin E.法国旧石器技术研究概述.人类学学报，2008，27（1）：51-65.

李英华，侯亚梅，Boëda E.观音洞遗址古人类剥坯模式与认知特征.科学通报，2009b，54（19）：2864-2870.

李英华，侯亚梅，Boëda E.旧石器技术研究法之应用——以观音洞石核为例.人类学学报，2009a，28（4）：355-362.

辽宁省文物考古研究所，黄慰文、傅仁义.小孤山——辽宁海城史前洞穴遗址综合研究.北京：科学出版社，2009.

刘玉林.甘肃泾川大岭上发现的旧石器.史前研究，1987，（1）：37-42.

刘玉林.甘肃泾川发现旧石器.化石，1976，（1）：28.

刘玉林，黄慰文，林一璞.甘肃泾川发现的人类化石和旧石器.人类学学报，1984，3（1）：11-18.

路易斯·宾福德著，陈胜前译.追寻人类的过去：解释考古材料.上海：上海三联书店，2009.

马宁, 彭菲, 裴树文. 三峡库区池坝岭遗址石制品拼合研究. 人类学学报, 2010, 29（2）：123-131.

马修·约翰逊著, 魏峻译. 考古学理论导论. 长沙：岳麓书社, 2005.

内蒙古博物院, 中国科学院古脊椎动物与古人类研究所. 大窑遗址研究：四道沟地点（1980—1984）. 北京：科学出版社, 2015.

裴树文. 石制品原料的分类命名及相关问题讨论. 文物春秋, 2001,（2）：17-23, 76.

裴树文, 侯亚梅. 东谷坨遗址石制品原料利用浅析. 人类学学报, 2001, 20（4）：271-281.

裴文中. 山西襄汾县丁村旧石器时代遗址发掘报告. 北京：科学出版社, 1958.

裴文中, 张森水. 中国猿人石器研究. 北京：科学出版社, 1985.

祁国琴. 内蒙古萨拉乌苏河流域第四纪哺乳动物化石. 古脊椎动物与古人类, 1975, 13（4）：239-249.

邱中郎. 中国旧石器时代中期文化//吴汝康, 等. 中国远古人类. 北京：科学出版社, 1989：195-219.

任进成, 周静, 李锋, 等. 甘肃石峡口旧石器遗址第1地点发掘报告. 人类学学报, 2017, 36（1）：1-16.

山西省考古研究所. 丁村旧石器时代遗址群——丁村遗址群1976~1980年发掘报告. 北京：科学出版社, 2014.

陕西省考古研究院, 洛南县博物馆. 花石浪Ⅱ——洛南花石浪龙牙洞遗址发掘报告. 北京：科学出版社, 2008.

沈辰. 石器微痕分析的考古学实验：理论、方法与运用//高星, 沈辰. 石器微痕分析的考古学实验研究. 北京：科学出版社, 2008：23-40.

苏联义, 吴子荣, 田国光, 等. 陇中盆地第四纪地质的初步研究. 中国第四纪研究, 1958：1（1）：190-192.

童永生, 尤玉柱, 黄学诗. 奇蹄目//中国科学院古脊椎动物与古人类研究所. 中国脊椎动物化石手册. 北京：科学出版社, 1979：457-501.

王春雪. 水洞沟遗址第八地点废片分析和实验研究. 中国科学院研究生院博士学位论文, 2010：1-254.

王辉. 20世纪甘肃考古的回顾与展望. 考古, 2003,（6）：7-18.

王建, 王向前, 陈哲英. 下川文化——山西下川遗址调查报告. 考古学报, 1978（3）：259-288.

王社江. 洛南花石浪龙牙洞1995年出土石制品的拼合研究. 人类学学报, 2005, 24

（1）：1-17.

王社江. 洛南盆地旷野旧石器地点群石制品的拼合观察. 考古与文物, 2007, (5): 57-64.

王益人. 周口店第1地点和第15地点石器原料分析. 人类学学报, 2004, 23, 增刊: 130-144.

王幼平. 石器研究——旧石器时代考古学方法初探. 北京: 北京大学出版社, 2006.

王幼平. 试论石器原料对华北旧石器工业的影响//北京大学考古学系."迎接二十一世纪的中国考古学"国际学术讨论会. 北京: 北京大学出版社, 1998: 75-85.

王幼平, 顾万发. 从现代人出现到农业起源——郑州地区旧石器时代考古新进展. 中原文物, 2018, (6): 4-15.

卫奇. 石制品观察格式探讨//邓涛, 王原. 第八届中国古脊椎动物学学术年会论文集. 北京: 海洋出版社, 2001: 209-218.

卫奇.《西侯度》石制品之浅见. 人类学学报, 2000, 19（2）: 85-96.

夏征农, 陈至立. 辞海（第6版·缩印本）. 上海: 上海辞书出版社, 2010.

谢飞, 凯西·石克, 屠尼克, 等. 岑家湾遗址1986年出土石制品的拼合研究. 文物季刊, 1994（3）: 86-102.

谢飞, 李珺. 岑家湾旧石器时代早期文化遗物及地点性质的研究. 人类学学报, 1993, 12（3）: 224-234.

谢飞, 李珺. 拼合研究在岑家湾遗址综合分析中的应用. 文物季刊, 1995, (1): 25-38.

谢飞, 李珺, 刘连强. 泥河湾旧石器文化. 石家庄: 花山文艺出版社, 2006.

谢光茂. 原料对旧石器加工业的影响. 广西民族研究, 2001, (2): 99-102.

谢骏义. 甘肃旧石器回顾与进展//东北亚旧石器考古国际学术讨论会论文集, 1997: 165-177.

谢骏义. 甘肃西部和中部旧石器考古的新发现及其展望. 人类学学报, 1991, (1): 27-33.

谢骏义, 陈善勤. 记甘肃大地湾遗址剖面和旧石器遗存//董为. 第九届中国古脊椎动物学学术年会论文集. 北京: 海洋出版社, 2004: 233-242.

谢骏义, 刘玉林, 丁广学. 甘肃庄浪双堡子旧石器地点//邓涛, 王原. 第八届中国古脊椎动物学学术年会论文集. 北京: 海洋出版社, 2001: 219-228.

谢骏义, 伍德煦. 浅谈解放以来甘肃旧石器时代的考古. 西北师大学报（社会科学版）, 1980, (3): 25-29.

谢骏义，许俊臣.我国发现的第一块旧石器的产地在哪里.化石，1978，（2）：29.

谢骏义，张鲁章.甘肃庆阳地区的旧石器.古脊椎动物与古人类，1977，13（3）：211-222.

谢骏义，张振标，杨福新.甘肃武山发现的人类化石.史前研究，1987，（4）：47-51.

谢焱，丁广学，谢骏义.甘肃庄浪赵家滑沟沟口的地层与石器初步研究//董为.第九届中国古脊椎动物学学术年会论文集.北京：海洋出版社，2004：223-232.

徐余瑄，薛祥煦.牛科//古脊椎动物研究所高等脊椎动物组.东北第四纪哺乳动物化石志.北京：科学出版社，1959：60-71.

张东菊，陈发虎，Bettinger R L，等.甘肃大地湾遗址距今6万年来的考古记录与旱作农业起源.科学通报，2010，55（10）：887-894.

张东菊，陈发虎，吉笃学，等.甘肃苏苗塬头地点石制品特征与古环境分析.人类学学报，2011，30（3）：289-298.

张多勇，马悦宁，张建香.中国第一件旧石器出土地点调查.人类学学报，2012，31（1）：51-59.

张森水.我国北方旧石器时代中期文化初探.史前研究，1985，（1）：8-16.

张森水.在中国寻找第一把石刀.人类学学报，1997，16（2）：87-95.

张森水.中国北方旧石器工业的区域渐进与文化交流.人类学学报，1990，9（4）：322-333.

张森水.中国旧石器文化.天津：天津科学技术出版社，1987.

张森水，宋惕冰.北京志·世界文化遗产卷·周口店遗址志.北京：北京出版社，2004.

张双权，裴树文，张乐，等.水洞沟遗址第7地点动物化石初步研究.人类学学报，2014，33（3）：343-354.

张晓凌.石器功能与人类适应行为：虎头梁遗址石制品微痕分析.中国科学院研究生院博士学位论文，2009：1-156.

张行.试论泾渭河流域旧石器文化及与邻区的关系.文物春秋，1992，（2）：12-19.

张映文，谢骏义.甘肃泾南南峪沟与桃山嘴旧石器晚期遗址的发现.考古与文物，1981，（2）：5-11.

张云翔，薛祥煦.甘肃武都龙家沟三趾马动物群埋藏学.北京：地质出版社，1995.

中国科学院黄河中游水土保持综合考察队，中国科学院地质研究所.黄河中游第四纪地质调查报告.北京：科学出版社，1962.

周信学，孙玉峰，王志彦，等.大连古龙山遗址研究.北京：北京科学技术出版社，1990.

Akazawa T, Oda S, Yamanaka I. The Japanese Palaeolithic—A Techno-typological Study. Rippu Shobo, 1980.

Andrefsky W Jr. Raw Material Availability and the Organization of Technology. American Antiquity, 1994, 59 (1): 21-34.

Andrefsky W Jr. The Application and Misapplication of Mass Analysis in Lithic Debitage Studies. Journal of Archaeological Science, 2007, 34 (3): 392-402.

Barton L W, Morgan C T, Bettinger R L, et al. The Archaeology of Archaic and Early Modern Humans in Northwest China: A Report on the 2007 Paleolithic Survey Project in Eastern Longxi Basin, Gansu, 2008 (Unpublished).

Barton L W, Brantingham P J, Ji D X. Late Pleistocene Climate Change and Paleolithic Cultural Evolution in Northern China: Implication from the Last Glacial Maximum//Madsen D B, Chen F H, Gao X. Late Quaternary Climate Change and Human Adaptation in Arid China. Amsterdam: Elsevier, 2007: 105-128.

Bordes F. Typologie du Paléolithique Ancien et Moyen. Publications de l'Institut de Préhistoire de l"Université de Bordeaux, Mémoire 1, Delmas, Bordeaux, 1961.

Cahen D, Keeley L H, Van Noten F L, et al. Stone Tools, Toolkits, and Human Behavior in Prehistory. Current Anthropology, 1979, 20 (4): 661-683.

Cahen D, Moeyersons J. Subsurface Movements of Stone Artefacts and their Implications for the Prehistory of Central Africa. Nature, 1977, 266: 812-815.

Chen F H, Welker F, Shen C C, et al. A late Middle Pleistocene Denisovan mandible from the Tibetan Plateau. Nature. 2019, 569 (7756): 409-412.

Church T. Lithic Resource Studies: A Sourcebook for Archeologists. Special Publication # 3. Lithic Technology, 1994.

Cooper J R, Qiu F. Expediting and Standardizing Stone Artifact Refitting Using a Computerized Suitability Model. Journal of Archaeological Science, 2006, 33 (7): 987-998.

Cziesla E, Eickhoff S, Arts N, et al. The Big Puzzle: International Symposium on Refitting Stone Artefacts. Bonn: Holos, 1990.

Cziesla E. On refitting of stone artefacts//Cziesla E, Eickhoff S, Arts N, et al. The Big Puzzle: International Symposium on Refitting Stone Artefacts. Bonn: Holos, 1990: 9-44.

Dibble H L, Whittaker J C. New Experimental Evidence on the Relation between Percurssion Flaking and Flake Variation. Journal of Archaeological Science, 1981, 8 (3): 283-296.

Diez-Martín F, Policarpo S Y, Domínguez-Rodrigo M, et al. An Experimental Study of Bipolar and Freehand Knapping of Naibor Soit Quartz from Olduvai Gorge (Tanzania). American Antiquity, 2011, 76 (4): 690-708.

Haury C E. Defining Lithic Procurement Terminology//Churh T. Lithic Resource Studies: A Source Book for Archaeologist, Special Publication #3. Lithic Technology, 1994.

Hiscock P. Australian Point and Core Reduction Viewed Through Refitting//Schurmans U, De Bie M. Fitting Rocks: Lithic Refitting Examined. Oxford: Archaeopress, 2007: 105-118.

Hofman J L, Enloe J G. Piecing Together the Past: Applications of Refitting Studies in Archaeology. Oxford: Tempus Reparatum, 1992.

Hofman J L. Vertical Movement of Artifacts in Alluvial and Stratified Deposits. Current Anthropology, 1986, 27 (2): 163-171.

Inizan M-L, Roche H, Tixier J. Technology of Knapped Stone. Meudon: CREP, 1992.

Kelly R L. Hunter-Gather Mobility and Sedentism: A Great Basin Study. Michigan: Department of Anthropology, University of Michigan, 1985.

Kuhn S L. Upper Paleolithic Raw Material Economies at Üçağizli Cave, Turkey. Journal of Anthropological Archaeology, 2004, 23: 431-448.

Larson M L, Eric E I. Perspectives on Refitting: Critique and a Complementary Approach// Hofman J L, Enloe J G. Piecing Together the Past: Applications of Refitting Studies in Archaeology. Oxford: Tempus Reparatum, 1992: 1-20.

Larson M L, Kornfeld M. Chipped Stone Nodules: Theory, Method and Examples. Lithic Technology,1997, 22 (1): 4-18.

Laughlin J P, Kelly R L. Experimental Analysis of the Practical Limits of Lithic Refitting. Journal of Archaeological Science, 2010, 37 (2): 427-433.

Leakey M D. Oldowan Gorge, Vloume 3, Excavation in Beds Ⅰ and Ⅱ, 1960-1963. London: Cambridge University Press, 1971.

Leroi-Gourhan A, Brezillon M. L'habitation Magdalénienne n°1 de Pincevent pèrs Montereau (Seine-et-Marne). Gallia Prèhistoire, 1966, 9 (2): 263-385.

Li F. Fact or Fiction: the Middle Palaeolithic in China. Antiquity, 2014, 88 (342), 1303-1309.

Li F, Kuhn S L, Bar-Yosef O, et al. History, Chronology and Techno-Typology of the Upper Paleolithic Sequence in the Shuidonggou Area, Northern China. Journal of World Prehistory, 2019, 32 (2): 111-141.

Li F, Kuhn S L, Chen F Y, et al. Raw Material Economies and Mobility Patterns in the

Late Paleolithic at Shuidonggou Locality 2, North China. Journal of Anthropological Archaeology, 2016, 43: 83-93.

Li F, Kuhn S L, Chen F Y, et al. The Easternmost Middle Paleolithic (Mousterian) from Jinsitai Cave, North China. Journal of Human Evolution, 2018, 114: 76-84.

López-Ortega E, Rodríguez X P, Vaquero M. Lithic Refitting and Movement Connections: the NW area of level TD10-1 at the Gran Dolina Site (Sierra de Atapuerca, Burgos, Spain). Journal of Archaeological Science, 2011, 38 (11): 3112-3121.

Morgan C, Barton L, Bettinger R, et al. Glacial Cycles and Palaeolithic Adaptive Variability on China's Western Loess Plateau. Antiquity, 2011, 85 (328): 365-379.

Minichillo T. Raw Material Use and Behavioral Modernity: Howiesons Poort Lithic Foraging Strategies. Journal of Human Evolution, 2006, 50 (3): 359-369.

Odell G H. Lithic Analysis. New York: Kiuwer Academic/Plenum Publishers, 2004.

Pei W C. The Upper Cave Fauna of Choukoutien. Palaeontologia Sinica, Chungking: Gelolgical Survey of China, 1940, 10:1-86.

Reimer P J, Bard E, Bayliss A, et al. IntCal13 and Marine13 radiocarbon age calibration curves 0–50,000 years cal BP. Radiocarbon, 2013, 55 (4): 1869-1887.

Schurmans U, De Bie M. Fitting Rocks: Lithic Refitting Examined. Oxford: Archaeopress, 2007.

Schurmans U A. Refitting in the Old and New World//Schurmans U, De Bie M. Fitting Rocks: Lithic Refitting Examined. Oxford: Archaeopress, 2007: 7-23.

Sisk M L, Shea J J. Intrasite Spatial Variation of the Omo Kibish Middle Stone Age assemblages: Artifact Refitting and Distribution Patterns. Journal of Human Evolution, 2008, 55 (3): 486-500.

Smith W G. Man the Primeval Savage: His Haunts and Relics from the Hill-tops of Bedfordshire to Blackwall. London: E. Stanford, 1894.

Spurrell F. On the Discovery of the Place Where Palaeolithic Implements were Made at Crayford. Quarterly Journal of the Geological Society, 1880, 36: 544-549.

Stahl J. Who Were the Flintknappers? A Study of Individual Characteristics. Lithic Technology, 2008, 34 (2): 161-172.

Toth N. The Oldowan Reassessed: A Close Look at Early Stone Artifacts. Journal of Archaeological Science, 1985, 12 (2): 102-120.

Villa P, Courtin J. The Interpretation of Stratified Sites: A View from Underground. Journal of

Archaeological Science, 1983, 10 (3): 267-281.

Villa P. Conjoinable Pieces and Site Formation Process. American Antiquity, 1982, 47 (2): 276-290.

Waguespack N M. Caribou Sharing and Storage: Refitting the Palangana Site. Journal of Anthropological Archaeology, 2002, 21 (3): 396-417.

Abstract

Since the first stratified lithic assemblage was found there in 1920, Gansu, especially the eastern part of the province, has yielded some of the most abundant Paleolithic remains in China, although fewer archaeological studies have been conducted there since the beginning of the current century. In 2009, the Gansu Provincial Institute of Cultural Relics and Archaeology, the Institute of Vertebrate Paleontology and Paleoanthropology (IVPP) of the Chinese Academy of Sciences (CAS), and Lanzhou University initiated a collaborative Paleolithic research project on the Longxi Loess Plateau. More than 20 new archaeological localities were discovered during the 2009 survey, among which the Xujiacheng site was determined to have particularly high research potential owing to its dense artifact concentrations in natural profiles.

The Xujiacheng Paleolithic site is located on the southeastern edge of Xucheng Village in Wanquan Township, Zhuanglang County, Pingliang City, Gansu Province (35°04′44.8″N, 105°47′49.0″E, 1398m above sea level). The site is buried mainly in Malan Loess overlying the second terrace of the Shuiluo River. It was discovered on 29 June 2009 and excavated from 10 July to 25August 2009 by members of the IVPP, Lanzhou University, and the Gansu Provincial Institute of Cultural Relics and Archaeology, exposing an area of approximately 20 m^2. More than 5,000 stone artifacts, 550 vertebrate fossils, and numerous lithic debris and small bone fragments were unearthed.

Nine stratigraphic layers were identified at the site, with total thickness of more than 6.5 meters. Most cultural remains were recovered from the fourth layer which is mainly composed of yellowish silt. A few artifacts were also found in the fifth layer which is mostly comprised of reddish fine sand. According to the vertical distribution of stone artifacts and fossils in Layer 4, three archaeological horizons were identified in this stratum: 4C, 4B, and 4A.

Eight bone and two charcoal samples from four archaeological horizons were selected for AMS^{14}C dating. Combined with site formation analysis and coherence checking of dating results in each horizon, a preliminary chronology of the site has been reconstructed: archaeological horizon 5 is earlier than 47 ka, 4C spans the period from 47 to 45 ka, 4B from 43 to 41 ka, and 4A represents the period from 28 to 23 ka. Since the older dates are close to the limit of the AMS method, more OSL dating work needs to be carried out at the site in the future.

Faunal remains are fragmentary; identified species include aurochs (*Bos primigenius*), onager (*Equus hemionus*), and Przewalski's gazelle (*Procapra przewalskii*). Although it is difficult to determine the hunting capabilities of Xujiacheng's Pleistocene occupants, most of the bones recovered there were accumulated by anthropogenic forces based on studies of the composition of the faunal assemblage, the condition of bone surfaces, and their breakage patterns.

Stone artifacts and bone fragments are concentrated in higher densities in Layers 4C and 4B. Many lithic artifacts, large manuports (>10 cm), and small lithic debris (<2 cm) occur in relatively thin horizons in those layers. The occurrence of artifacts and pebbles with macroaxies show no particular orientations. Small lithic debris clusters in two areas of the excavation unit indicate two discrete *in situ* knapping spots. Many refittable cores, debitage, and retouched tools were found in Layers 4C and 4B. Some tools exhibit macroscopic use-wear on their edges. This cumulative information suggests that the Paleolithic occupants of the Xujiacheng site knapped stone, modified tools, and used some of those tools in the excavation area. This evidence indicates Layers 4B and 4C can be interpreted as living floors. Given that the density and abundance of the artifacts are higher there, Layer 4B was most likely a relatively long-term occupation surface.

A total of 4,924 stone artifacts (≥2 cm) were analyzed in this study. The Xujiacheng lithic industry includes manuports, cores, flakes, chunks, shatter, and retouched tools. Approximately 19,539 pieces of lithic debris (<2 cm) were recovered from four spits in the archaeological horizons. The lithic assemblages from all three archaeological horizons reflect relatively similar technological features, summarized as follows:

1) Several locally available raw materials were exploited at the site; almost all were transported into the site as river cobbles and pebbles. Quartz and granite are the two principal raw materials used for manufacturing stone artifacts at Xujiacheng.

2) Cores are mostly simple, and were frequently rotated to achieve better striking angles and platforms. Single-platform, double-platform, and multi-platform nuclei were used to

produce relatively wide flakes. Without preparation of the flaking surfaces of cores, resulting flakes often display irregular morphologies. The dominant flaking technique employed was free-hand hard hammer percussion. Anvil-direct hammer percussion and bipolar techniques were also used, though in very low frequencies.

3) Most Xujiacheng stone artifacts are small and medium in size. Quartz was frequently processed, thus the assemblages contain a very high percentage of chunks, shatter, and debris, and relatively high frequencies of split pieces among the flakes.

4) Several types of retouched tools were identified, including side-scrapers, transverse scrapers, convergent scrapers, points, drills, denticulates, notches, and choppers, among others. The majority of blanks for manufacturing tools are flakes, followed by chunks, regardless of the size of the retouched tools. Pebble blanks occur rarely, although flat pebbles can be found in the site's gravel layers.

Raw material analyses, knapping experiments, minimum analytical nodule, and refitting studies were conducted to understand raw material economy, lithic technology, site formation processes, and mobility of the Xujiacheng site's occupants. The cumulative results indicate that (1) the Xujiacheng occupants selected mainly quartz and granite pebbles from riverbeds and focused on acquiring and processing quartz pebbles in particular. (2) the site's inhabitants understood the mechanical properties of these two principal raw materials quite well and they dealt with them very differently. They chose granite and other coarse materials to use as hammers and anvils and to manufacture larger, more robust tools, probably used for chopping, while they selected quartz to produce relatively small flakes with sharp edges and as blanks to be retouched into various small tools for diverse tasks, such as cutting, scraping, and perforating. (3) the Pleistocene occupants of Xujiacheng knapped stones, retouched and used tools mainly on-site. They may have also transported some tools into and out of the excavation area, however, most of the tools display only light modification, and no obvious technological design for long-term use can be observed. Therefore, it is reasonable to conclude that the Xujiacheng lithic industry reflects an expedient technological organization, and the Paleolithic occupants of the site practiced residential mobility within some larger catchment area.

后　　记

甘肃省是中国最早发现有明确层位旧石器遗存的地区，其后，省内开展了大量的旧石器时代考古和发掘工作，一度成为发现遗址多、研究较深入的地区。21世纪以来，甘肃省开展的旧石器时代考古工作相对较少。为继续推动甘肃省旧石器时代考古研究的发展，时任甘肃省文物考古研究所所长王辉研究员与中国科学院古脊椎动物与古人类研究所高星研究员组织了甘肃陇西黄土高原旧石器时代考古综合研究。2009年以来，双方与兰州大学同行一道在陇西黄土高原开展了多次调查和发掘，基本建立起了陇西黄土高原晚更新世晚期旧石器时代考古学框架，为研究该地区古人类的演化和适应提供了关键材料。陇西黄土高原也因此成为近年来中国旧石器时代考古学研究较为突出的地区之一。

徐家城旧石器遗址的发掘和研究是三方合作的重要成果之一，2009年野外发掘由中国科学院古脊椎动物与古人类研究所陈福友副研究员指导；发掘得到了庄浪县博物馆和徐城村村委会等的支持和帮助；参加徐家城遗址调查和发掘的有高星、陈福友、关莹、李锋（中国科学院古脊椎动物与古人类研究所），赵雪野、王山、郑友荣、马更生（甘肃省文物考古研究所），张东菊（兰州大学），刘德成（中国科学院遥感与数字地球研究所）和李罡（山东省文物考古研究院）。

本书是在李锋硕士论文（中国科学院研究生院，2010.6）的基础上修改形成的，论文由中国科学院古脊椎动物与古人类研究所高星研究员指导完成。2011~2015年间，本书作者与合作者在《人类学学报》上发表了五篇徐家城遗址的相关研究成果。为了保证完整性，本书撰写时基本保留了硕士论文时的结构，将已发表的内容统筹纳入，并添加了部分新的内容。本书第二章第一节由刘德成博士撰写；第三章第三节由杨胜利博士（兰州大学）和周新郢博士（中国科学院古脊椎动物与古人类研究所）撰写；第四章第三节由王晓敏博士（中国社会科学院考古研究所）撰写；第七章第一节由赵宇超（美国密歇根大学博士研究生）、李锋撰写；其余章节由李锋撰写。全书由李锋、陈福友、王山统稿。

图版中的遗址地层、发掘面等照片由陈福友、李锋拍摄，石制品照片由仝广、李锋拍摄，动物化石照片由王晓敏拍摄；图3-4、图3-5由杨胜利博士制作、图3-6由周新郢博士制作，图7-1由赵宇超制作，其余插图由李锋绘制；英文摘要由美国亚利桑那大学John Olsen教授修改。

感谢我的导师高星研究员对我的指导和帮助；感谢王辉教授（现任职于复旦大学）对徐家城遗址发掘和研究工作的支持和帮助；感谢甘肃省文物考古研究所所长陈国科研究员在本书编写过程中的关心和帮助，以及在甘肃近期的旧石器考古调查和研究工作中的支持，感谢周静馆员在本报告编写过程中给予的鼓励和帮助。

感谢王春雪（现为吉林大学考古学院副教授）、周振宇（现为中国社会科学院考古研究所副研究员）、马宁（现为中国科学院古脊椎动物与古人类研究所高级工程师）、蒋顺兴（现为中国科学院古脊椎动物与古人类研究所副研究员）参与本书第六章的打制实验。

感谢《人类学学报》和参加徐家城遗址研究的同事惠允我们将已发表的部分内容编入本书中。参加徐家城遗址研究的人员除本书作者外，还有中国科学院古脊椎动物与古人类研究所高星研究员、张晓凌副研究员，复旦大学王辉教授，兰州大学张东菊教授，中国科学院遥感与数字地球研究所刘德成副研究员，山东省文物考古研究院李罡馆员和美国密歇根大学人类学系博士生赵宇超。

图4-1、图4-2使用Gabor Doka编写的Excel 3D Scatter Plot（https://www.doka.ch/Excel3Dscatterplot.htm）绘制，图6-7中的三维模型使用Artifact_3D软件处理，特致谢意。

感谢科学出版社樊鑫编辑为本书出版付出的辛勤劳动，他在本书的出版过程中认真负责，使本书避免了许多错误。

最后，特别感谢我的恩师高星先生审阅全书，提出宝贵意见，并拨冗作序。在学习和研究的道路上有恩师的鼓励和关爱，我必将不忘初心、不停脚步、不负师恩。

本书主体内容于2010年完成，随后的研究和本书编写中作者对相关内容进行了更新，但毋庸讳言，本书仍有不成熟之处。例如，遗址地貌、沉积学和年代学的研究有待加强，石制品技术分析有待深入，石制品微痕分析亟待开展，与周边地区石制品组合的对比需要进一步的定量研究。本研究作为甘肃陇西黄土高原旧石器时代考古综合研究的一项阶段性总结，十分欢迎读者留下宝贵建议（lifeng@ivpp.ac.cn），以便我们能在今后不断改进和提升相关的研究工作。

李 锋

2020年11月于北京

图版一

1. 徐家城旧石器遗址远景

2. 徐家城遗址近景

徐家城遗址远景与近景

图版二

1. 2009年甘肃旧石器调查队员
（前排左起：马更生、赵雪野、高星、郑友荣，后排左起：张东菊、关莹、李锋、李罡）

2. 2009年徐家城遗址主要发掘队员（左起：王山、李罡、张东菊、李锋、陈福友）

徐家城遗址调查与发掘人员

图版三

1、2. 发掘；3. 堆积水洗；4. 保留原位标本编号；5. 发掘区遗物分布拍照；6. 发掘探方遗物分布拍照；7. 编号标本三维坐标测量；8. 部分标本产状测量

徐家城遗址发掘流程

图版四

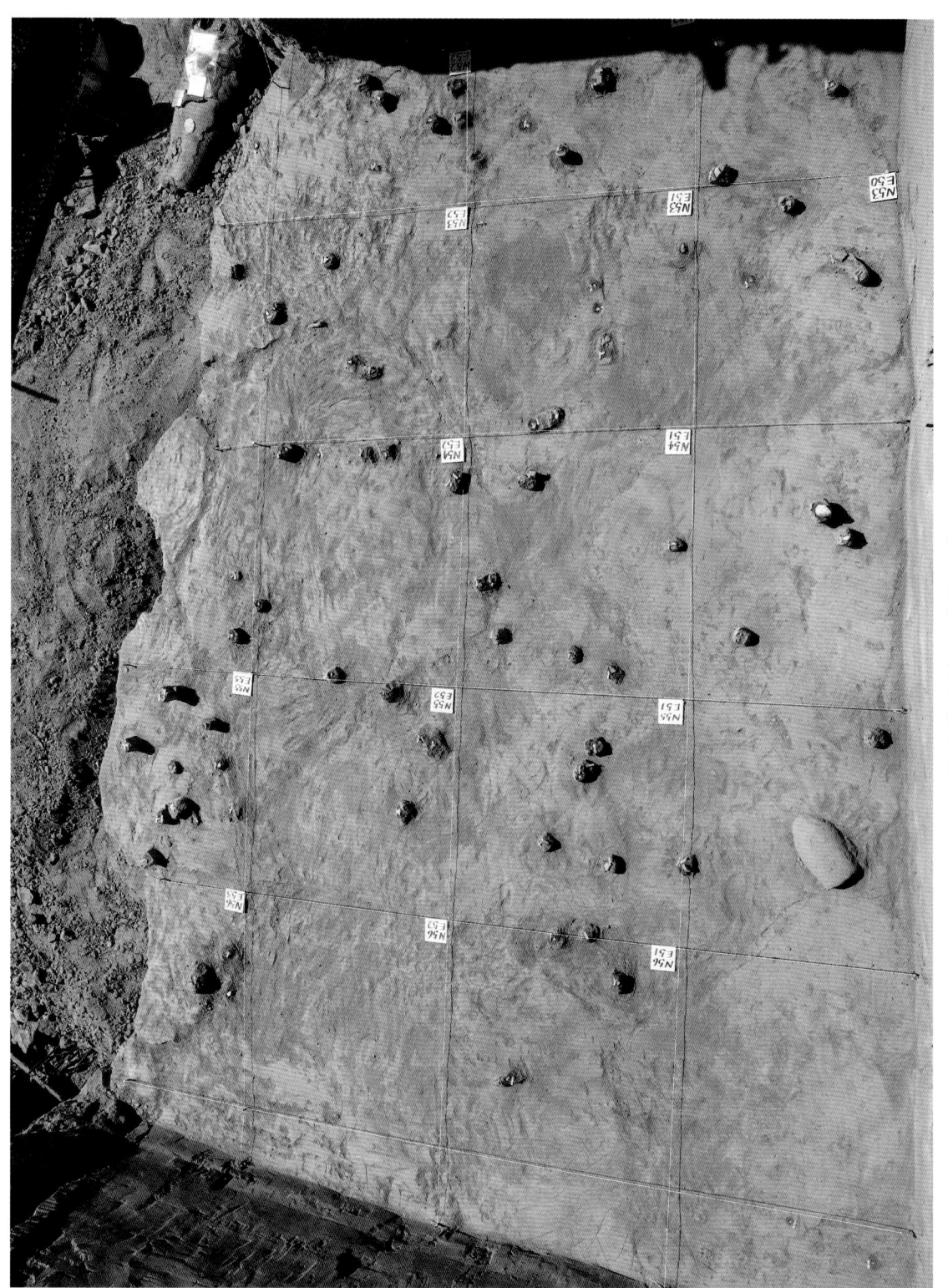

徐家碱遗址L5遗物分布

图版五

徐家城遗址L7遗物分布

图版六

徐家城遗址L9遗物分布

图版七

徐家城遗址L10遗物分布

图版八

徐家城遗址L11遗物分布

图版九

徐家城遗址L12遗物分布

图版一〇

徐家城遗址L13遗物分布

图版一一

1. 徐家城遗址西剖面

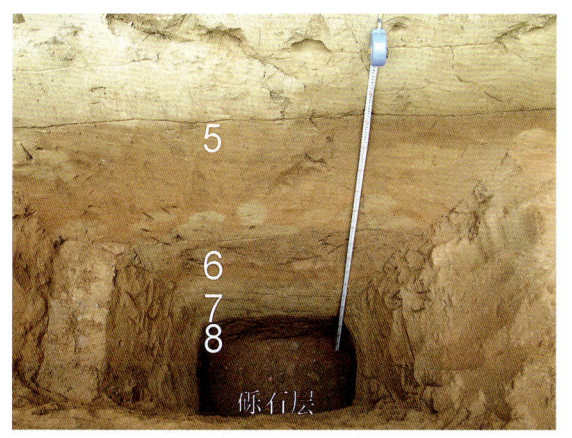

2. 徐家城遗址探坑剖面

3. 遗址附近砾石层和基岩出露情况

徐家城遗址地层

图版一二

徐家城遗址第4B层L10砾石平面分布

图版一三

徐家城遗址第4B层L10砾石与遗物平面分布

图版一四

1. 石核（2009XJC5942）

2. 石核（2009XJC6087）

3. 石核（2009XJC6125）

4. 石片（2009XJC6158）

5. 石片（2009XJC6184）

6. 石片（2009XJC6221）

7. 石片（2009XJC6234）

0　　2厘米

徐家城遗址第4C层出土的石核与石片

图版一五

1. 砍砸器（2009XJC5731）

2. 边刮器（2009XJC6094）

1. 0 4 厘米

2~8. 0 2 厘米

3. 石锥（2009XJC6095）

4. 边刮器（2009XJC6113）

5. 边刮器（2009XJC6193）

6. 边刮器（2009XJC6224）

7. 锯齿刃器（2009XJC6240）

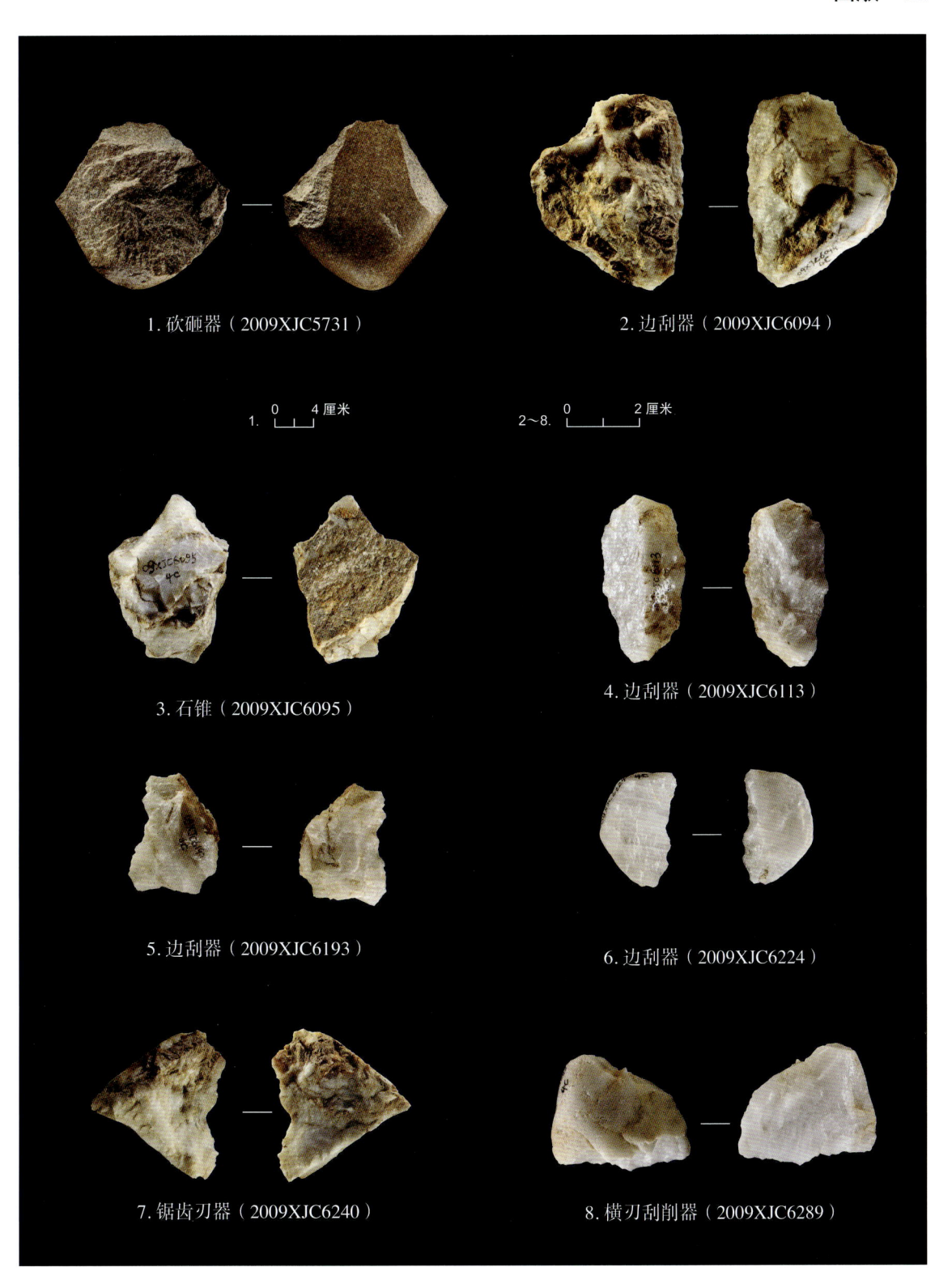

8. 横刃刮削器（2009XJC6289）

徐家城遗址第4C层出土的石器

图版一六

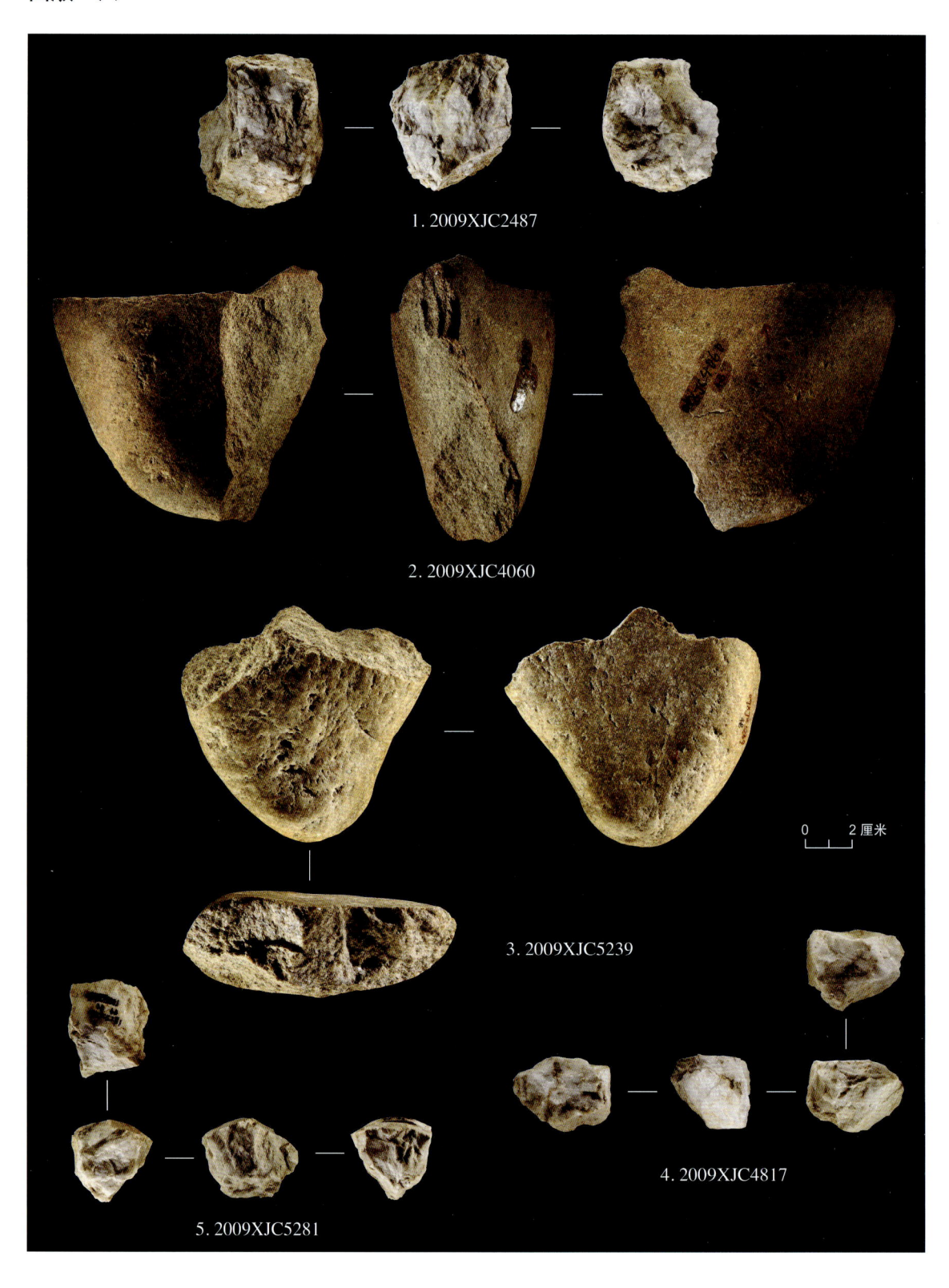

1. 2009XJC2487

2. 2009XJC4060

3. 2009XJC5239

4. 2009XJC4817

5. 2009XJC5281

徐家城遗址第4B出土的石核

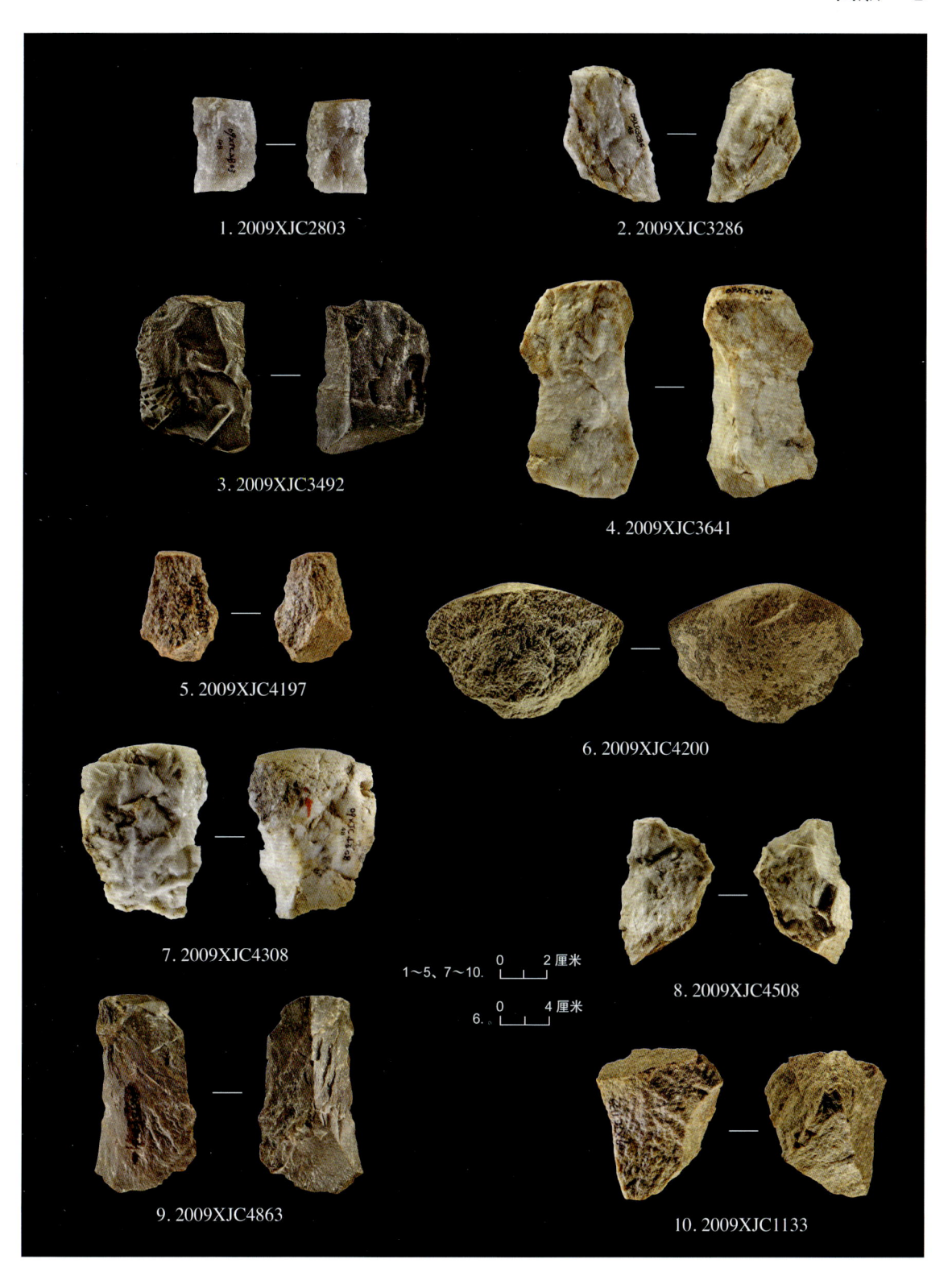

图版一七

1. 2009XJC2803
2. 2009XJC3286
3. 2009XJC3492
4. 2009XJC3641
5. 2009XJC4197
6. 2009XJC4200
7. 2009XJC4308
8. 2009XJC4508
9. 2009XJC4863
10. 2009XJC1133

1~5、7~10. 0　2厘米
6. 0　4厘米

徐家城遗址第4B层出土的石片

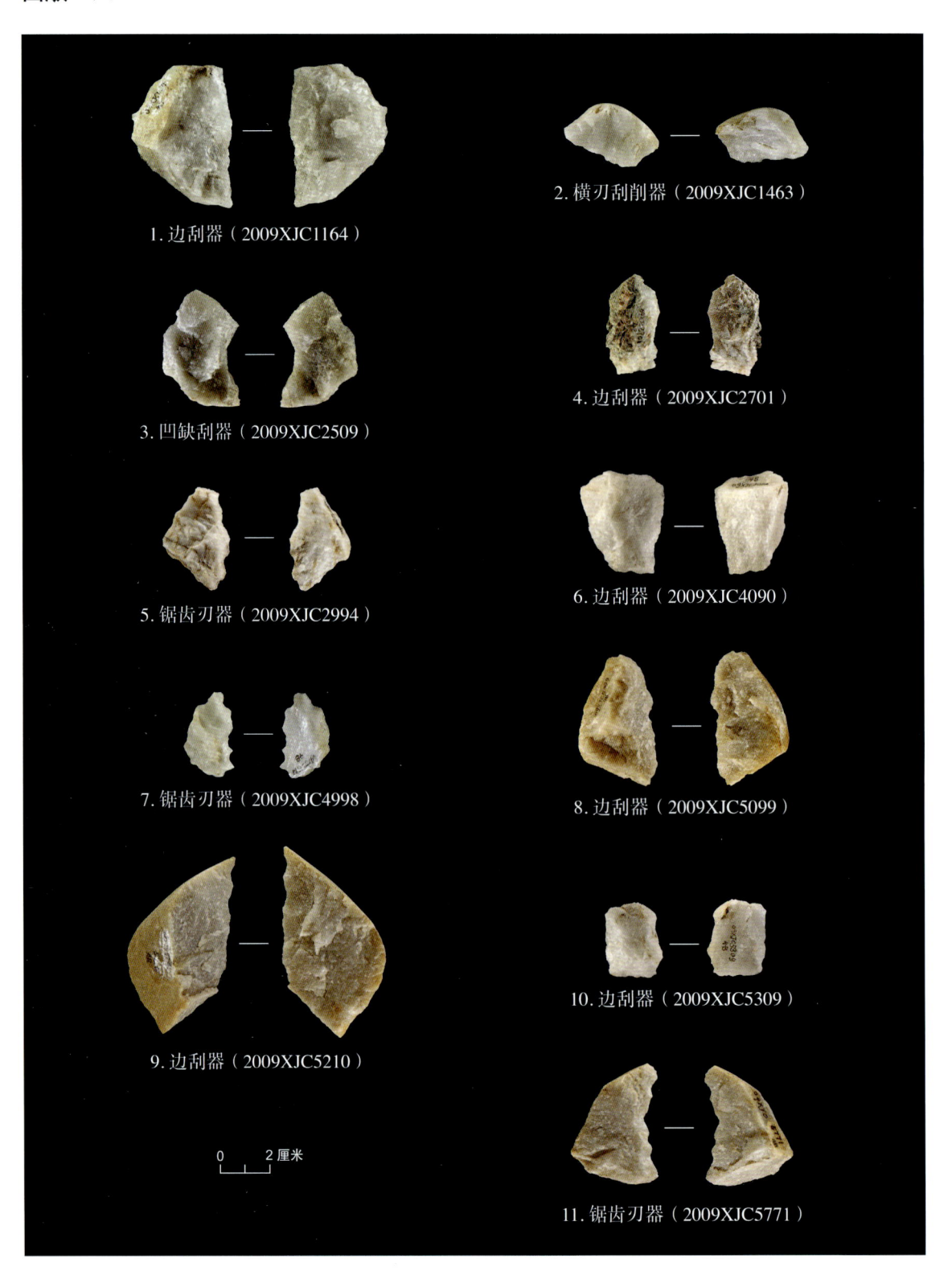

图版一八

1. 边刮器（2009XJC1164）
2. 横刃刮削器（2009XJC1463）
3. 凹缺刮器（2009XJC2509）
4. 边刮器（2009XJC2701）
5. 锯齿刃器（2009XJC2994）
6. 边刮器（2009XJC4090）
7. 锯齿刃器（2009XJC4998）
8. 边刮器（2009XJC5099）
9. 边刮器（2009XJC5210）
10. 边刮器（2009XJC5309）
11. 锯齿刃器（2009XJC5771）

0　2厘米

徐家城遗址第4B层出土的刮削器和锯齿刃器

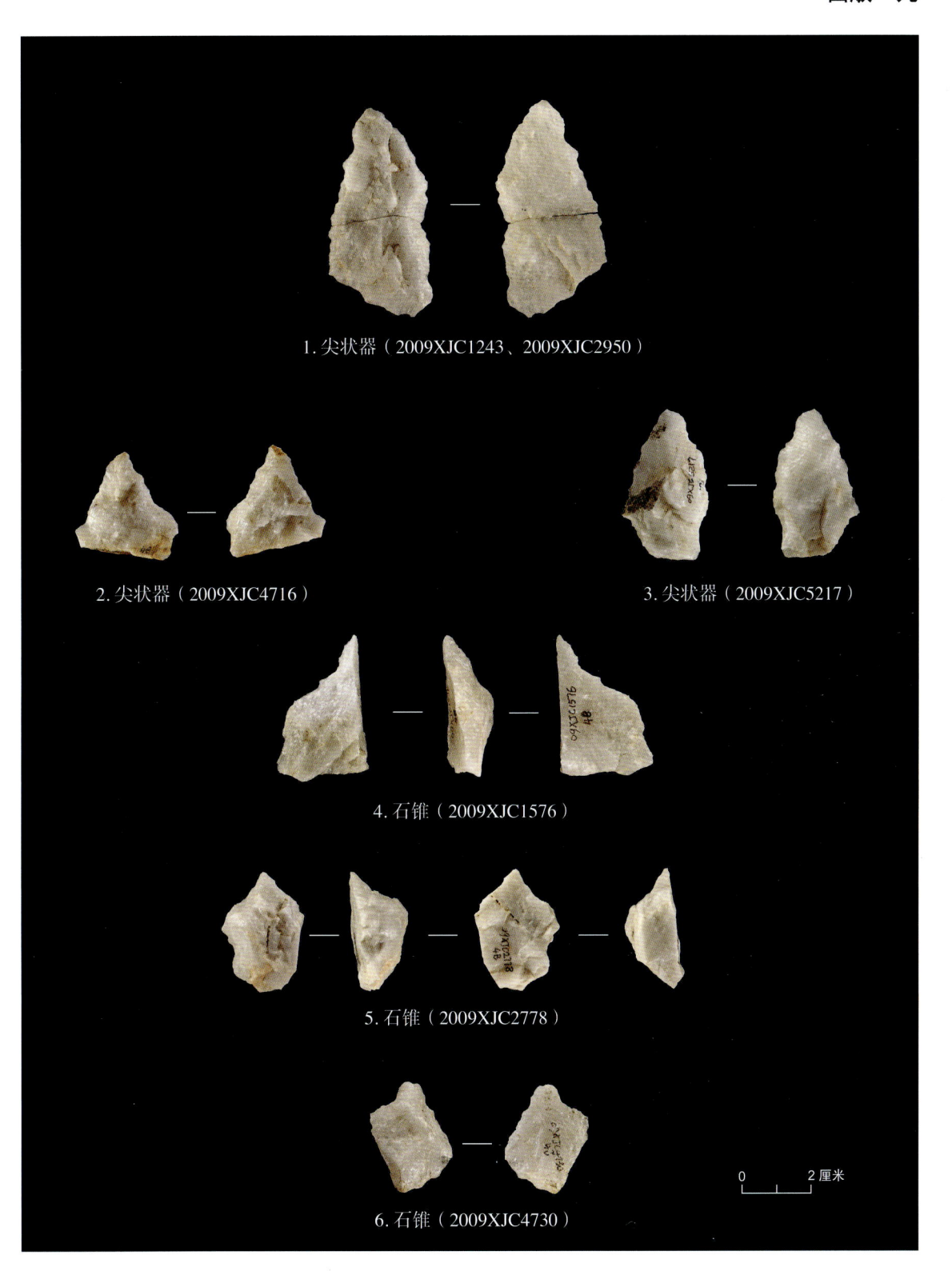

图版一九

1. 尖状器（2009XJC1243、2009XJC2950）

2. 尖状器（2009XJC4716）

3. 尖状器（2009XJC5217）

4. 石锥（2009XJC1576）

5. 石锥（2009XJC2778）

6. 石锥（2009XJC4730）

徐家城遗址第4B层出土的尖状器和石锥

图版二〇

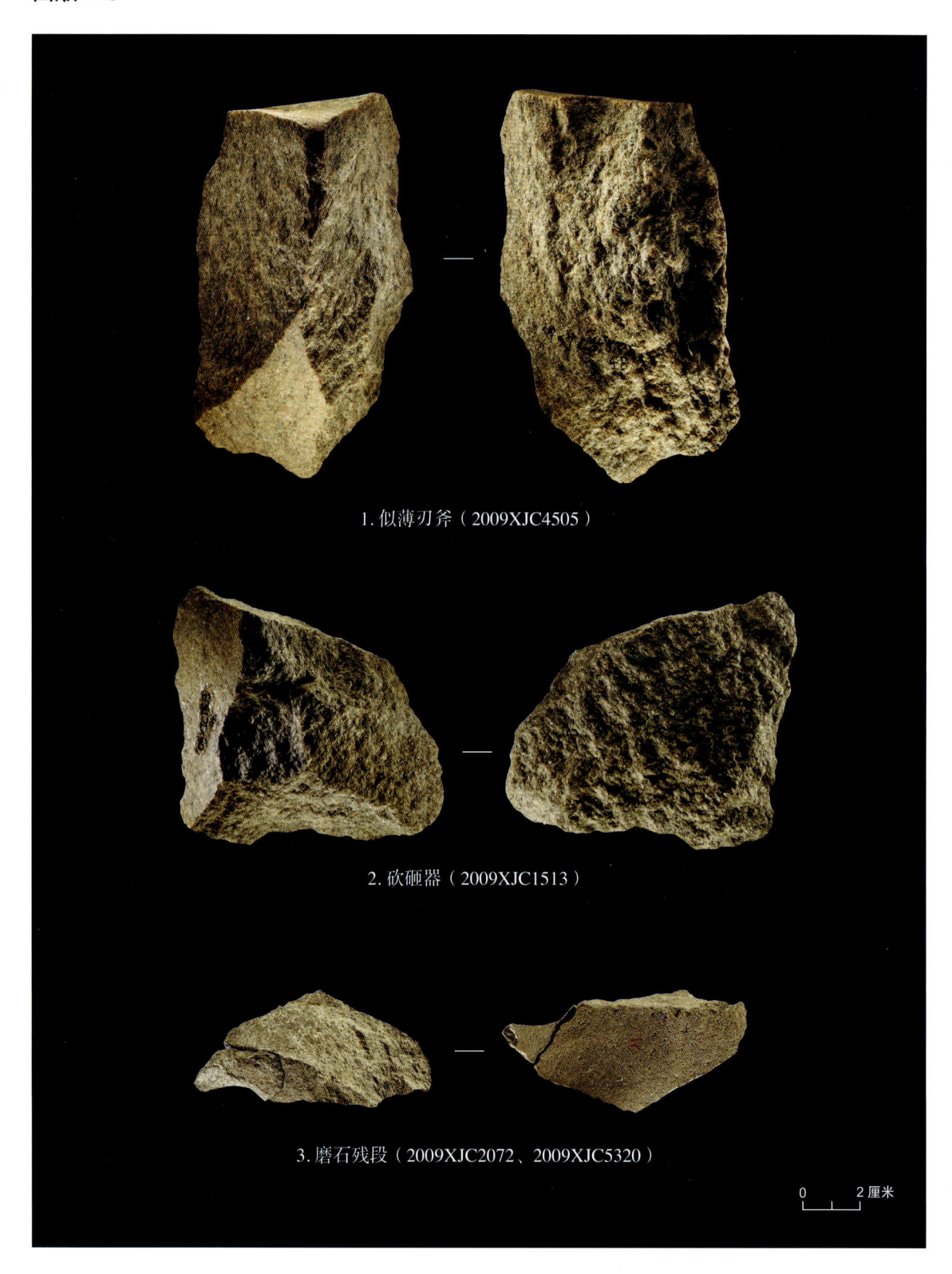

1. 似薄刃斧（2009XJC4505）

2. 砍砸器（2009XJC1513）

3. 磨石残段（2009XJC2072、2009XJC5320）

0　2厘米

徐家城遗址第4B层出土的似薄刃斧、砍砸器和磨石残段

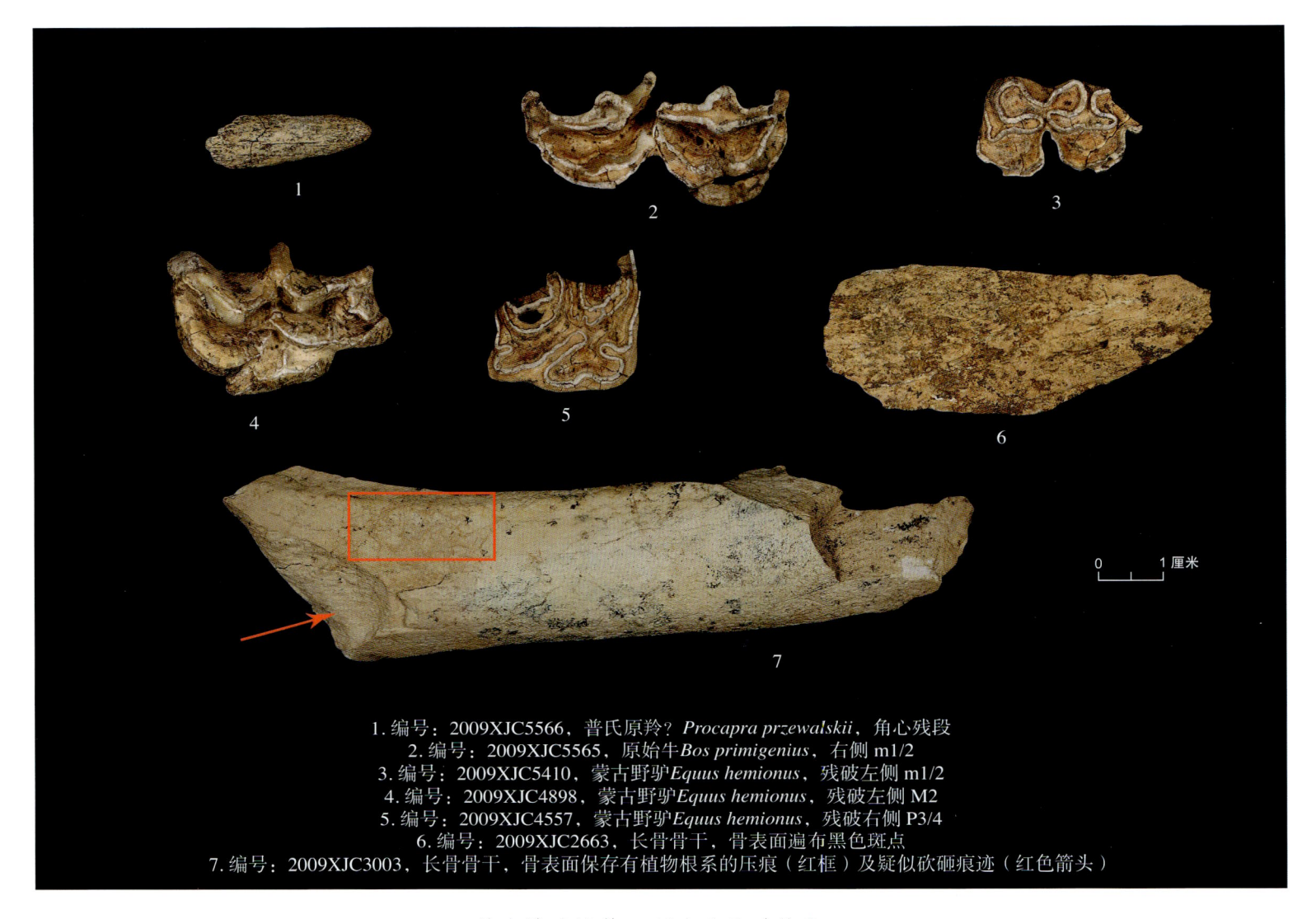

图版二一

1. 编号：2009XJC5566，普氏原羚？ *Procapra przewalskii*，角心残段
2. 编号：2009XJC5565，原始牛 *Bos primigenius*，右侧 m1/2
3. 编号：2009XJC5410，蒙古野驴 *Equus hemionus*，残破左侧 m1/2
4. 编号：2009XJC4898，蒙古野驴 *Equus hemionus*，残破左侧 M2
5. 编号：2009XJC4557，蒙古野驴 *Equus hemionus*，残破右侧 P3/4
6. 编号：2009XJC2663，长骨骨干，骨表面遍布黑色斑点
7. 编号：2009XJC3003，长骨骨干，骨表面保存有植物根系的压痕（红框）及疑似啃咬痕迹（红色箭头）

徐家城遗址第4B层出土的动物化石

图版二二

E15-1　E15-2　E15-3　E15-4

0　　　3厘米

E15-5　E15-6

2009XJC6087　E15-7

徐家城遗址水洛石核（2009XJC6087）与实验制品对比（E15-1～E15-7）

图版二三

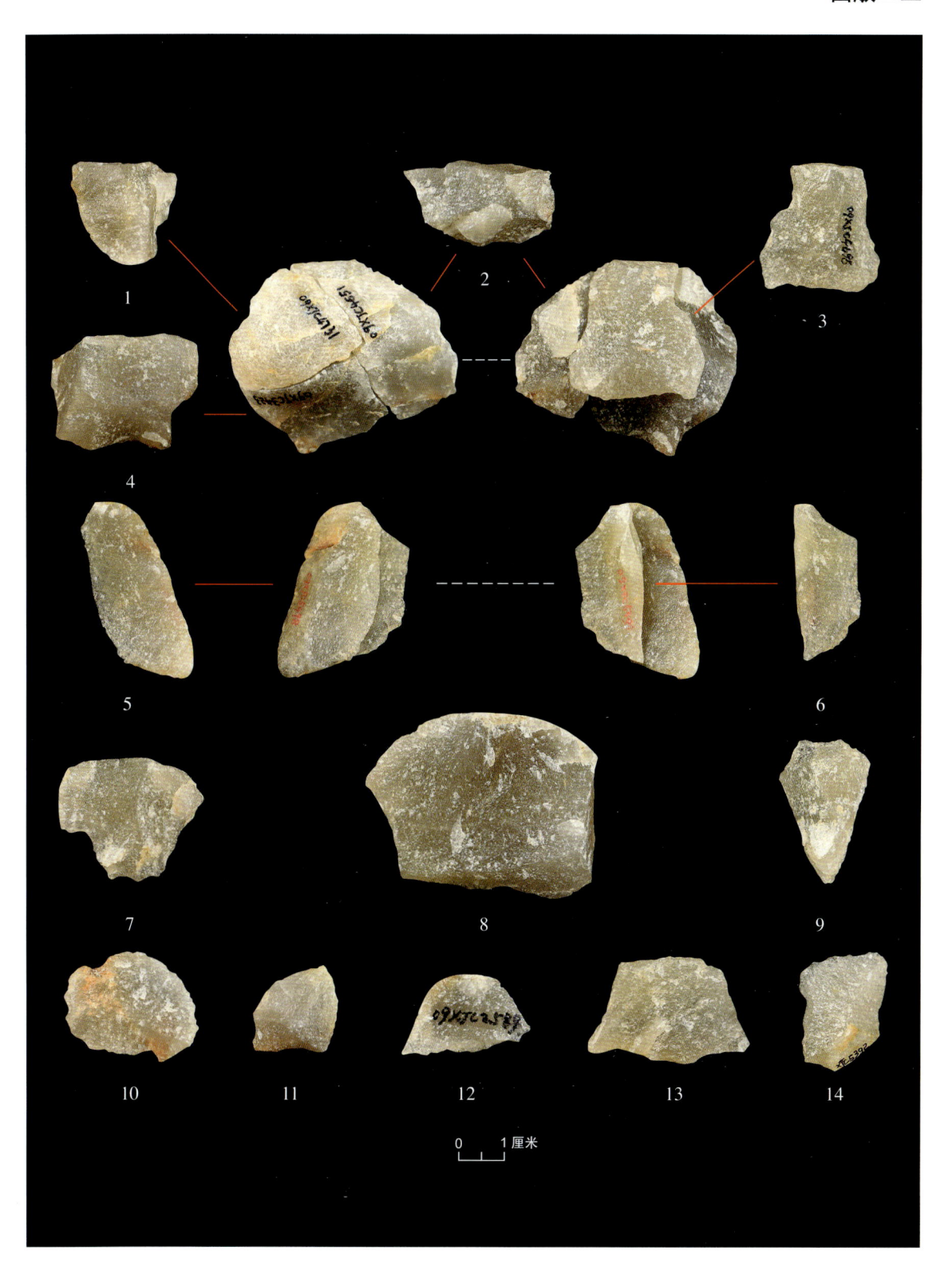

徐家城遗址第5组原料最小单元的石制品

图版二四

徐家城遗址拼合石制品举例